Corinna Möhrke - Canepädagogik

Corinna Möhrke

Canepädagogik

Hilfe zur Erziehung mit dem und durch den Hund

Konzeptentwicklung – Anwendung – Auswertung

1. Auflage

Illustration: Sibylle Klaassen
Druck und Verlag: epubli GmbH, Berlin

Impressum
Druck und Verlag: epubli GmbH, Berlin
Copyright: © 2011 Corinna Möhrke

Illustration: Sibylle Klaassen

ISBN 978-3-8442-0708-8

Inhalt

Danksagung 9

Geleitwort 13

Vorwort 15

Einleitung 19

TEIL I   KONZEPTENTWICKLUNG   23

1 Canepädagogik 23
    1.1 Begriffsabgrenzung 23
    1.2 Zielgruppe 23
    1.3 Heilpädagogische Grundlagen 24

2 Verhaltensauffälligkeiten 28
    2.1 Begriffsabgrenzung 28
    2.2 Ursachen 31
    2.3 Folgen 32

3 Erziehung 35
    3.1 Begriffsabgrenzung 35
    3.2 Aufgabe der Erziehung 36
    3.3 Erziehungsprobleme 37
    3.4 Förderliche Verhaltensformen 39
        3.4.1 Achtung und Wärme 40
        3.4.2 Einfühlendes Verstehen 41
        3.4.3 Echtheit 42
        3.4.4 Förderndes und nicht-dirigierendes Handeln 43

4 Aufgaben der Hunde in der Canepädagogik 44
    4.1 Erziehung mit dem Hund 44
        4.1.1 Hunde als pädagogisches Medium 46
        4.1.2 Hunde als bessere Erzieher? 48
    4.2 Erziehung durch den Hund 52
        4.2.1 Befriedigung essentieller Bedürfnisse 53
        4.2.2 Vermittlung von Verhaltensregeln 54
        4.2.3 Verbesserung der Kommunikationsfähigkeit 55
        4.2.4 Ganzheitliche Förderung 57

5	Didaktik/Methodik der Canepädagogik		61
5.1	Begriffsabgrenzung		61
5.2	Didaktische Elemente		62
	5.2.1	Ziele	62
	5.2.2	Situation	66
	5.2.3	Pädagogisches Verhältnis	70
	5.2.4	Methodik	71
	5.2.5	Inhalte	75

TEIL II   ANWENDUNG 77

6	Das Konzept		77
7	Canepädagogik in der stationären Jugendhilfe		80
7.1	Einrichtung		80
7.2	Rahmenbedingungen		82
7.3	Durchführung		82
	7.3.1	Kontaktaufnahme	83
	7.3.2	Gruppenbildung	86
	7.3.3	Nachmittagsgestaltung	88
7.4	Reflexion		92
8	Canepädagogik - Das Projekt		93
8.1	Durchführung		94
	8.1.1	Nachmittagsgestaltung	96
	8.1.2	Agility	98
	8.1.3	Zeltlager	99
8.2	Auswertung		101
	8.2.1	Quantitative Auswertung	101
	8.2.2	Qualitative Auswertung	105
	8.2.3	Resonanz der Bezugspersonen	107
8.3	Elternarbeit		108
8.4	Reflexion		109
9	Canepädagogik in der ambulanten Jugendhilfe		111
9.1	Gesetzliche Grundlage		111
9.2	Zugangswege		111
9.3	Gruppenzusammensetzung		112
9.4	Durchführung		112
9.5	Hundeauswahl		113

TEIL III   AUSWERTUNG   115

10 Belegungsanalyse   115
   10.1   Geschlechterverteilung   118
   10.2   Altersverteilung   119
   10.3   Belegungsentwicklung   121
   10.4   Durchschnittsalter   123
      10.4.1   Abbruchquote   124
      10.4.2   Dauer der Maßnahmen   129
   10.5   Termintreue   134

11 Grenzen der Canepädagogik   143
   11.1   Nicht ausreichendes Hilfsangebot   143
   11.2   Religiöse Gründe   146
   11.3   Haltung und Wertesystem der Eltern   149
   11.4   Canepädagogik in Suchtfamilien   156

12 Beurteilung der Canepädagogik durch die Eltern   163
   12.1   Bedeutung der Elternarbeit   168
   12.2   Chancen der Canepädagogik   170
      12.2.1   Motivation wirkt ansteckend   172
      12.2.2   Kinder anders kennen lernen   173
      12.2.3   Transparenz schaffen   174
   12.3   Anschlussmaßnahmen   175
      12.3.1   ... nicht mehr erforderlich   175
      12.3.2   ... erst möglich   176
      12.3.3   ... weiter notwendig   180

13 Erfolge der Canepädagogik   189

14 Beurteilung der Canepädagogik durch das Jugendamt   195

15 Diskussion   203

16 Zusammenfassung und Ausblick   207

Literatur   209

Danksagung

Anlässlich des zehnjährigen Jubiläums der „Praxis für Canepädagogik" möchte ich mein hundgestütztes Handlungskonzept „Canepädagogik" und zahlreiche Erfahrungen aus der Praxistätigkeit zusammengefasst in diesem Buch veröffentlichen.
Die Entwicklung, Ausarbeitung, Anwendung und Auswertung dieser hundgestützten Förderung verhaltensauffälliger Kinder ist mir nur durch die Unterstützung vieler Personen und Institutionen möglich gewesen. An dieser Stelle möchte ich die Gelegenheit wahrnehmen, mich für diese wichtige Unterstützung zu bedanken.

Sowohl während meines Studiums der Heilpädagogik an der Evangelischen Fachhochschule RWL in Bochum als auch bei der Suche nach geeigneten Praktikums- und Arbeitsstellen war ich auf diese Hilfe angewiesen und habe auf meinem Weg die Erfahrung machen dürfen, mit meiner Idee, der hundgestützten Arbeit, an „offene Türen" zu klopfen.
Erst das Interesse der Professoren, neue Mittel und Wege ressourcenorientierter, heilpädagogischer Arbeit in den Blick nehmen zu wollen, die Neugierde und der Mut der Arbeitgeber, die Wirkung der Hunde auf das Verhalten von Kindern innerhalb ihrer Institution – nach sorgfältiger Klärung der Rahmenbedingungen – zu erfahren, haben es mir möglich gemacht, dieses Konzept sowohl theoretisch fundiert als auch praxisnah entstehen zu lassen. Daher möchte ich mich an dieser Stelle explizit sowohl bei der EFH Bochum und ihren Professoren als auch bei der AWO Dortmund und der Jugendhilfe St. Elisabeth in Dortmund bedanken.

Mein ganz besonderer Dank gilt dem langjährigen stellvertretenden Leiter des Sozialpädagogischen Zentrums (SPZ) der Stadt Hagen, Herrn Klaus Bortz. Dank seiner Innovationsfreude und seiner Begeisterung für die hundgestützte Arbeit habe ich im SPZ zunächst die Möglichkeit erhalten, mein Anerkennungsjahr als Heilpädagogin absolvieren zu dürfen. Mit seiner Zustimmung und Unterstützung wurde im Rahmen der ambulanten, flexiblen Jugendhilfe des SPZ ein einjähriges Projekt ins Leben gerufen, bei dem eine Kindergruppe ambulant nach meinem Konzept der Canepädagogik

über den Umgang mit unseren Hunden pädagogisch gefördert wurde. Erst die Auswertung des Projektes und die sehr positive Resonanz auf das hundgestützte Gruppenangebot haben dazu beigetragen, dass sich die Canepädagogik als eine anerkannte ambulante Jugendhilfemaßnahme bei der Stadt Hagen erfolgreich etablieren konnte.
Neben seiner stets freundschaftlichen und kollegialen Begleitung möchte ich Herrn Klaus Bortz darüber hinaus auch dafür danken, dass ich durch die gemeinsamen Eltern- und Familiengespräche die Gelegenheit bekommen habe, vieles lernen und von seiner großen Fachkompetenz wie auch seiner jahrzehntelangen Erfahrung profitieren zu können.
Die Erkenntnis, wie wesentlich die Bedeutung der systemischen Eltern- bzw. Familienberatung als notwendige Ergänzung zur hundgestützten Gruppenarbeit für den Erfolg der ganzen Maßnahme ist, habe ich erst durch diese qualifizierte Beratungsarbeit richtig einzuschätzen gelernt.

Diese wichtige Erkenntnis hat letztlich dazu geführt, dass ich mich für die Fortbildung der systemischen Familienberatung beim Institut für Humanistische Psychologie entschieden haben, die mich mit ihrer ressourcenorientierten, wertschätzenden und qualifizierten Ausbildung bestens auf die Anforderungen der Eltern- und Familienberatung vorbereitet hat. Dem IHP gilt dafür meine besondere Anerkennung und mein Dank.

Auch dem Jugendamt der Stadt Hagen und seinen zahlreichen Mitarbeitern der Jugendhilfe möchte ich für die Offenheit danken, sich auf dieses neue „tierische" Angebot eingelassen zu haben.
Sich einer so neuen Fördermaßnahme konstruktiv zu stellen und Canepädagogik als tiergestützte Jugendhilfemaßnahme nicht nur theoretisch anzuerkennen, sondern auch über zehn Jahre kontinuierlich zu belegen, zeigt ein großes Maß an Innovationsgeist und Klientenorientierung. Nur durch die Berücksichtigung und Vorstellung des tiergestützten Angebotes gegenüber den Familien sowie durch die Finanzierung der Hilfe über das Jugendamt konnte Canepädagogik den Kindern und ihren Familien in Hagen in den vergangenen zehn Jahren zugutekommen.

Der Verband für das Deutsche Hundewesen soll an dieser Stelle auch nicht unerwähnt bleiben. Der VDH hat durch das Sponsoring von Eintrittskarten zu den großen Hundeausstellungen in der Dortmunder Westfalenhalle immer dazu beigetragen, dass die Canepädagogik den Kindern zweimal im Jahr einen besonderen Höhepunkt bieten konnte. Neben der Herausforderung für die Kinder, sich mit dem eigenen (Bezugs-)Hund auf einer so großen Messe als Hundeführer erleben zu dürfen, hat die Vielzahl von Eindrücken, Informationen und Vorführungen diese Ausflüge zu einem hochgeschätztem Highlight für sie gemacht. Für viele Kinder, die sonst weder das Geld noch die Möglichkeiten hätten, so eine Veranstaltung besuchen zu können, ist dieser Tag immer ein unvergessliches Erlebnis gewesen.

Sehr herzlich möchte ich auch meiner Webmasterin, Frau Christiane Danowski, und ihrem Mann, Herrn Dr. Johannes Majoros-Danowski, für ihr langjähriges, engagiertes Mitwirken meinen besonderen Dank aussprechen. Sie haben mich immer mit Rat und Tat unterstützt und entscheidend dazu beigetragen, meine Idee der Canepädagogik auch über das Medium Internet einer großen Öffentlichkeit vorstellen zu können. Zahlreiche Anfragen und viele positive Resonanzen darauf verdeutlichen, wie wichtig dieses Medium auch für die Canepädagogik geworden ist.

Besonders wichtig ist es mir auch an dieser Stelle, meinen Dank all jenen Eltern und Kindern auszusprechen, die mit ihren Schwierigkeiten, Zweifeln, Ängsten und Sorgen den Mut und die Kraft gefunden haben, sich auf diese Hilfe einzulassen. Nur ihre Bereitschaft, sich den besonderen Herausforderungen ihres Alltags - unter unserer fachlichen Begleitung - engagiert zu stellen, neue Wege zu gehen und andere Verhaltensweisen zu integrieren, konnte dazu führen, dass die Canepädagogik zu so vielen positiven Entwicklungen beitragen konnte.
Erst die erfolgreiche Bewältigung dieser höchst unterschiedlichen „Lebenskrisen" hat es letztlich auch den Familien möglich gemacht, eindrucksvoll zu erfahren, dass Krisen nicht mehr nur als negativ zu sehen sind, sondern als „besondere Entwicklungsaufgabe" zu einer neuen Qualität des Zusammenlebens innerhalb der Familien beitragen können.

Abschließend möchte ich es nicht versäumen, auch meinen Eltern und meiner Familie zu danken. Sie haben mich mit ihren Foxterriern und den vielen kleinen und großen Taten stets in meinem Bestreben unterstützt, die positive Wirkung unserer Hunde auf die Entwicklung von Kindern als Jugendhilfemaßnahme anbieten zu können. Ohne ihren Einsatz und die tollen Hunde wäre es mir nicht möglich, anderen Kindern diese Hilfe zuteilwerden zu lassen.

Auch die Unterstützung meiner Schwester, Dr. Carola Möhrke, mit ihrem Team der „Tierarztpraxis am Dorney", die regelmäßig bei den Besuchen unserer Gruppe ein offenes Ohr für die Belange der Kinder hat, ist ein kleiner aber fester Bestandteil innerhalb unseres Gruppenalltags.

Diese familiäre Unterstützung hat die Canepädagogik nicht nur erst möglich gemacht, sondern bietet den Kindern auch in vielen Situationen ein konkretes Modell von konstruktivem und gegenseitig förderlichem Familienleben, was gerade in diesem pädagogischen Kontext von unschätzbarem Wert ist.

All denen, die in den vergangenen Jahren dazu beigetragen haben, dass es Canepädagogik heute gibt und damit Kindern und Jugendlichen mit ihren Familien in ihren persönlichen Lebens- oder Entwicklungskrisen als Hilfsangebot zur Verfügung stehen kann, möchte ich meinen tiefen Dank aussprechen. Nur durch sie konnte aus meiner ursprünglichen Vision „Kindern über den Umgang mit unseren Hunden zu helfen" tatsächlich eine erfolgreich etablierte „Hilfe zur Erziehung" gemäß § 27 KJHG werden.

Corinna Möhrke

Geleitwort

Jeder Anfang ist von Schwingung getragen. Dieses Buch über Canepädagogik, so scheint mir, ist Ausdruck guter Schwingung – vom ersten bis zum letzten Wort, und es geht dabei konkret um die Fähigkeit des Hundes, Stimmungen des Menschen erfassen und traurige in gute Schwingung verwandeln zu können.

Corinna Möhrke ist eine Meisterin im Nutzbarmachen solch „animalischer" Fähigkeiten für den Menschen. Bei ihr fließen Fachwissen und didaktische Fähigkeit im guten Maß zusammen, Fachwissen über den Hund im Rahmen der Canepädagogik und über den Menschen bezüglich seiner Erziehung, Persönlichkeitsentwicklung und dem Hinausfinden aus schwierigen Lebenssituationen, insbesondere im Kindheits- und Jugendalter.

Das Buch kommt einer wissenschaftlichen Ausarbeitung gleich, der sorgfältige Recherchen und ausgiebige eigene Praxis vorangegangen sind. Ich hatte das Vergnügen, die Autorin (und auch den eignen witzig-freundlichen Hund) im Rahmen ihrer Counselor Zusatzausbildung beim IHP (www.ihp.de) kennen zu lernen, und es war auch zu dieser Zeit bereits deutlich zu erkennen, wie gut Corinna Möhrke Fachwissen der systemischen Beratung in ihren Beruf als Canepädagogin zu integrieren weiß. Sie schreibt dazu auf ihrer Website: „Die tiergestützte Pädagogik wird immer durch systemische Beratung in Form von Eltern- und/oder Familiengesprächen begleitet. (www.canepaedagogik.de)

Canepädagogik ist ein Vorreiter für das immer größer werdende Fachgebiet des Tiergestützten Counseling und wie der Verein „Tiere als therapeutische Begleiter" (www.4pfotentherapie.de) ein markantes Beispiel dafür, Kindern und Jugendlichen, die aufgrund ungünstiger Entwicklungs- und Sozialisationsbedingungen in ihrer sozio-emotionalen Entwicklung verzögert sind, beim Aufbau tragfähiger personaler Beziehungen und Bindungen behilflich zu sein.

Ich wünsche Corinna Möhrke und ihrem neuen Buch viel Erfolg derart, dass es vielen MultiplikatorInnen Anregung dafür gibt, wie Kinder und Jugendliche mit Unterstützung eines Tieres zurückfinden zu dem, was sie eigentlich sind, nämlich absolut liebenswerte Menschen, denen man gelegentlich zum Auffinden von Kontaktbrücken die Pfote reichen darf.

Dr. Klaus Lumma
Gründer und Senior Advisor IHP
Institut für Humanistische Psychologie

Vorwort

Kinder mit auffälligem Verhalten zu verstehen, etwas von den vielen Enttäuschungen zu erfahren, die dazu geführt haben, dass sie sich verschließen und weder Hilfe noch Trost von Eltern, Erziehern oder Therapeuten an sich heran lassen, mit den Kindern mitzuempfinden, mit ihren Problemen, aber ausdrücklich auch mit all ihren Kompetenzen, die sie doch in den Interaktionen mit ihrer sozialen Umwelt einsetzen, das ist die Orientierung, auf der die Heilpädagogin ihre Arbeit aufbaut. Wichtig ist ihr dabei die Unterstützung, die Hunde im pädagogischen und therapeutischen Prozess geben. Canepädagogik, die Erziehung mit und durch den Hund, kann in der Tat von der Beziehung zwischen Kindern und Hunden, diesen obligat sozialen Rudeltieren, profitieren, deren Empathie mit Menschen im Laufe der Domestikation verstärkt wurde und die so hervorragende „soziale Katalysatoren" in der Gruppe sind. Hunde akzeptieren ihren Menschen ohne Bedingungen, sie genießen Schmusen und Zuwendung, machen genauso beim Spielen und Toben mit, aber sie gehen auch ohne Vorwurf auf Distanz, wenn Kinder mit ihrem Verhalten die Beziehung stören. Die Verfasserin stellt in einer konkreten Sprache dar, was die Tiergestützte Pädagogik an sozialen, an emotionalen, aber auch an Effekten für das Selbstsystem von Kindern beschrieben und erklärt hat.

Kinder müssen im Laufe der Entwicklung lernen, auch mit schwierigeren Situationen fertig zu werden. Sie bilden dabei immer mehr und immer weiter vernetzte Erfahrungs- und Sinnstrukturen, um auch mit problematischen oder schmerzhaften Erlebnissen umgehen, ihnen vielleicht sogar etwas Positives abgewinnen zu können. Negative Erfahrungen und negative Affekte erscheinen dabei zuerst einmal hinderlich, das kindliche Selbstsystem schützt sich nach Möglichkeit vor ihnen. Aber negative Erlebnisse oder Erfahrungen können und müssen auch produktiv verarbeitet werden, so etwa, wenn das Kind erlebt, dass ein anderes Lebewesen ihm bei schweren Erfahrungen positive Deutungen vermitteln kann, die Trost und Sinn spenden. Hilfreich ist dabei die Erfahrung von Zugewandtheit. Sie hält das Selbstsystem des Kindes für emotionale

Nähe offen. Wird einem Kind nur kontrollierende Aufmerksamkeit geschenkt, wird es nur in die üblichen Sozialisationsschemata eingefügt, dann bleibt sein Selbst gleichsam verschlossen, „abgeschaltet". Dann kann keine Verbindung zwischen gut gemeinten beruhigenden, tröstenden und positiven Worten und dem kindlichen Selbstsystem hergestellt werden. Das heißt nun, dass positive Einflüsse auf ein Kind, auf dessen Selbstäußerungen abgestimmt sein sollten – es reicht beispielsweise nicht, einen positiven Verstärkungsplan aufzustellen und nach den Regeln eines „behavioral engineering" abzuarbeiten. Das Kind sollte sich vom Lebewesen gegenüber verstanden und so angenommen fühlen, dass es sich mit all seinen Gefühlen äußern kann, und es sollte zugleich erfahren, dass sein Gegenüber wirksamen Trost oder Ermutigung gibt. Letztlich ist für die gesunde Entwicklung des einzelnen Menschen wie auch der menschlichen Gemeinschaft die Erfahrung von personaler Liebe von ausschlaggebender Bedeutung. Und die empathischen, nicht wertenden Hunde helfen PädagogInnen auf ihre einfache Weise, eine Tür zum Selbst des Kindes zu öffnen.

Hunde sind aber weder Pädagogen noch Therapeuten. Es bedarf der Kompetenz des Menschen, um diese Tür zum Kind ganz aufzustoßen und seine Entwicklung zu fördern. Canepädagogik verlangt vom Menschen viel von der Einstellung, die etwa der humanistische Psychologe Carl Rogers oder das Ehepaar Tausch beschrieben haben. Aber mehr noch wird vom Erzieher gefordert. Die Verfasserin nennt auch die systemische Arbeit, die Beratung der Eltern, die enge Zusammenarbeit mit Schule und Jugendamt. Mit detaillierten Schilderung von Einzelfällen stellt sie die Bedeutung der sozialen Umwelt für Lernen und Entwicklung heraus. Die stigmatisierenden Sicht vom „Problemkind" kann in der Synergie von tiergestützter Gruppenarbeit und systemischer Pädagogik zu einer verstehenden, akzeptierenden und oft sogar wertschätzenden Haltung verändert werden. Das gelingt nicht leicht, geht es doch darum, den Blick vom identifizierten Patienten auf das dysfunktionale soziale System zu lenken. Das zu verändern fordert Veränderung beim Erzieher selbst.

Es ist leichter zu formulieren als zu realisieren, dass Ziele der Gruppenarbeit mit dem Hund und der Interaktionen mit Gleichaltrigen, Eltern, Geschwistern und Lehrern doch zusammen mit dem Kind festgelegt werden sollten, dass seine Motivation bitte beachtet und unverbrüchliche Nähe und Bezogenheit erhalten bleiben, wenn sich Fehlschläge einstellen. Hunden wird das nicht so schwer wie Menschen. Und etwas von ihrem selbstverständlichen Nahebleiben, von ihrem nicht bewertenden Mitgehen teilt sich vielen ErzieherInnen mit. Wir haben doch mehr als 99 % der Menschheitsgeschichte mit Tieren zusammen gelebt, können ihr Verhalten nach wie vor „lesen", und wir spüren nach wie vor eine besondere Affinität zu dem anderen Lebewesen. Das belegt die Neurobiologie mit dem Nachweis von hormonellen und neurologischen Veränderungen bei freundlichen Interaktionen mit Tieren; es sind Prozesse, die als Empathie erfahren werden, oft auch Prozesse, die restitutive Kräfte im Organismus anregen.

Die Verfasserin hat ihre langjährige canepädagogische Arbeit sorgfältig ausgewertet. Vor allem ihre Beschreibungen von Einzelfällen belegen, wie unterschiedlich Hunde auf kindliche Verhaltensschwierigkeiten eingehen, und was für vielfältige Effekte tiergestützte Arbeit erbringt. Das wird von den Eltern bestätigt, es geht auch aus der Akzeptanz und der Unterstützung hervor, die Jugendämter der Canepädagogik geben. Auch im System der Eingliederungshilfen für seelisch behinderte Kinder und Jugendliche erhalten Hunde ihren Platz.

Prof. Dr. Erhard Olbrich
Präsident ISAAT
(International Society for Animal-Assisted Therapy)

Einleitung

„Therapieresistent" und „unerreichbar" werden verhaltensauffällige Kinder und Jugendliche oft genannt, die schon die verschiedenen Angebote und Institutionen der Jugendhilfe erfolglos – aber nicht spurlos – hinter sich gebracht haben. Eine tragfähige Beziehung zu den Kindern aufzubauen, scheint in solchen Fällen von konzentriertem Desinteresse und manifestem Misstrauen seitens der Kinder in gleicher Weise wichtig wie unmöglich.

Immer ausgefallener und kostenintensiver werden die Ideen der Pädagogik bei Verhaltensstörungen, damit Kinder durch Grenzerfahrungen Werte und Lebensinhalte finden können, die es ihnen ermöglichen sollen, wieder in die Gesellschaft integriert zu werden. Erlebnisreisen, Segeltörns und Delphintherapie sind nur einige Beispiele dafür.

Hunde, des Menschen älteste und treueste Freunde, leben mit uns, sind für alle ein selbstverständlicher – mehr oder weniger – beliebter Bestandteil unserer Gesellschaft und Bindeglied zwischen Zivilisation und Natur. Diese Natürlichkeit, Selbstverständlichkeit und Normalität, mit der Hunde mit uns leben, hat die Bedeutung der Hunde für den Menschen verschleiert, macht sie für manche sogar nebensächlich und unwichtig. Doch gerade in dieser Normalität liegt eine große Chance für die pädagogische und insbesondere für die heilpädagogische Arbeit mit Kindern verborgen.

Neben den ersten Erfahrungen in einer stationären intensivpädagogischen Einrichtung für schwerstverhaltensauffällige Kinder und Jugendliche findet die Canepädagogik nunmehr seit 2001 auch in der ambulanten Jugendhilfe erfolgreich Anwendung. Diese zehnjährige Tätigkeit ermöglicht zahlreiche Erkenntnisse und gibt Aufschluss darüber, wie man mit Hilfe von Hunden eine tragfähige Beziehung zu Kindern gestalten kann, um auf dieser Basis pädagogisch sinnvoll mit ihnen zu arbeiten.

Im Teil I dieses Buches sind neben der begrifflichen Klärung auch die heilpädagogischen Grundsätze dargelegt, auf denen die Canepädagogik aufbaut. Für ein besseres Verstehen von auffälligem Verhalten beschäftigt sich dieser Teil auch eingehend mit Verhalten bzw. Verhaltensauffälligkeiten, ihren Ursachen, den psychischen und sozialen Folgen und der großen Bedeutung des Selbstkonzeptes. Auch die Erziehungspsychologie, die die Bedeutung der Erziehung für die Persönlichkeitsentwicklung und das Verhaltensrepertoire untersucht, findet hier ihre Beachtung, bevor im Weiteren die Möglichkeiten eines Hundes in der pädagogischen Arbeit mit verhaltensauffälligen Kindern und Jugendlichen dargestellt werden. Für eine genauere Betrachtung wird eine künstliche Unterteilung in die Kategorien Erziehung *mit* dem und *durch* den Hund vorgenommen, die so in der Praxis jedoch nicht existiert. Abschließend beschäftigt sich dieser Teil mit der Didaktik und Methodik der Canepädagogik.

Teil II des Buches stellt die praktische Durchführung der Canepädagogik in den Mittelpunkt. Um den Begriff der Canepädagogik letztlich zu füllen und die Vorgehensweise einer canepädagogischen Förderung transparent zu machen, folgen hier Beispiele sowohl aus der ambulanten als auch der stationären Jugendhilfe.

Der Teil III beinhaltet die systematische Auswertung der zehnjährigen Tätigkeit der Praxis für Canepädagogik von 2001 bis 2010. Dabei wird zunächst eine detaillierte Analyse des gesammelten Zahlen- und Datenmaterials vorgenommen, bevor Erkenntnisse zu den Grenzen, Chancen und Erfolgen der Canepädagogik zusammengefasst und mit Hilfe verschiedener Fallbeispielen anschaulich dargestellt werden.
Wichtig ist bereits an dieser Stelle deutlich zu machen, dass diese Untersuchungsergebnisse nicht den Anspruch haben, strengsten wissenschaftlichen Grundsätzen genügen zu wollen.
Dies ist schon allein deshalb nicht möglich, da diese Ergebnisse nicht das Resultat strenger empirischen oder wissenschaftlicher Studien sind, sondern vielmehr die zahlreichen Erfahrungen und Erkenntnisse langjähriger Praxistätigkeit auch unter Einbeziehung verschiedener Perspektiven (Eltern, Jugendamt) komprimiert wiedergeben.

Ziel des Buches ist zu zeigen, dass das Konzept der Canepädagogik als sinnvolle Ergänzung und mögliche Alternative zur allgemein anerkannten Verhaltensgestörtenpädagogik zu sehen ist.

Es soll deutlich machen, welchen positiven Einfluss die Hunde auf die Kinder und ihre Entwicklung ausüben und darüber hinaus aufzeigen, wie wichtig auch die Einbeziehung der Eltern für den gewünschten Erfolg ist.

In dem vorliegenden Buch wird aus Gründen der Vereinfachung meist von verhaltensauffälligen Kindern gesprochen; die Jugendlichen mit Verhaltensauffälligkeiten sind jeweils mit einbezogen. Die Begriffe der Verhaltensauffälligkeit bzw. Verhaltensstörung werden wertfrei und synonym verwendet.

Bei der theoretischen Herleitung des Konzeptes im Teil I wird bewusst sehr eng an der Literatur gearbeitet. Dadurch soll zum einen die starke heilpädagogische Orientierung der Canepädagogik deutlich werden. Zum anderen soll aber auch wissenschaftlich begründet werden, wie wesentlich die von den Hunden entgegengebrachten Verhaltensweisen insbesondere für die Förderung der Entwicklung und Erziehung verhaltensauffälliger Kinder sind.

Zur besseren Lesbarkeit werden bei den Berufsbezeichnungen nur die männlichen Formen erwähnt.

TEIL I KONZEPTENTWICKLUNG

1 Canepädagogik

1.1 Begriffsabgrenzung

Der Begriff Canepädagogik bedeutet Pädagogik *mit* dem und *durch* den Hund. Er ist ein Neologismus – meine eigene Wortschöpfung – und leitet sich von dem lateinischen Wort für Hund (Canis) ab. Die Endung ‚e' entspricht dem Ablativ und steht für das „mit" bzw. „durch".
Während Pädagogik als Wissenschaft der Bildung und Erziehung (vgl. KÖCK/OTT, 519) heute oftmals den Schwerpunkt auf die Bildung (z. B. Schule) legt, fokussiert Canepädagogik den Bereich der Erziehung. Sie will Kinder in erster Linie wieder erziehungsfähig und -willig machen, sie in die Gemeinschaft integrieren, um dann mittelbar auch Bildung zu ermöglichen.

1.2 Zielgruppe

Canepädagogik dient der Arbeit mit verhaltensauffälligen, beziehungsgestörten Kindern und Jugendlichen, zu denen der Zugang aufgrund ihrer Biographie auf normalem Wege (z. B. Beratung, soziale Gruppenarbeit etc.) erschwert oder gar unmöglich geworden ist. Kinder, die gelernt haben, niemandem zu vertrauen, sich nur auf ihre Fäuste zu verlassen und jedem Problem mit Gewalt oder Flucht zu begegnen, sind nicht nur für Erzieher und Therapeuten eine (oft zu) große Herausforderung, sondern stellen sich selbst und ihr Umfeld vor immer größere Probleme.
Gemäß § 1 Abs. 1 KJHG hat aber jeder junge Mensch das Recht auf die Förderung seiner Entwicklung und auf die Erziehung zu einer eigenverantwortlichen und gemeinschaftsfähigen Persönlichkeit. Um verhaltensauffälligen Kindern, die eben nicht eigenverantwortlich oder gemeinschaftsfähig und darüber hinaus selten förderungs- oder erziehungswillig sind, zu ihrem Recht zu verhelfen, bedarf es einer speziellen und gezielten pädagogischen Unterstützung, die es ihnen ermöglicht, die ihnen angebotene Hilfe annehmen zu können.

1.3 Heilpädagogische Grundlagen

Canepädagogik ist ein heilpädagogisch orientiertes Handlungskonzept, das auf den von Paul Moor beschriebenen Grundsätzen heilpädagogischer Arbeit basiert und diese realisiert.
Moor (11) versteht unter Heilpädagogik die „Lehre von der Erziehung derjenigen Kinder, deren Entwicklung durch individuale oder soziale Faktoren dauernd gehemmt ist." Heilpädagogik ist für ihn Pädagogik unter erschwerenden Bedingungen. Er unterscheidet dabei vier verschiedene Zielgruppen der Heilpädagogik: die Geistesschwachen, die Sprachgebrechlichen, die Mindersinnigen und die Schwererziehbaren (vgl. MOOR, 12).
Er charakterisiert die Arbeit eines Heilpädagogen indem er schreibt:

> „Wir haben es in der heilpädagogischen Arbeit mit Kindern zu tun, welche die *Alltags*erziehung vor unlösbare Aufgaben stellen, Kinder, für welche die *gewohnten* Mittel und Wege nicht mehr ausreichen und mit welchen die *üblichen* Ziele nicht mehr erreicht werden können." (MOOR, 260; Hervorhebungen im Text)
> „Gerade für diese aus dem Rahmen fallenden und dann oft einfach übergangenen Kinder aber will nun die Heilpädagogik da sein." (MOOR, 261)

Wie wird Heilpädagogik angewandt und umgesetzt, welche Regeln sind zu beachten, um im Praxisfeld der erziehungsschwierigen und verhaltensauffälligen Kinder mit den erschwerenden Bedingungen zurecht zu kommen? Die wichtigste Regel im heilpädagogischen Umgang ist nach Moor:

I. Wir müssen das Kind verstehen, bevor wir es erziehen

Um heilpädagogisch sinnvoll und wirksam mit verhaltensauffälligen Kindern arbeiten zu können, ist es wichtig, ein genaues Bild von dem Kind und seiner Seele (Verhalten und Erleben) zu haben, es zu verstehen. Das Kind darf nicht nur auf sein Fehlverhalten reduziert und als Symptomträger gesehen werden. Moor (277) geht es um „die Persönlichkeit als Ganze und nicht nur um ein einzelnes Verhalten; nicht nur um ihr Versagen oder Vergehen, sondern um ihr ganzes Sein und Wesen."
Dieser Betrachtung und der Heilpädagogik insgesamt liegt ein Menschenbild zugrunde, in dem dem Kind, auch dem verhaltensauffälligen, die gleiche Würde und Bedeutung zuerkannt wird wie allen anderen Menschen.

Moor (270) hebt hervor, dass „man auch diese aus dem Rahmen fallende Kinder für Menschen hält, und zwar nicht für Menschen zweiten Ranges, sondern für Menschen von derselben Würde wie alle andern."

Das Bild von Kindern, insbesondere von verhaltensauffälligen, hat Janusz Korczak (zit. nach MEHRINGER, 97) noch prägnanter formuliert, indem er schreibt: „Das Kind wird nicht erst ein Mensch, es ist schon einer. Es ist nur schwächer als wir ..." Um diese Schwäche adäquat zu kompensieren, bedürfen Kinder neben Unterstützung und pädagogischem Beistand auch die Anerkennung und Akzeptanz ihrer Natur, ihres Wesens.

Damit wird die Bedeutung und auch das Ziel heilpädagogischen Handelns deutlich. Es darf in der heilpädagogisch orientierten Verhaltensgestörtenpädagogik keinesfalls darum gehen, Kinder dressieren zu wollen, sie zur „sozialen Brauchbarkeit" (MOOR, 269) zu erziehen oder wie Nohl (136) formuliert, einen „bestimmten Lebenstypus zu züchten". Ihr Ziel ist es vielmehr, sich darum zu bemühen, den Kindern zur Selbstentfaltung innerhalb der Gemeinschaft und den gesellschaftlichen Normen zu verhelfen. Das Kind soll zu *seinem* Leben und zu *seiner* Form kommen können (vgl. NOHL, 134).

„Ihr Ziel ist nicht, eine bestimmte Art des Menschseins heranzubilden, sondern jede Art des Menschseins zu der ihr möglichen Erfüllung wirklich hinzuführen." (MOOR, 274)

Korczak (zit. nach MEHRINGER, 97) sagt dazu: „Ich habe diese Grundrechte für Kinder herausgefunden: das Recht des Kindes, so zu sein, wie es ist ...." Da aber die verhaltensauffälligen Kinder so wie sie sind nicht gemeinschaftsfähig sind, liegt es in der Verantwortung der Heilpädagogik, Wege und Mittel zu finden, diese Kinder in die Gemeinschaft zu integrieren, ohne ihre Persönlichkeit zu brechen. Der hier dargestellte Weg – Canepädagogik – soll genau diese Gratwanderung leisten.

Dabei stellt sich jedoch die Frage, wie geht man dabei vor bzw. an welcher Stelle setzt man an? Moors zweite Grundregel lautet (vgl. MOOR, 20):

II. Nicht gegen den Fehler, sondern für das Fehlende

Da es in der Heilpädagogik um Verstehen geht, darf der Fokus nicht nur auf den offensichtlichen Fehler, das Fehlverhalten gerichtet sein. Die sogenannten Verwahrlosungssymptome hat sich das Kind als Waffe, als Überlebenschance zugelegt (vgl. MEHRINGER, 34). Die Symptome sind oberflächlich, wechselhaft und letztlich nur dadurch zu lindern, dass man die zugrundeliegende Ursache – das Fehlende – erkennt und ausgleicht.

> „... und es dürfte einer der wichtigsten Grundsätze der Heilpädagogik sein und bleiben, eben nicht nur die Symptome zu bekämpfen und rasch zu beseitigen (so wie der Arzt bei Masern nicht die roten Flecken direkt angeht), sondern das Kind zu heilen, indem man alles tut, dass es ihm wieder besser geht." (MEHRINGER, 14)

Was aber fehlt Kindern und im speziellen den Kindern, die auffälliges Verhalten zeigen? Diese Frage ist von zentraler Bedeutung für die Heilpädagogik und Ausgangspunkt für den pädagogischen Einsatz von Hunden. Sie wird in den Kapiteln 2 und 3 beantwortet und macht die Unterstützung durch Hunde (Kap. 4) in diesem Praxisfeld so offensichtlich sinnvoll.

III. Nicht nur das Kind, auch seine Umgebung ist zu erziehen

Die dritte Regel Moors (400) für die heilpädagogische Förderung von entwicklungsgehemmten Kindern – nicht nur das Kind, sondern auch seine Umgebung in den Erziehungsprozess mit einzubeziehen – ist Zeichen seines systemischen Ansatzes und auch für den Erfolg der Canepädagogik von sehr großer Bedeutung.

Während die tiergestützte Gruppenarbeit den Fokus auf die direkte pädagogische Förderung des Kindes legt und so einerseits durch eine Verbesserung des subjektiven Befindens der Kinder indirekt auch zu einer Entlastung der familiären Situation und der sozialen Interaktion (Schule etc.) beitragen kann, ist es darüber hinaus für eine nachhaltige und erfolgreiche Förderung unerlässlich, über Eltern- und Familiengespräche in den Familien Strukturen zu schaffen, die weiteres auffälliges Verhalten der Kinder zukünftig überflüssig machen.

Auch wenn der Gruppenkontext den Kindern die Chance auf völlig neue Kontakte, unbelastete Beziehungen, aktive und abwechslungsreiche Naturerfahrungen bietet und eine Lösung von Subkulturen (Gangs, Banden) ermöglichen kann, ist die Schaffung einer gesunden, wertschätzenden Familienatmosphäre für die weitere Entwicklung des Kindes von zentraler Wichtigkeit.

Denn „die Eltern sind die Architekten des Hauses, das sich Familie nennt" (Klaus Bortz).

Die Schaffung dieser förderlichen und für die Entwicklung der Kinder so wichtigen familiären Lebenswelt ist das Ziel der Elternarbeit, die den Eltern Wege und Perspektiven eröffnen soll, auf welche Weise und in welchem Umfang sie selbst dazu beitragen können (und müssen), dass auffälliges Verhalten ihrer Kinder zukünftig nicht mehr erforderlich ist.

In welchem Maße die Elternarbeit für die Canepädagogik von Bedeutung ist, wird sich insbesondere im letzten Teil des Buches im Rahmen der Auswertung erschließen, bei dem immer auch konkret auf die Elternarbeit Bezug genommen wird.

2 Verhaltensauffälligkeiten

Die Forderung von Moor, Kinder erst zu verstehen, bevor man sie erzieht, macht im Praxisfeld der Verhaltensgestörtenpädagogik eine genaue Betrachtung des Phänomens „Verhaltensauffälligkeit" notwendig.

> „Will ich dem Kinde helfen, so muss ich wissen, was überhaupt vorliegt. Ich muss mich zuerst einmal darum bemühen, die Tatsachen festzustellen und sie zu interpretieren; ich muss versuchen, mir auf Grund der geprüften und geklärten Tatsachen ein Bild zu machen von der inneren Verfassung des Kindes." (MOOR, 16)

Was Verhalten ist, wie es zu Verhaltensstörungen bzw. Auffälligkeiten kommt und welche Faktoren in diesem Zusammenhang von wesentlicher Bedeutung sind, ist Grundlage und Inhalt dieses Kapitels und der Ausgangspunkt sinnvoller pädagogischer – canepädagogischer – Förderung.

2.1 Begriffsabgrenzung

Verhalten

Bei der Betrachtung von Verhaltensauffälligkeiten stößt man zunächst auf die Frage, was Verhalten ist oder meint.

Das Verhalten im engeren Sinn sind alle der Selbst- und Fremdbeobachtung zugänglichen Bewegungen wie z. B. Sprechen, Gestik, Mimik, Körperhaltung etc. (vgl. NOLTING/PAULUS 56f).

> „... Verhalten faßt die Gesamtheit menschlicher Aktivitäten zusammen, die im Wechselspiel zwischen Organismus und Umwelt entstehen und von einfachen Reaktionen auf Reize bis zu willentlichen, komplexen, umweltverändernden Handlungen reichen." (MYSCHKER 1999, 148)

Verhaltensstörung

Der auch heute noch international gültige Begriff der Verhaltensstörung wurde bereits 1950 auf dem 1. Weltkongress für Psychiatrie festgelegt und ist

> „... Sammelbegriff für alle Formen und Ausprägungsgrade von Fehlverhalten, vom pädagogischen Phänomen der ‚Erziehungsschwierigkeit' über psychiatrische Syndrome von Psychopathie bis hin zu schweren Formen von Verwahrlosung und Delinquenz." (VERNOOIJ, 33)

Verhaltensstörung bzw. Verhaltensauffälligkeit – die Begriffe werden oft synonym verwandt – bezeichnet ein langfristig von den entwicklungsbezogenen und gesellschaftlichen, kulturellen, ethischen Normen abweichendes Verhalten, das eine weitere Bildung und Erziehung des Kindes als gefährdet erscheinen lässt (vgl. GOETZE, 7) und „ohne besondere pädagogisch-therapeutische Hilfe nicht oder nur unzureichend überwunden werden kann." (MYSCHKER 1999, 149)
Der ICD-10 (International Classification of Deseases) der Weltgesundheitsorganisation WHO klassifiziert und kategorisiert Verhaltensstörungen. Unter anderem sind darin folgende Gruppen genannt

    F90   Hyperkinetische Störungen
    F91   **Störungen des Sozialverhaltens**
    F93   Emotionale Störungen

Die Gruppe „Störungen des Sozialverhaltens" (F91) wird im ICD-10 wie folgt näher beschrieben:

> „Störungen des Sozialverhaltens sind durch ein sich wiederholendes und anhaltendes Muster dissozialen, aggressiven und aufsässigen Verhaltens charakterisiert. Dieses Verhalten übersteigt mit seinen gröberen Verletzungen die altersentsprechenden sozialen Erwartungen. Es ist also schwerwiegender als gewöhnlicher kindischer Unfug oder jugendliche Aufmüpfigkeit. Das anhaltende Verhaltensmuster muss mindestens sechs Monate oder länger bestanden haben. (...) Beispiele für Verhaltensweisen, welche diese Diagnose begründen, umfassen ein extremes Maß an Streiten oder Tyrannisieren, Grausamkeit gegenüber anderen Personen oder Tieren, erhebliche Destruktivität gegenüber Eigentum, Feuerlegen, Stehlen, häufiges Lügen, Schulschwänzen oder Weglaufen von zu Hause, ungewöhnlich häufige und schwere Wutausbrüche und Ungehorsam."

An dieser Beschreibung wird erkennbar: „Sie [Verhaltensstörung; die Verf.] ist keine Verhaltensqualität an sich, sondern Ausdruck gesellschaftlicher Definitionen, und unterliegt ... historisch-kulturellen Veränderungen." (VERNOOIJ, 33)
Das Verhalten – ob angepasst oder auffällig – steht in engem Zusammenhang mit den inneren Prozessen bzw. dem Erleben eines Menschen.

Erleben
Das Erleben umfasst alle bewussten und unbewussten inneren und für Außenstehende nicht sichtbaren Prozesse (z. B. Denkvorgänge, Gefühlserlebnisse) und Erfahrungen (vgl. NOLTING/PAULUS, 1). Ein wesentlicher Bereich des Erlebens ist die Wahrnehmung. Die Wahrnehmung filtert aus der Vielzahl von Informationen, die den Menschen umgeben, die für ihn bedeutsamen heraus. So werden in der gleichen Situation von verschiedenen Menschen nicht nur unterschiedliche Dinge, sondern diese auch auf unterschiedliche Weise wahrgenommen. Wahrnehmung ist also immer selektiv (vgl. NOLTING/PAULUS, 44) und hängt von der Person, ihrer momentanen Verfassung und ihren Lebenserfahrungen ab.

Persönlichkeit
Verhalten und Erleben befinden sich in einem engen, interdependenten und nicht lösbaren Verhältnis miteinander und bilden die Psyche – Persönlichkeit – eines Menschen. Persönlichkeit ist wertfrei zu verstehen und meint ein bei jedem Menschen einzigartiges, relativ stabiles und Zeitablauf überdauerndes Verhaltenskorrelat (vgl. NOLTING/PAULUS, 76).
Es sind die typischen Personmerkmale, die erklären, warum Menschen eine objektiv gleiche Situation auf subjektiv sehr unterschiedliche Weise erleben (wahrnehmen) und sich interindividuell verschieden – manchmal auch auffällig – verhalten (vgl. NOLTING/PAULUS, 39).
Die Formen und Inhalte des Verhaltens und Erlebens (Wahrnehmungsgewohnheiten, Wissen, Denkstrategien, Fertigkeiten) ebenso wie das Wann und Wo ihres Einsatzes werden durch Erfahrungen gelernt (vgl. NOLTING/PAULUS, 65). Diese lebenslangen Erfahrungen machen die personale Disposition aus, manifestieren sich in bestimmten Verhaltensmustern und Erlebensstrukturen, die wiederum in Interaktion mit der Umwelt gestaltenden Einfluss auf diese ausüben.
Das macht deutlich, dass Kinder, denen die Verhaltensauffälligkeit als typisches Personmerkmal zugeschrieben wird und deren Persönlichkeit durch ein einzigartiges, stabiles, aber leider unangemessenes Verhaltenskorrelat charakterisiert und nicht gesellschaftskonform ist, dies – zum großen Teil – durch ihre bisherigen Erfahrungen im Lebensalltag entwickelt haben.

Selbstkonzept

Dem Selbstkonzept (= Selbstbild) und der Selbstachtung kommt eine ganz besondere Bedeutung im Hinblick auf die Persönlichkeitsentwicklung zu. Unter Selbstachtung versteht man die gefühlsmäßig wertende Einstellung einer Person zu sich selbst. Sie ist weitgehend gleichbedeutend mit Selbstwertgefühl, mit positiven Empfindungen, Gefühlen und einer guten Einstellung zu sich selbst (vgl. TAUSCH/TAUSCH, 51).

Die Entwicklung des Selbstkonzeptes durch die wechselseitige Abhängigkeit von Verhalten und Erleben in Interaktion mit der Umwelt beschreiben Tausch/Tausch: „Jede Person nimmt fortlaufend wahr, empfindet und macht Erfahrungen. Die fortlaufenden Erfahrungen mit und über die eigene Person verdichten sich zum ... Selbstkonzept." (TAUSCH/TAUSCH, 57) Das Selbstkonzept einer Person wirkt sich wiederum erheblich auf ihr Verhalten und Erleben aus. „Menschen verhalten sich meist so, wie es dem Konzept ihrer eigenen Person entspricht." (TAUSCH/TAUSCH, 59)

Wie wesentlich ein positives Selbstkonzept und Selbstachtung für ein angemessenes Verhalten im sozialen Kontext ist, wird im Folgenden deutlich. Zur Bedeutung von Selbstachtung stellen Tausch/Tausch (51f) fest:

> „Selbstachtung ist sehr bedeutsam für die seelische Funktionsfähigkeit von Kindern ..., für ihre konstruktive Persönlichkeitsentwicklung und für das soziale Zusammenleben von Menschen. In vielen Untersuchungen ergab sich die große Bedeutung der Selbstachtung einer Person für ihr soziales, gefühlsmäßiges und intellektuelles Verhalten. (...) fehlende Selbstachtung beeinflusst erheblich unser seelisches Wohlbefinden, unsere Zufriedenheit, unsere seelische Gesundheit und Funktionsfähigkeit, das Ausmaß unserer Angst und unserer Lebensqualität."

2.2 Ursachen

Das menschliche Verhalten ist multifaktoriell (vgl. MYSCHKER 1993, 72) und multikausal bedingt und wird von verschiedensten soziokulturellen, ökonomischen, familiären und persönlichen Faktoren beeinflusst (vgl. KÖHN, 54).

Vernooij (36) nennt die folgenden unterschiedlichen Erklärungsansätze, um Verhaltensstörungen zu begründen.

Individuumzentrierte Perspektiven sehen verstärkt

- medizinische Gegebenheiten (genetische, somatische oder psychopathologische),
- tiefenpsychologische Ereignisse (traumatische Erlebnisse) und/oder
- lerntheoretische Gründe (Konditionierungs- und Modelllernprozesse) als Ursachen an.

Gesellschaftsorientierte Perspektiven legen den Fokus auf

- gesellschaftliche Bedingungen (Arbeitslosigkeit, Armut, Familienstrukturen) und/oder
- Erziehungsunsicherheit.

Sozialpsychologische Perspektiven sehen den Grund in

- sozialen Interaktionsprozessen (Beziehungs-, Kommunikationsprobleme) und/oder
- Etikettierungsprozessen.

Verhaltensstörungen lassen sich aber nicht linear-kausal auf eine einzige Ursache zurückführen, sondern sind immer eine Kombination aus verschiedensten Faktoren.

Dies macht eine systemische und ganzheitlich ausgerichtete Sichtweise von Verhaltensstörungen notwendig (vgl. VERNOOIJ, 38).

Aus dieser systemischen Perspektive ist eine Verhaltensstörung nicht ein Charakteristikum eines Individuums, sondern Merkmal eines komplex vernetzten, gestörten Ökosystems, in dem das Kind als Symptomträger nur ein Element – den identifizierten Patienten – darstellt (vgl. VERNOOIJ, 36).

2.3 Folgen

Verhaltensgestörte Kinder werden von ihrer Umwelt als Außenseiter, Störenfried oder Versager gesehen.

> „Von der Umgebung, von der gesamten Öffentlichkeit wird ihnen weit weniger Aufmerksamkeit, Sympathie, Anteilnahme, Hilfsbereitschaft geschenkt als dem organisch geschädigten Kind. (...) Das verwahrloste,

verhaltensgestörte Kind ... ist böse, es >könnte schon, wenn es nur wollte<." (MEHRINGER, 13; Hervorhebungen im Text)

Durch diese Einschätzung – Etikettierung – (vgl. FENGLER/JANSEN, 209) bekommt das Kind eine neue Rolle, die Rolle des Außenseiters, zugeschrieben, die festlegt, was von ihm erwartet wird bzw. wie es sich zu verhalten hat (vgl. FENGLER/ JANSEN, 200). Die Ablehnung und Ausgrenzung hat für das Kind schwerwiegende Folgen.
Die individualpsychologische Folge ist ein Gefühl der Minderwertigkeit und der persönlichen Unzulänglichkeit, die mit wachsender Unzufriedenheit, Resignation und Verzweiflung mit sich und seiner Umwelt einhergeht. Neben dieser personalen Insuffizienz – die Unfähigkeit, sich selbst zu mögen oder anzunehmen – existiert auch eine soziale Insuffizienz (vgl. FENGLER/JANSEN, 204), die durch die schlechten zwischenmenschlichen Beziehungen charakterisiert ist.

„Die allgemeinste Konsequenz einer Verhaltensauffälligkeit besteht in der Tatsache, dass die damit belasteten jungen Menschen in ihrem Verhaltensrepertoire Defizite der verschiedensten Art haben, durch die sie den Anforderungen in den jeweiligen Lebenssituationen nicht in vollem Umfang entsprechen können." (FENGLER/JANSEN, 200)

Der Verhaltensauffällige leidet an sich selbst (vgl. FENGLER/JANSEN, 190) oder wie Mehringer (13) betont: „Sie sind arm dran, es geht ihnen ... doppelt schlecht, weil sie gefühlsmäßig meist als selbst schuld an ihrem Zustand angesehen werden."
Ausgrenzungen, Sanktionen und Konflikte nehmen zu, beeinflussen sein Verhalten, Erleben und sein Selbstbild und führen zu einem Teufelskreis (vgl. FENGLER/ JANSEN, 209), aus dem der Betroffene allein nicht mehr herauskommt. Das Endergebnis dieses Prozesses ist die sekundäre Devianz (vgl. LEMERT, 433 - 476, zit. nach FENGLER/JANSEN, 209).
Die personale und soziale Insuffizienz sind der Grund für den existentiellen Konflikt, in dem der Betroffene sich befindet. Dieser Konflikt wird durch das erheblich gestörte Selbstwertgefühl bzw. Selbstkonzept ausgelöst und führt zu einem empfindlich gestörten seelischen Gleichgewicht (vgl. FENGLER/JANSEN, 204ff).
Eine Lösung des Konfliktes zur Beseitigung der intrapsychischen Spannung ist von dem Betroffenen allein aufgrund der starken Interdepenzen zwischen Selbstkonzept, Verhalten, Erleben und der

Interaktion mit der Umwelt nicht möglich. Da der Konflikt für das Kind also objektiv nicht zu lösen ist, die Spannungen in der Weise dauerhaft aber nicht ausgehalten werden können, existieren menschliche Abwehrmechanismen (z. B. Regression, Projektion, Kompensation usw.), die die Situation subjektiv erträglicher machen. Der seelische Schutzmechanismus der Kompensation soll als Beispiel und für die Beschreibung des einsetzenden Teufelskreises dienen.

Wenn sich ein Kind permanent negativ bewertet und ausgeschlossen fühlt, versucht es dieses z. B. mit „Kasperei" in der Klasse, mit Rüpelhaftigkeit oder Angeberei zu kompensieren, um auf diese Weise Aufmerksamkeit und Anerkennung zu erlangen. Diese durch Anna Freud beschriebenen Abwehrmechanismen bewirken zwar zunächst eine subjektive Erleichterung, da sie zu Aufmerksamkeit führen, objektiv aber führen sie zu einer weiteren Verschärfung des Konfliktes (vgl. FENGLER/JANSEN, 207ff). Obwohl kurzfristig die Aufmerksamkeit und Anerkennung gewährt werden, manifestiert sich gleichzeitig langfristig das Bild des Störenfriedes und macht das Kind noch mehr zum Außenseiter.

Moor (289) bemerkt dazu: „Nirgends deutlicher als im Ungehorsam ist die besondere Art des Geltungsbedürfnisses eines Kindes zu erkennen."

Nachdem – der I. Moorschen Regel folgend – nun Einblick in menschliches Verhalten gegeben und die Gründe für Auffälligkeiten vermittelt wurden, soll jetzt die Bedeutung der Erziehung für den Menschen und seine Entwicklung genauer betrachtet werden.

3 Erziehung

Gerade die Erscheinungen der Ungezogenheit, Unerzogenheit, Verwahrlosung und Verwilderung offenbaren die prinzipielle Abhängigkeit des Menschen von der Erziehung (vgl. LOCH, 94 zit. nach FENGLER/JANSEN, 191).

3.1 Begriffsabgrenzung

Erziehung (education) weist zurück auf das lateinische „educere" und steht für ‚hinausführen' bzw. ‚auf den Weg bringen' (vgl. KÖHN, 539). Dies heißt, und so formuliert es auch Moor (280): „Erziehung besteht nur daraus, dass Erzieher und Zögling einen Weg gemeinsam gehen." Dieses Begriffsverständnis hat weitreichende Konsequenzen für die Erziehung bzw. den Erziehungsauftrag.

Zum einen wird deutlich, dass von der Vorstellung Abstand genommen werden muss, dass ein Kind eine amorphe Masse, ein Tonklumpen in der Hand des Erziehers ist, aus dem der Erzieher erst einen Jemand schaffen muss (vgl. KOBI, 74). Jedes Kind ist bereits durch seine Geburt eine eigenständige, zu akzeptierende und zu respektierende Persönlichkeit. Es bedarf allerdings auf dem Weg der Entwicklung und der Selbstentfaltung – zu *seinem* Leben und *seiner* Form (vgl. NOHL, 134) – die Hilfe und Unterstützung der Eltern bzw. Erzieher.

Zum anderen wird die Interdependenz zwischen Kind und Erzieher deutlich, die – in einem gegenseitigen Wandlungs- und Gestaltungsprozess – an einer gemeinsamen Welt der gegenseitigen Verständigung arbeiten (vgl. KOBI, 75). Erziehung muss also verstanden werden, als

> „… ein gegenseitiges befriedigendes … und die Persönlichkeitsentwicklung förderndes Zusammenleben von Menschen. (…) Den konkret gelebten zwischenmenschlichen Beziehungen kommt hierbei eine hohe Bedeutung zu. Sie s i n d zu einem wesentlichen Teil Erziehung."
> (TAUSCH/TAUSCH, 28; Hervorhebungen im Text)

Wie diese zwischenmenschliche Beziehung – das pädagogische Verhältnis (vgl. NOHL, 134) – gestaltet sein muss, um wirksam sein zu können, wird eingehend in Kapitel 5.2.3 betrachtet.

3.2 Aufgabe der Erziehung

Die wichtigste Aufgabe der Erziehung ist nach FENGLER/JANSEN (191), Kinder mit Verhaltensmöglichkeiten und Kenntnissen auszustatten, die sie in die Lage versetzen, mit sich selbst und Situationen angemessen umgehen zu können. Erziehung soll die vier Grundwerte menschlichen Zusammenlebens

- **Selbstbestimmung** einer Person,
- **Achtung** einer Person,
- Förderung der **seelischen und körperlichen Funktionsfähigkeit** und
- **soziale Ordnung**

gleichzeitig und möglichst beständig im Leben verwirklichen (vgl. TAUSCH/TAUSCH, 25). Sie leistet einen wesentlichen Beitrag zur „Entwicklung der Beziehungsfähigkeit, der sozialen Verantwortlichkeit, der Entwicklung der Lernfähigkeit und Phantasie, der Zuverlässigkeit, aber auch der Entwicklung der Gefühle." (BERGLER 1994, 11)

Die Erziehungspsychologie beschäftigt sich mit der Beziehung zwischen Erziehung und psychischer Entwicklung (Verhalten – Erleben – Selbstkonzept). Sie geht davon aus, dass durch Erziehung eine Förderung des Erlebens und Verhaltens von Kindern und damit eine Förderung ihrer Persönlichkeit erfolgt (vgl. TAUSCH/TAUSCH, 16). Empirische Untersuchungen haben ergeben, dass Eltern, Lehrer und Erzieher durch ihre Person bzw. ihr Verhalten Kinder fördern oder – wie es leider öfter der Fall ist – beeinträchtigen (vgl. TAUSCH/TAUSCH, 112). „Bei Verhaltensauffälligen ist die Erziehung mehr oder weniger misslungen." (FENGLER/JANSEN, 191) Das bedeutet, dass wesentliche Verhaltensweisen nicht anerzogen oder die Kinder mit falschen Verhaltensmustern ausgestattet wurden. Sie sind damit nicht in die Lage versetzt worden, ihren Bedürfnissen entsprechend und gesellschaftlich anerkannt in ihrem sozialen Kontext zu leben.

3.3 Erziehungsprobleme

Der Wahrnehmung kommt innerhalb der Erziehung eine besondere Rolle zu. Tausch/Tausch haben anhand zahlreicher empirischer Untersuchungen nachgewiesen, dass sich Kinder entsprechend der ihnen entgegengebrachten und von ihnen wahrgenommenen Haltung entwickeln.

Eltern haben eine Vorbildfunktion. So wie das Verhalten der Eltern im Umgang mit ihnen und anderen wahrgenommen wird, wird es von Kindern auch internalisiert. „Viele Verhaltenselemente Verhaltensauffälliger sind über Identifikations- und Nachahmungsprozesse übernommen worden." (FENGLER/JANSEN, 195)

Dies ist ein automatisch und völlig unbewusst ablaufender Prozess. Wenn Eltern z. B. Ausländern mit Achtung und Respekt gegenübertreten und Bedürftigen hilfreich zur Seite stehen, werden diese Umgangsformen (zunächst, bevor der Einfluss anderer hinzukommt) als normal empfunden und in das Verhaltensrepertoire der Kinder aufgenommen. Ihnen wird prosoziales Verhalten vorgelebt, mit dem ihnen implizit vermittelt wird, dass die Würde eines Menschen nicht von seiner Nationalität oder seinen Fertigkeiten abhängt.

Lerntheoretisch kann man die Eltern auch als Modell bezeichnen, von denen die Kinder wesentliche Verhaltensweisen, aber auch Verhaltensstörungen, lernen.

> „Auf der Basis konstitutioneller Gegebenheiten, deren Bedeutung nicht übersehen wird, führen Lernvorgänge in allen Altersphasen hauptsächlich nach den Prinzipien des klassischen Konditionierens, des operanten Konditionierens und des Imitations- oder Modell-Lernens zum Aufhau [Aufbau; die Verf.] und zur Modifikation von Verhaltensweisen." (MYSCHKER 1999, 157)

Eltern und/oder Erzieher, die im Umgang mit Kindern sehr bzw. zu streng sind, restriktiv durchgreifen und z. B. Schläge regelmäßig als pädagogisches Mittel einsetzen, suggerieren dem Kind:

1. Schlagen ist ein legitimes Instrument, um sich durchzusetzen.
2. Kinder sind weniger wert, denn sie dürfen – im Gegensatz zu Erwachsenen – geschlagen werden.
3. Kinder sind schlecht und unzulänglich, denn sie brauchen Schläge.
4. Alternative Problemlösungsstrategien gibt es nicht.

Durch amerikanische und deutsche Untersuchungen hat sich gezeigt, dass „Kinder und Jugendliche auf emotionale Kälte und Abneigung mit Angst, verminderter Selbstachtung, einer Beeinträchtigung des Selbstkonzeptes und verzögerter seelischer Reifung reagieren." (MYSCHKER 1999, 164) Liebe, Achtung, Verständnis, Einfühlungsvermögen sind in diesem Fall für die Kinder Lippenbekenntnisse der Eltern und bleiben Worte ohne Inhalt.

So kann man feststellen: „Erwachsene selbst sind häufig ... eine nicht versiegende Quelle des Lernens von unerwünschten aggressivem Verhalten für Kinder und Jugendliche." (TAUSCH/TAUSCH, 40) Dieser Tatsache sind sich viele Erwachsene offenbar nicht ausreichend bewusst.

Exkurs: Bei der permanent steigenden Anzahl von massiven Verhaltensauffälligkeiten fällt es zunehmend schwerer, von rein familiär begründeten Problemen zu sprechen.

> „Man muss nämlich fragen, wessen Verhalten da im Grunde gestört ist – und ob denn auffälliges Verhalten eines solchen Kindes nicht gerade ein gutes Zeichen dafür ist, dass das Kind eben noch nicht ganz aufgegeben hat, sondern sich noch dagegen wehrt, wie man mit ihm umgeht oder umgegangen ist." (MEHRINGER, 11)

Es muss deshalb vielmehr geprüft werden, ob es sich nicht um ein zentrales und gesellschaftlich bedingtes Phänomen handelt. Leistungsorientierung, Konsumgesellschaft, steigende Individualisierung und Emanzipation oder veränderte Familienstrukturen sind einige Schlagworte, die in diesem Zusammenhang von Bedeutung sein könnten. Dies an dieser Stelle zu vertiefen, würde aber zu weit führen.

Festzuhalten bleibt jedoch: „Das Erleben und Verhalten von Personen wird bedeutsam beeinflusst und ändert sich dadurch, dass sie das Verhalten anderer Personen wahrnehmen." (TAUSCH/TAUSCH, 31) Dieses lässt drei wichtige Schlüsse für den Umgang und die pädagogische Arbeit mit verhaltensauffälligen Kindern zu:

1. Es wird deutlich, dass Kinder große Teile ihres Verhaltensrepertoires von ihren Bezugspersonen gelernt bzw. übernommen haben und Verhalten nicht ausschließlich genetisch bedingt ist. Daraus ergibt sich, dass auch verhaltensauffällige

Kinder erziehungsfähig und im ganz besonderen Maße erziehungsbedürftig sind.

2. Es besteht die Möglichkeit, wünschenswerte Verhaltensmuster zu vermitteln, wenn der Pädagoge selbst eine Vorbild- oder Modellfunktion für das verhaltensauffällige Kind übernehmen kann. Allerdings setzt dies eine tragfähige Beziehung zwischen dem Pädagogen und dem Kind voraus.

3. Die Wahrnehmung des Kindes ist von zentraler Bedeutung. Nur die Wahrnehmung und Erfahrung neuer, alternativer Verhaltensstrategien kann das Kind befähigen, sein Verhaltensrepertoire angemessen zu erweitern. Allerdings muss hierbei berücksichtigt werden, dass die Wahrnehmung des Kindes selektiv ist, von seiner Persönlichkeit und seinem Selbstkonzept abhängt. Es kann nur das wahrnehmen, was es bisher gelernt hat. Zuneigung, Akzeptanz und Anerkennung von Erwachsenen sind ihm jedoch meist fremd und dadurch nicht annehmbar.

Diesen Teufelskreis zu unterbrechen, ist die wichtigste Aufgabe im Umgang mit verhaltensauffälligen Kindern. Deshalb kommt der Beziehungsarbeit bei der pädagogischen Förderung Verhaltensauffälliger große Bedeutung zu, ist aber, aufgrund der psychischen Situation der Betroffenen, ausgesprochen schwierig. Die Beziehungsgestaltung und -qualität (vgl. Kap. 5.2.3) stellt den zentralen Ansatzpunkt für die Arbeit mit verhaltensauffälligen Kindern dar.

3.4 Förderliche Verhaltensformen

Tausch/Tausch benennen vier förderliche Dimensionen, die – wenn sie permanent und gleichzeitig im Umgang mit Kindern gelebt werden – insbesondere Selbstachtung und ein günstiges Selbstkonzept fördern. „Ferner fördern sie ein Zusammenleben mit den psychosozialen Grundwerten Selbstbestimmung, Achtung der Person, soziale Ordnung und ein Lernen von hilfreichem zwischenmenschlichem Verhalten." (TAUSCH/TAUSCH, 111)
In Anlehnung an Carl Rogers sehen sie

- Achtung und Wärme,

- einfühlendes Verstehen,
- Echtheit und
- förderndes und nicht-dirigierendes Handeln

als „notwendige und weitgehend hinreichende Bedingung für die Förderung der konstruktiven Persönlichkeitsentwicklung in zwischenmenschlichen Beziehungen" (TAUSCH/TAUSCH, 101) an. Darüber hinaus sehen sie den Grund für die beeinträchtigte Persönlichkeitsentwicklung und das unbefriedigende Zusammenleben darin, dass Millionen von erziehenden Erwachsenen, Eltern, Lehrern und Erziehern diese vier Dimensionen in so geringem Ausmaß leben (vgl. TAUSCH/TAUSCH, 102).

Die vier Dimensionen entsprechen wesentlich dem Verhalten, das sich Kinder und Jugendliche von den Erwachsenen und diese sich ebenfalls von ihren erwachsenen Partnern wünschen. Die Haltung und Aktivitäten der vier Dimensionen entsprechen weitgehend der von vielen Menschen angestrebten humanen Lebensqualität (vgl. TAUSCH/TAUSCH, 103). Aber nicht nur Kinder wünschen sich dieses Verhalten von ihren Eltern, sondern gerade auch Eltern von verhaltensauffälligen Kindern wünschen sich, dass ihre Kinder sich so verhalten.

Entsprechend des lerntheoretischen Modells liegt der Schluss nahe, dass Eltern, die ihren Kindern mit Achtung, Empathie, und Echtheit entgegentreten, dieses Verhalten auch ihren Kindern vermitteln.

Die Auswirkung dieser Verhaltensformen als Grundhaltung der Erziehung und die tatsächlichen positiven Effekte auf die Entwicklung der Kinder sind von Tausch/ Tausch empirisch nachgewiesen und in ihrem Werk „Erziehungspsychologie" detailliert dargestellt worden.

3.4.1 Achtung und Wärme

„Die Selbstachtung – das Selbstkonzept – einer Person wird wesentlich gefördert oder beeinträchtigt durch das Ausmaß an Achtung oder Missachtung, das sie von anderen, für sie bedeutsamen Personen erfährt." (TAUSCH/TAUSCH, 51f) Auf die Bedeutung des Selbstkonzeptes im Zusammenhang mit Verhaltensstörungen ist bereits in Kapitel 2.1 hingewiesen worden. Achtung und Wärme sind erheblich förderlich für die Persönlichkeitsentwicklung und für die seelische Gesundheit.

„Ein emotional warmes, akzeptierendes Verhältnis zwischen Eltern und Kind ist auch außerordentlich bedeutsam für den Prozess der Identifikation, der die Normeninternalisierung und damit ein sozialadäquates Leben ermöglicht." (MYSCHKER 1999, 156)

Kennzeichen einer von Achtung und Wärme geprägten förderlichen Umgangsweise sind z. B. (vgl. TAUSCH/TAUSCH, 120):

- den Anderen wertschätzen, an ihm Anteil nehmen,
- ihm Geltung schenken, ihn anerkennen, ihn willkommen heißen,
- mit ihm freundlich und herzlich umgehen,
- ihn liebevoll, zärtlich und rücksichtsvoll behandeln,
- ihm vertrauen,
- sich ihm gegenüber öffnen, ihm nahe sein,
- zu ihm halten, ihn beschützen und trösten.

Bedeutsam ist, dass Achtung und Wärme nicht an Bedingungen (z. B. gutes Benehmen, schulische Leistungen etc.) gebunden sein dürfen (vgl. TAUSCH/TAUSCH, 130), sondern Kindern in jedem Fall entgegengebracht werden müssen. Mehringer (17) stellt dazu fest:

„Aber was diese Kinder ... vor allem brauchen, ist dies: Menschen, die sie so wie sie jetzt sind, als ganze Kinder wahrnehmen, die sie annehmen und mögen – und einen Lebensraum ... mit dieser Atmosphäre des Akzeptiertwerdens."

3.4.2 Einfühlendes Verstehen

Einfühlendes Verstehen bzw. Empathie beschreibt den Versuch des Erwachsenen, sich in die Gefühlswelt des Kindes einzufühlen. Es ist nach TAUSCH/TAUSCH (178) klar abzugrenzen von einem „bewertenden Diagnostizieren" oder „analysierenden Erklären", die heute eher im Mittelpunkt des Verstehens sind.

Die Sinnhaftigkeit dieser Verhaltensweise basiert auf der Erkenntnis, dass jede Person in ihrer eigenen inneren Erlebenswelt lebt, die ihr Verhalten und ihr Selbstkonzept entscheidend (positiv oder negativ) beeinflusst und erklärt. „Eine Person lebt danach, wie sie ihre Umwelt und sich selbst wahrnimmt." (TAUSCH/TAUSCH, 178)

Nur wenn man versucht, sich in dieses Erleben einzufühlen, kann es gelingen, die Verhaltensauffälligkeiten zu verstehen und nicht einfach kategorisch zu verurteilen. Dies ist die notwendige Grundlage für eine Trennung von Tat und Person, die es ermöglicht, auch Schwerstverhaltensauffällige mit Respekt und Würde zu behandeln, statt sie wegen ihres inakzeptablen Verhaltens abzulehnen.

Diese Haltung ist gekennzeichnet durch „... ein sensibles, einfühlendes, vorurteilsfreies, nicht-wertendes und genaues Hören der inneren Welt des anderen." (TAUSCH/TAUSCH, 179) Durch einen solchen Umgang erlebt das Kind sein Gegenüber als einen geduldigen und ihn akzeptierenden Partner (vgl. TAUSCH/TAUSCH, 180). Zum einen kann dies zu einer subjektiven Erleichterung und Klärung des inneren Erlebens führen, zum anderen hat es auch positiven Einfluss auf das Selbstwertgefühl. Wenn man dem Kind vermitteln kann: „Ich verstehe dich, mag dich und akzeptiere dich, so wie du bist", dann fällt es auch dem Kind wesentlich leichter, sich zu mögen und ein positives Bild von sich zu entwickeln.

3.4.3 Echtheit

„*Echtheit* bedeutet in erster Linie: Äußerungen, Verhalten, Maßnahmen, Gestik und Mimik einer Person stimmen mit ihrem inneren Erleben, ihrem Fühlen und Denken überein." (TAUSCH/TAUSCH, 214; Hervorhebungen im Text)

Diese Menschen verstecken sich nicht hinter einer Fassade (Professionalität, Zurückhaltung, Höflichkeit), sondern treten so auf, wie sie sind. Sie leben die Gefühle, die sie empfinden (vgl. TAUSCH/TAUSCH, 220).

Kennzeichen von Echtheit und Aufrichtigkeit im zwischenmenschlichen Umgang sind u. a. (vgl. TAUSCH/TAUSCH, 215):

- sich so zu geben, wie man wirklich ist,
- sich ohne professionelles oder routinemäßiges Gehabe zu geben,
- sich aufrichtig, ungekünstelt und natürlich zu verhalten und
- keine Rolle zu spielen.

Echtheit ermöglicht den Aufbau von Vertrauen zum Gegenüber, zur eigenen Wahrnehmung und bietet dem Kind klare Strukturen, an denen es sich orientieren kann.

3.4.4 Förderndes und nicht-dirigierendes Handeln

„Diese Tätigkeiten einer Person sind die Folge ihrer gleichzeitigen Haltung von einfühlendem Verstehen, Achtung-Wärme sowie von Echtheit und stehen in Übereinstimmung mit diesen." (TAUSCH/TAUSCH, 244)

Sie sind sozial reversibel, was bedeutet, dass Kinder sich gegenüber Erwachsenen in ähnlicher Weise verhalten dürfen, ohne gegen die Achtung des Erwachsenen zu verstoßen. Sie werden im Gegenteil als wünschenswerte und förderliche Verhaltensweisen angesehen und bereichern die Beziehung.

Es sind Aktivitäten für das Kind, die mit ihm zusammen gemacht werden und nicht gegen das Kind gedacht sind. Zwischen Kind und Erwachsenem besteht Übereinstimmung über den positiven Wert dieser Aktivitäten. Sie erleichtern und fördern das selbstständige, selbstverantwortliche Lernen, setzen selbstbestimmte Tätigkeiten und Kreativität frei und sind für alle Beteiligten förderlich (vgl. TAUSCH/TAUSCH, 245). Einige Beispiele (vgl. TAUSCH/TAUSCH, 247) für fördernde und nicht-dirigierende Tätigkeiten sind im einzelnen:

- sich für den anderen verfügbar halten,
- Angebote machen und Anregungen geben,
- mit ihm gemeinsame Aktivitäten ausüben,
- dem anderen Rückmeldung geben, ihm klärende Konfrontationen ermöglichen,
- mit ihm gemeinsame gefühlsmäßig bereichernde Erlebnisse machen.

Ausgangspunkt des folgenden Kapitels sind die Fragen, ob Eltern und Erzieher diese förderlichen Verhaltensformen den Kindern – insbesondere verhaltensauffälligen – in ausreichendem Maße entgegenbringen bzw. entgegenbringen können und ob Hunde sie nicht in diesem Bemühen sinnvoll unterstützen können.

4 Aufgaben der Hunde in der Canepädagogik

„Die Tiere sollen uns helfen, die Schmerzen menschlicher Zivilisation zu ertragen." (KÖRNER, 208)

4.1 Erziehung mit dem Hund

Die Anforderungen, die die Arbeit und der Umgang mit verhaltensauffälligen Kindern an den Pädagogen stellen, sind hoch. Ein Problem liegt in der schwierigen Erreichbarkeit des Klientels. Die heilpädagogische Theorie fordert, Kinder zu verstehen, bevor man sie erzieht (vgl. Kap. 1.3). Wie soll man aber bei aller Fach- und Handlungskompetenz ein Kind verstehen und kennen lernen, wenn dieses sich dagegen wehrt und jegliche pädagogische Unterstützung ablehnt, zu Terminen nicht erscheint oder so „therapieerfahren" ist, dass man zum eigentlichen Kern seiner Probleme nicht vordringen kann?

Spezifisches Kennzeichen verhaltensauffälliger Kinder ist vielfach, dass sie aufgrund ihrer Erfahrungen mit ihren Bezugspersonen (Eltern, Lehrer und Therapeuten) für fremde Menschen nicht mehr zugänglich sind. Sie blocken neue Beziehungsangebote meist kategorisch ab (vgl. KÖRNER, 201), da ihre Biographien durch häufige Beziehungsabbrüche und eine Vielzahl von erfolglosen Hilfsmaßnahmen gekennzeichnet sind. Köhn (63f) schreibt dazu:

> „Schon immer gilt der Umgang mit ‚verhaltensgestörten' Kindern und Jugendlichen als besonders schwierig oder sogar als ‚unmöglich'. Die scheinbare Bindungslosigkeit und Unfähigkeit zur Beziehungsaufnahme und Beziehungsgestaltung ... lehren manchem Pädagogen das Fürchten und machen ihn hilflos in seinem erzieherischen Vermögen. Solche Kinder und Jugendlichen verschließen sich zumeist auch allen klassischen Therapiemethoden und werden daher ... zu ‚therapieresistenten' Objekten gemacht."

Sie gelten also in der Praxis als beziehungsunfähig und nicht erreichbar. Unter Berücksichtigung der Tatsache, dass der Mensch als soziales Wesen auf soziale Bindungen essentiell angewiesen ist (vgl. FENGLER/JANSEN, 191), wird offensichtlich, in welcher aussichtslosen Situation sich diese Kinder befinden. Auf die entscheidendste Umweltbedingung für die psychische Gesundheit und Lebensqualität des Menschen – die zwischenmenschlichen Beziehungen – können die Kinder nicht mehr zurückgreifen (vgl. TAUSCH/TAUSCH, 13).

Das zentrale Problem der Betroffenen ist, dass sie ohne entsprechend qualifizierte Hilfe aus ihrer Außenseiterrolle nicht mehr hinaus kommen. „Wer bringt, wenn es ihm schlecht geht, die Kraft auf, sein Verhalten von Grund auf zu ändern?" (KUSZTRICH, 72) Andererseits können sie aber aufgrund ihrer Erfahrungen fremde Hilfe nicht annehmen (vgl. FENGLER/JANSEN, 210).

Auch wenn dies theoretisch bekannt ist, kann man praktisch nichts erreichen – nicht erziehen – wenn es nicht gelingt, die Kinder für uns (Pädagogen) zu interessieren und mit ihnen in Kontakt zu treten.

Ein weiteres Problem stellen die hohen fachlichen und menschlichen Anforderungen an die Persönlichkeit des Pädagogen dar.

- Er soll eine enge, freundschaftliche und vertrauensvolle Beziehung zu den Kindern aufbauen und gleichzeitig professionelle Distanz wahren.
- Er soll im Umgang mit den Kindern echt und authentisch handeln, aber immer pädagogisch reflektiert und teamkonform.
- Er soll den Kindern mit Achtung, Wärme und einfühlend verstehend gegenübertreten, die ihn unter Umständen beleidigen, bestehlen und/oder tätlich angreifen.

Schließlich ergeben sich weitere Schwierigkeiten aus seinem doppelten Mandat (vgl. GRÖSCHKE, 103): Einerseits versteht er sich in seiner Berufung meist als Anwalt des Kindes, andererseits ist er professioneller Lohnerzieher, der weisungsgebunden, rechenschaftspflichtig, ziel- und erfolgsorientiert innerhalb fester Strukturen oder Institutionen arbeiten muss.

> „Der Heilpädagoge ... muss ... immer aufs neue eine kritische Balance austarieren zwischen zweckfunktional geregelten Strukturbedingungen der Institution, die ihn beschäftigt und den personalen Ansprüchen auf Zuwendung, Emotionalität ..." (GRÖSCHKE, 103)

Daraus resultieren oft sehr konfliktreiche Erwartungshaltungen:

- Der Pädagoge soll/muss schnell und zielorientiert Beziehungsarbeit leisten, die aber gerade nicht schnell zu leisten ist (vgl. Kap. 5.2.3 und 5.2.4).

- Er befindet sich ständig in einem Rollenkonflikt, da er gleichzeitig Vertrauensperson für das Kind und den „unsichtbaren Dritten" (Arbeitgeber, Kollegen, Kostenträger, Eltern u. a.) sein muss (vgl. GRÖSCHKE, 104).

Diese Anforderungen führen nicht selten an die Grenzen menschlicher Belastbarkeit und Leistungsfähigkeit (Burnout-Syndrom). Um diesem schwierigen Praxisfeld trotzdem entsprechen zu können, kann der Hund den Pädagogen bei seiner Arbeit sinnvoll und effektiv unterstützten.

Erziehung *mit* dem Hund meint also, dass der Pädagoge mit dem Hund zusammen als Team arbeitet, um dem Erziehungsauftrag unter den erschwerten Bedingungen gerecht werden zu können. Auf welche Art der Hund die pädagogische Arbeit des Pädagogen unterstützen kann, wird im Folgenden dargelegt.

4.1.1 Hunde als pädagogisches Medium

Im Hinblick auf die pädagogische Erreichbarkeit verhaltensauffälliger Kinder kann der Hund als Medium fungieren, um die notwendige Beziehung zwischen dem Kind und dem Pädagogen zu ermöglichen. Hunde üben oft einen erheblichen Aufforderungscharakter auf Kinder aus und werden meist mit positiven Gefühlen verbunden. Wie kommt das?

Von klein auf begleiten Tiere den Weg, die Entwicklung von Kindern. Teddybären und andere Kuscheltiere sind die ersten Übergangsobjekte (vgl. GREIFFENHAGEN, 182), die dem Kind die Trennung von Bezugspersonen erleichtern. In Kinderbüchern, Märchen, Zeichentrickfilmen und Kinderzeitschriften sind Tiere die zentralen Hauptfiguren und die Helden der Kinder. Erste Familien- und Schulausflüge führen in den Zoo oder Zirkus. Aufgrund dieser Erfahrungen – Konditionierung – verbinden viele Kinder mit Tieren sehr positive Erinnerungen, Gefühle und Erwartungen und treten ihnen offen, interessiert und vertrauensvoll gegenüber. „Tiere machen für Kinder – das ist keine Frage – einen entscheidenden Teil ihrer Lieblingswelt aus." (BERGLER 1994, 17)

Insbesondere Hunde spielen in diesem Zusammenhang eine große Rolle. Susi und Strolch, Tim und Struppi, Boomer, Kommissar Rex und nicht zuletzt Lassie, um nur einige zu nennen, sind den Kindern gut bekannte Figuren (vgl. OLBRICH b, 1). Sie sind ein ganz selbstverständlicher Bestandteil ihrer Sozialisation.

Für die Canepädagogik werden das natürliche Interesse, die positive Grundhaltung und die unvoreingenommene Offenheit der Kinder Hunden gegenüber instrumentalisiert, um über den „Umweg Hund" in Kontakt mit ihnen treten zu können. Der Hund fungiert als Mittler bzw. Brücke zwischen Kind und Pädagogen, die die angestrebte pädagogische Arbeit mit diesen Kindern ermöglichen soll.

Der Hund „entlässt" den Canepädagogen aus der unvorteilhaften Rolle des Erziehers und macht ihn zum Hundefreund, zum Hundebesitzer, der es Kindern ermöglicht, in ihrer Freizeit mit Hunden spielen zu können.

Dem Hund kann es möglich sein, aus einer gestörten menschlichen Zweierbeziehung **(A)** langsam ein funktionierendes und interaktives Dreiecksverhältnis **(B)** herzustellen.

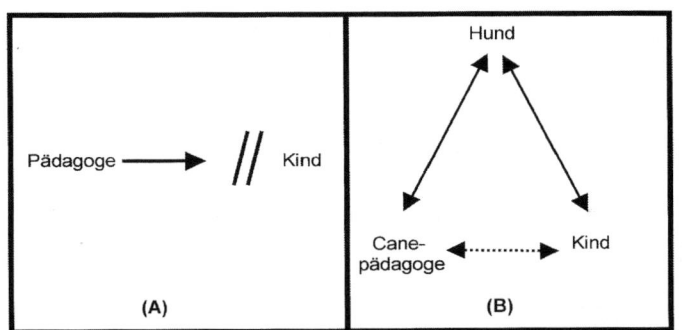

Abb. 1: Hunde als Vermittler

Greiffenhagen (169) schildert in diesem Zusammenhang einen Praxisfall des amerikanischen Psychologen und Kindertherapeuten Boris Levinson, der als Beispiel dafür dienen soll, dass über das Tier eine Verbindung von Mensch zu Mensch entstehen kann.

> „Zunächst spielte das Kind einige Sitzungen lang mit dem Hund. Allmählich übertrug der Junge seine Zuneigung zu dem Hund auf dessen Herrn und ließ Levinson mitspielen. Nach und nach gewann Levinson immer mehr Einfluß auf den Jungen, und schließlich wurde das Kind, das sich zuvor so vielen anderen Behandlungsversuchen widersetzt hatte, für konventionelle therapeutische Maßnahmen zugänglich."

Levinson bezeichnet die Hunde deshalb als „soziale Katalysatoren", die den sozialen Kontakt zu einem immer größer werdenden Kreis von Menschen ermöglichen (vgl. OLBRICH c, 9). Hunde sind also nicht als Ersatz für Pädagogen oder Therapeuten zu sehen, sondern sollen die Arbeit erleichtern. Man kann sie vielmehr als Assistenten verstehen, die mit dem menschlichen Erzieher kooperieren, ihm seine Arbeit ermöglichen.

Während Pädagogen Bestandteil der ausgrenzenden und stigmatisierenden Gesellschaft sind und deshalb abgelehnt werden, kann der Hund als natürlicher Bestandteil der kindlichen Lebenswelt Türen öffnen.

4.1.2 Hunde als bessere Erzieher?

Die Frage, ob Hunde die besseren Erzieher sind, kann als Provokation oder Beleidigung aufgefasst werden. Tatsache ist, dass Hunde den oben dargelegten schwierigen erzieherischen Anforderungen genügen können. Dass dies nicht nur eine haltlose These ist, sondern tatsächlich von Kindern oft so empfunden wird, hat Bergler durch Kinderbefragungen belegt. Das Untersuchungsergebnis wird im Folgenden dargestellt (vgl. BERGLER 1994, 39).

Beziehung Kind – Hund

Anzahl der Nennungen (n = 300)

Wenn ich von der Schule heimkomme, freut sich mein Hund und begrüßt mich.	98 %
Es macht mir viel Spaß, mit meinem Hund zu spielen.	96 %
Mit meinem Hund habe ich immer viele schöne und auch lustige Erlebnisse.	95 %
Ich freue mich immer auf meinen Hund, weil ich meine, dass er sich auf mich freut.	95 %
Meinem Hund kann ich alles erzählen.	87 %
Mein Hund ist immer für mich da.	86 %
Wenn mein Hund bei mir ist, fühle ich mich nie einsam oder allein.	84 %
Mein Hund hört mir immer zu.	81 %
Ein Hund kann nicht so böse sein wie ein Mensch.	77 %
Wenn mein Hund bei mir ist, fühle ich mich sicher ...	76 %
Mein Hund tröstet mich, wenn ich traurig bin oder Sorgen habe.	74 %

Mit meinem Hund fühle ich mich stark.	70 %
Mein Hund versteht mich besser als so mancher Erwachsene.	70 %
Mein Hund ist mein bester Freund.	62 %

Dieses Untersuchungsergebnis bildet die Grundlage für die weiteren Ausführungen. Gegenstand der Untersuchung war die Frage, was an Hunden besser sei als an Erwachsenen. In der Aufstellung werden die Eigenschaften und Verhaltensweisen, die Kinder bei den Erwachsenen oft vermissen und deshalb an ihrem Hund besonders schätzen, aufgeführt.

> „Kinder halten uns in diesen Aussagen einen ‚Spiegel' erwachsenen Fehlverhaltens vor Augen, der uns nachdenklich stimmen müßte; dies um so mehr, als in der Erwachsenenkritik letztlich auch wesentliche Ursachen für kindliche Fehlentwicklungen im weitesten Sinne erkennbar werden." (BERGLER 1994, 39)

Das Untersuchungsergebnis macht deutlich, dass sich Kinder nach den empfohlenen förderlichen Verhaltensformen (vgl. Kap. 3.4) sehnen und diese bei den Erwachsenen nicht in ausreichendem Maße erfahren. Für bereits auffällig gewordene Kinder gilt dies in ganz besonderer Weise. Diese Unterversorgung – das Fehlen von Achtung, Wärme, Empathie, Echtheit – im kindlichen Alltag kann durch den Umgang mit Hunden offenbar aufgefangen werden.
Gerade darin liegt ein weiterer wesentlicher Ansatzpunkt für den Einsatz eines Hundes in der pädagogischen Arbeit mit verhaltensauffälligen Kindern. Statt den Fehler in den Mittelpunkt zu stellen, bietet Canepädagogik – entsprechend der heilpädagogischen Forderung – die Möglichkeit, das Fehlende (vgl. Kap. 1.3) über den Hund (zumindest teilweise) zu kompensieren.
Denn:

I. Hunde begegnen verhaltensauffälligen Kindern mit **Achtung** und **Wärme!**

Sie stehen den als verhaltensgestört etikettierten Kindern vorurteilsfrei gegenüber, gehen freundlich, offen und auf ganz natürliche Weise auf sie zu. „Tiere akzeptieren den Menschen bedingungslos" (KUSZTRICH, 9) und unterscheiden nicht zwischen Gut

und Böse; sie behandeln alle Menschen gleich (vgl. KUSZTRICH, 153) und passen sich ihrem Gegenüber an. Schulischer Erfolg, gutes Benehmen oder gepflegte Umgangsformen sind für Hunde keine Voraussetzung, ein Kind zu mögen. „Tiere kennen die zivilisatorischen Normungen des Verhaltens nicht." (OLBRICH a, 9)
Betrachten wir noch einmal einige Merkmale einer von Achtung und Wärme geprägten Haltung (vgl. Kap. 3.4.1). Kindern Geltung schenken, sie willkommen heißen, freundlich und herzlich miteinander umgehen usw. sind dafür Kennzeichen. Auch noch so engagierten Pädagogen fällt es (verständlicherweise) schwer, diesen Ansprüchen bei massiv auffälligen Kindern gerecht zu werden. Hunde dagegen haben keine Probleme, Schulverweigerer immer wieder freundlich zu begrüßen oder von der Polizei aufgegriffene Kinder herzlich willkommen zu heißen!
98 % der Kinder genießen es, von ihren Hunden nach der Schule begrüßt zu werden, 95 % freuen sich auf ihren Hund, weil sich dieser auf sie freut, und 74 % heben hervor, dass sie von ihrem Hund getröstet werden. Hunde vermitteln Kindern also die Gefühle, die ihnen gut tun, die sie brauchen und die ihnen fehlen. Hunde können eine große Chance für verhaltensauffällige Kinder sein. Bergler (1994, 44) schreibt dazu:

> „Die Bedingungen für ein optimales Beziehungserleben könnten nicht besser sein: Man erlebt den Hund als immer anwesend, immer für Ansprache aufgeschlossen, ... man begegnet ihm mit hoher Sympathie und Vertrautheit, fühlt sich sicher und geborgen; ... die Beziehung wird weitgehend als konfliktfrei erlebt."

II. Der Hund verhält sich **einfühlend** und **verstehend**!

Alles, was Kinder erzählen wollen und können, ist für sie wichtig. Nehmen Erwachsene dies nicht ernst, weil sie keine Zeit haben, beruflich eingespannt sind oder sie es für unwichtig halten, dann fühlen sich Kinder wenig verstanden, ärgern sich und reagieren affektiv (vgl. BERGLER 1994, 45).
Einem Hund können Kinder alles erzählen (87 %), er hört ihnen immer zu (81%) und sie fühlen sich von ihm verstanden (70 %), akzeptiert und brauchen darüber hinaus keine Angst vor negativen Reaktionen zu haben. Tiere können zwar nicht sprechen, aber sie können sehr gut zuhören und auch verstehen (vgl. KUSZTRICH, 8).

„Das aufmerksame, in Mimik und Körpersprache verständnisvoll teilnehmende Zuhörenkönnen von Hund und Katze, das Zuhören eines stummen »Gesprächspartners«, der uns Menschen nicht durch Widerworte ... verunsichert, ermöglicht dem menschlichen Partner eine befreiende, entlastende, entspannende und deshalb heilsame Selbstäußerung." (KUSZTRICH, 93; Hervorhebungen im Text)

Darüber hinaus erfahren die Kinder das Gefühl, einen Vertrauten, einen Freund (62 %) zu haben, der sie nicht für ihr Verhalten sanktioniert oder verurteilt, sondern ihnen bedingungslos zur Seite steht. Gerade verhaltensauffälligen Kindern fehlt dieses Gefühl, welches aber durch den Umgang mit Hunden kompensiert werden kann.

III. Das Verhalten von Hunden ist **echt**!

Der Hund ist immer eindeutig und nicht zwiespältig. Die Freude des Hundes über seinen Herrn ist nicht gespielt, niemals eine Täuschung. Tiere haben keine Hintergedanken. 70 % der Kinder sagen sogar, dass der Hund nicht so böse ist wie ein Mensch. Außerdem geben Tiere eindeutig zu erkennen, wo ihre Grenzen liegen (vgl. KÖRNER, 202f).

Hunde verhalten sich immer so, wie es ihrem momentanen Empfinden entspricht. Sie zeigen ihre Gefühle, Freude oder Angst unmittelbar und eindeutig (vgl. OLBRICH b, 3). Es gibt keine Diskrepanz zwischen Wort und Tat, wie es häufig bei Erwachsenen der Fall ist. Die Kinder verstehen durch die Authentizität der Hunde, dass bestimmte Verhaltensweisen oder Situationen (z. B. Schreien/Krach) beim Hund zu bestimmten Reaktionen (Angst) führen.

Dies sensibilisiert sie für ihr eigenes Verhalten und erzieht sie zu bewusstem, verantwortungsvollem und vorausschauendem Agieren, da die Auswirkungen ihres Verhaltens auf den Hund von ihm unmittelbar durch seine Reaktionen gespiegelt werden (Schreien führt zur Abkehr, Locken führt zu Nähe). So wird das Kind durch den Hund automatisch und spontan in seinem Verhalten verstärkt (vgl. BERGLER 1986, 67).

Schließlich führt das echte und authentische Verhalten des Hundes dazu, dass das Kind seine Verantwortung für sein Verhalten erkennt. Durch die Zuneigung und das Interesse am Hund ist das Kind gewillt, sich im Umgang mit ihm Mühe zu geben. Diese Mühe wird wiederum vom Hund umgehend durch entsprechendes Verhalten belohnt.

IV. Der Hund verkörpert **förderndes** und **nicht-dirigierendes Verhalten!**

Kennzeichen des fördernden und nicht-dirigierenden Verhaltens ist, dass Achtung, Wärme, Empathie und Echtheit gleichzeitig verwirklicht werden. Hunde personifizieren dieses Verhalten. Dies wird deutlich, wenn man die Merkmale (vgl. Kap. 3.4.4) mit dem dargestellten Untersuchungsergebnis der Kinderbefragung vergleicht.

Ein Hund ist immer für ein Kind verfügbar (er geht nicht zur Arbeit), macht ihm durch sein Verhalten (z. B. Ball bringen) Angebote, gibt dem Kind durch seine Reaktionen unmittelbare Rückmeldung, verschafft ihm Gelegenheit, zahlreiche gemeinsame Aktivitäten auszuüben und ermöglicht dem Kind immer wieder, mit ihm gemeinsam gefühlsmäßig bereichernde Erlebnisse zu machen.

Die Lebensqualität verhaltensauffälliger Kinder ist aufgrund der bestehenden psychischen Konflikte (durch die personale und soziale Insuffizienz) stark eingeschränkt. Eine Umfrage macht deutlich, dass die attraktive Vielfalt von Erlebnis- und Verhaltensmöglichkeiten (Spielen, Streicheln, Unterhalten etc.) mit Hunden ein Optimum an kindlicher Lebensqualität vermittelt (vgl. BERGLER 1994, 37). Darin liegt eine große Chance für diese Kinder.

Abschließend kann man festhalten: Hunde sind sehr gute Erzieher, da es ihnen durch ihre Natur leichter fällt, sich so zu verhalten, wie es sich Eltern, Erzieher oder Therapeuten von sich und anderen oft nur wünschen können. Warum sollte man diese „tierischen" Fähigkeiten nicht pädagogisch sinnvoll nutzen?

4.2 Erziehung durch den Hund

Aus den guten erzieherischen Fähigkeiten der Hunde ergibt sich die Frage, was sie den Kindern vermitteln können. Welche Möglichkeiten haben Hunde – im Vergleich bzw. Gegensatz zum Erwachsenen – auffällig gewordene Kinder in ihrer Entwicklung zu fördern und in ihrem Verhalten positiv zu beeinflussen? Wodurch können sie ihnen bei ihrer erschwerten Sozialisation helfen?

4.2.1 Befriedigung essentieller Bedürfnisse

Nach übereinstimmender Ansicht vieler Fachleute sind die menschlichen Bedürfnisse von großer Bedeutung für die Entwicklung des Gesamtverhaltens (vgl. FENGLER/ JANSEN, 196). Nach Fengler/Jansen (197) kann man zwischen *vitalen* (Erhaltung, Erweiterung, Ausgestaltung des Lebens), *geistigen* (Gut-Sein, Sittlichkeit, Wahrheit), *individuellen* (Sicherheit, Beachtung, Anerkennung) und *sozialen* Bedürfnissen (Zugehörigkeit, soziale Bindung, Liebe) unterscheiden. Bei verhaltensauffälligen Kindern liegt häufig eine unangemessene (zu starke/zu schwache) Bedürfnisbefriedigung vor, die sich in der personalen und sozialen Insuffizienz manifestiert.

Hunde dienen den *vitalen* Bedürfnissen, indem sie Kindern Spaß (96 %) und lustige Erlebnisse (95 %) vermitteln und für sie die besten Freunde sind (62 %). Dem *geistigen* Wunsch nach Gut-Sein kommt der Hund dadurch entgegen, dass er das Kind aus der Außenseiterrolle entlässt, so dass es sich nicht entsprechend seiner ihm zugeschriebenen Rolle auffällig verhalten muss. Im Umgang mit dem Hund darf es gut sein. Dass Hunde das *individuelle* Verlangen nach Sicherheit (76 %) etc. befriedigen können, wurde in Kapitel 4.1.2 beschrieben. Die *sozialen* Wünsche wie Zugehörigkeit, soziale Bindung und Liebe erfüllt der Hund durch seine Zuneigung, das entgegengebrachte Vertrauen und durch seine oben beschriebene Rolle als sozialer Vermittler.

Anhand der dargestellten Untersuchungsergebnisse wird deutlich, dass durch Hunde die kindlichen Bedürfnisse befriedigt werden können, deren Unterversorgung häufig Anlass der Auffälligkeiten ist.

Bei der Arbeit mit verhaltensauffälligen Kindern erfüllen die Hunde eine Vielzahl von Wünschen, die für die Entwicklung der Kinder unerlässlich sind. Hunde sind für sie ideale Spielkameraden, vermitteln Zuneigung, Sympathie, Liebe, Schutz und Geborgenheit. Sie verhindern Einsamkeit, Langeweile und verschaffen Anerkennung bei Gleichaltrigen, vorbehaltlose Akzeptanz und Zeitvertreib durch abwechslungsreiche Freizeitgestaltung und leisten damit einen entscheidenden Beitrag für das Kind, sich selbst neu wahrzunehmen, sein Selbstbild zu verändern und den innerpsychischen Konflikt zu entschärfen.

„... weil Kinder ihre Heimtiere mit ‚Leib und Seele' lieben, können Heimtiere auch so viel bewirken." (BERGLER 1994, 59) Der Umgang mit Hunden ist mit intensiven Emotionen und positiven Erlebnissen verbunden, so dass das Verhalten der Kinder maßgeblich und in gewünschter Weise beeinflusst werden kann.

4.2.2 Vermittlung von Verhaltensregeln

Ein häufiges Problem ist, dass verhaltensauffällige Kinder die Normen und Werte der Gesellschaft und die daraus abgeleiteten Verhaltensregeln nicht anerkennen. Dies liegt zum einen darin begründet, dass sie, als gesellschaftliche Außenseiter oder Versager etikettiert, sich von diesen Normen nicht (mehr) angesprochen fühlen.
Darüber hinaus können sie den Sinn und Zweck der Verhaltensregeln oft nicht verstehen (vgl. KÖRNER, 206). Ordnung, Pünktlichkeit und Zuverlässigkeit sind häufig nur „preußische Sekundärtugenden" (GREIFFENHAGEN, 80), von denen sich Kinder nur eingeschränkt fühlen, ohne zu erkennen, wofür sie im menschlichen Zusammenleben wichtig sind. Der Hund ermöglicht es den Kindern, diese Verhaltensregeln mit Inhalt zu füllen. „In der Beziehung zum Tiere ... erhalten diese Tugenden einen erkennbaren Sinn: Viele Tiere fordern und belohnen Zuverlässigkeit, Ordentlichkeit und Pünktlichkeit." (KÖRNER, 206)
Pünktliches Füttern wird vom Hund durch eindeutiges Verhalten (z. B. Unruhe/Betteln) eingefordert und durch überschwängliche Freude quittiert. So wird das Kind für sein Verhalten positiv verstärkt und erfährt, welche Bedeutung Pünktlichkeit hat. Ihr Sinn wird durch das Verhalten des Hundes transparent und muss nicht durch Vorhaltungen oder Forderungen der Erwachsenen mühsam – meist erfolglos – vermittelt werden.

> „Für ein Kind ... ist es leichter, soziale Tugenden dann zu erlernen, wenn sie nicht nur als abstrakte Forderung einer Autorität auftreten, sondern wenn sie sich im Umgang mit Tieren als praktisch und nützlich erweisen."
> (KÖRNER, 207)

Verantwortung, Toleranz, insbesondere eine Erhöhung der Frustrationstoleranz sind Ziele in der Erziehung Verhaltensauffälliger. Verbale Erklärungen, Ermahnungen oder Sanktionen sind in der Praxis nur begrenzt erfolgreich. Bessere Chancen diese Verhaltensweisen zu vermitteln haben Hunde.

„Die Erfahrungen, die ein Kind im Verlauf der Erziehung seines Tieres macht, lehren es aber auch, die Eigenarten des Tieres zu akzeptieren. Dies wiederum kann zu erhöhter Toleranz, auch gegenüber seinen Schwächen, führen." (BERGLER 1986, 67)

Hunden etwas beizubringen, erfordert viel Ruhe, Geduld und Einfühlungsvermögen. Selten sind das die Fähigkeiten, mit denen man verhaltensauffällige Kinder beschreiben würde. Was sie dazu befähigt, dieses Verhalten dennoch aufzubringen, sich immer wieder im Umgang mit den Hunden zusammenzureißen, ist die Zuneigung und Liebe, die sie ihnen entgegenbringen können.

Aus der sozialen Interaktion mit dem Hund lernen sie, Verantwortung für ihr eigenes Handeln zu übernehmen. „Kinder müssen erfahren, dass sie selbst die Ursache für Erfolg und manchmal auch Misserfolg sind; nur auf diese Art und Weise entwickeln sie auch ein Gefühl für Selbstverantwortlichkeit." (BERGLER 1994, 37) Olbrich (b, 7) stellt in diesem Zusammenhang fest, dass Kinder dann am meisten lernen, wenn sie selber ein anderes Kind oder ein Tier belehren.

4.2.3 Verbesserung der Kommunikationsfähigkeit

Kommunikation bezeichnet den Austausch von Botschaften bzw. Informationen zwischen Personen, wobei dies sprachlich (verbal) oder/und nichtsprachlich (nonverbal) erfolgen kann (vgl. KÖCK/OTT, 371).
Die Kommunikationsfähigkeit ist im Praxisfeld der Verhaltensstörungen deshalb von so entscheidender Bedeutung, weil jede Interaktion zwischen Menschen zugleich Kommunikation ist, denn: „Man kann nicht nicht kommunizieren." (WATZLAWICK, 51) In diesem Sinne muss man Verhaltensstörungen bzw. Störungen der zwischenmenschlichen Interaktion auch als Störungen der Kommunikation verstehen. Wie man die Kommunikationskompetenz verbessern kann, ist Thema dieses Abschnitts.
Nach Watzlawick (62) werden bei der Kommunikation die digitale und die analoge Verständigung unterschieden. Die digitale Kommunikation vermittelt Informationen über Wörter bzw. Symbole; sie entspricht der verbalen Verständigung. Für die zwischenmenschlichen Beziehungen kommt „(d)em nonverbalen Kontakt ... eine existentielle Bedeutung zu" (BERGLER 1986, 51), da auf der nonverbalen Ebene Beziehungen ausgedrückt werden. Die analoge

Kommunikation nutzt Gesten, Gesichtsausdruck, Stimmmodulation, Sprachmelodien, Blickkontakt, Bewegungen, Berührungen etc., um etwas auszudrücken (vgl. OLBRICH a, 6 und NOLTING/PAULUS, 59) und kann sogar das vermitteln, was mit Worten nicht mehr fassbar ist.
Die Fähigkeit zur analogen Verständigung ist die Grundvoraussetzung, um sensibel und verantwortungsvoll – empathisch – mit anderen umzugehen. Sie erst ermöglicht es, sich ohne Worte einzufühlen, Stimmungen und Bedürfnisse zu erkennen. Studien belegen, dass

> „Kinder durch die Interaktionen mit einem abhängigen Heimtier schon sehr früh lernen können, die Gefühle und Bedürfnisse dieses Lebewesens zu verstehen und gleichzeitig damit auch die Gefühle und Bedürfnisse von Menschen." (OLBRICH b, 5)

Vielen verhaltensauffälligen Kindern fehlt eben jene ausgeprägte Sensibilität. Um diese zu kompensieren, müssten sie die Gelegenheit bekommen, Erfahrungen mit dieser Art der Kommunikation zu machen, die Feinheiten von Gestik und Mimik zu üben, um sich auch ohne Worte verständigen zu können. Diese Möglichkeit bietet sich im Umgang mit Hunden.

> „Die Kommunikation mit Tieren ist ruhig. Sie läuft nicht über Worte, bestenfalls über den Tonfall. Sie nutzt die ‚uralte' Sprache der Augen, der aufeinander abgestimmten Bewegungen und der Berührungen." (OLBRICH a, 4)

Hunde können die analoge Kommunikation verfeinern. Mit ihnen können sich Kinder nur dann verständigen, wenn sie aufmerksam das Verhalten der Hunde beobachten, versuchen anhand ihrer Gestik und Mimik (z. B. Ohr- und Rutenhaltung) ihre Stimmung zu erahnen und sich selbst in ihrem Verhalten (Stimmlage, Lautstärke) der Sprache des Hundes anpassen. Studien (vgl. OLBRICH a, 6) haben ergeben, dass:

1. Menschen mit Tieren in ihrer Beziehung zu Mitlebewesen sensibler, ganzheitlicher sind.
2. Kinder, die mit einem Tier zusammenleben, von Freunden häufiger bei Freizeitaktivitäten gewählt werden.
3. Kinder mit Heimtieren höhere Empathiewerte aufweisen.

Ein linear-kausaler Zusammenhang kann auch hierfür sicher nicht angenommen werden, da Verhalten immer multifaktoriell bedingt ist, aber es deutet doch einiges darauf hin, dass Hunde einen positiven Einfluss auf die Kommunikationskompetenz ausüben. Dies pädagogisch zu nutzen, indem man fehlende Möglichkeiten der analogen Kommunikation in einer hochzivilisierten und technologisierten Gesellschaft durch Freizeitgestaltung mit dem Hund ausgleicht, das ist ein Ziel der Canepädagogik.

4.2.4 Ganzheitliche Förderung

Der Hund kann im intensiven, pädagogisch begleiteten Umgang mit verhaltensauffälligen Kindern eine individuelle und ganzheitliche Förderung leisten, indem er gleichzeitig positiven Einfluss auf die physische, emotionale, soziale und psychische Entwicklung ausübt. Olbrich (a, 5) schreibt dazu:

> „Erhebungen bestätigten ..., dass das Zusammensein mit Tieren tatsächlich das Wohlbefinden von Menschen steigert – und das gilt ganz ausdrücklich sowohl für das körperliche als auch für das soziale und das psychische Wohlbefinden."

Physische Entwicklung
Die physische Entwicklung von Kindern hat starken Einfluss auf das Selbstbild. Nur wenn man sich körperlich gesund, wohl und ausgelastet fühlt, seinen Körper mag, kann man selbstbewusst auftreten. „Ein Hund fordert uns zu täglichen Spaziergängen an der frischen Luft auf." (KUSZTRICH, 9) Er motiviert Kinder zum Spielen, Toben und zur aktiven Freizeitgestaltung. Hunde „fördern nicht Langeweile und passiven Fernsehkonsum, sondern die Phantasie, helfen zu einer interessanteren Eroberung der Umwelt, regen an zu Sport und Bewegung." (BERGLER 1994, 36) Sport und Bewegung fördern ein positives Körper- und Selbstbild.
Darüber hinaus erlauben Tiere selbstverständlich Körperkontakt, sei es im wilden Spiel oder in so manchen kleinen Berührungen (vgl. OLBRICH b, 4). Diese Berührungen senken den Blutdruck, sowohl in den Adern dessen, der streichelt, als auch des Gestreichelten selbst (vgl. KUSZTRICH, 72). Das hat zwei positive Auswirkungen auf verhaltensauffällige Kinder, die oft durch leichte Reizbarkeit und Unausgeglichenheit auffallen. Zum einen werden die Kinder durch das Streicheln selbst ruhiger. Zum anderen erleben sich

die Kinder auch als beruhigend und angstnehmend, also auf eine Art und Weise, die ihnen in ihrem Leben bisher meist fremd war.

Emotionale Entwicklung
Die bloße Anwesenheit eines Hundes kann krankhaft nervöse oder verhaltensgestörte Kinder nachweislich beruhigen (vgl. KUSZ-TRICH, 45). Neben den rein körperlichen Effekten (Blutdruck, Herz-Kreislauf etc.) wird das Kind darüber hinaus auch ausgeglichener und entspannter, weil die emotionale Belastung („Mich mag sowieso niemand!") durch die wohlwollende, liebevolle und annehmende Art des Hundes gemildert wird.
Im täglichen Umgang ist der Hund ein wesentliches Regulativ bei den vielen Alltagsärgernissen eines Kindes. Er verhindert Gefühle wie Hilflosigkeit, depressive Stimmungslagen, Gefühle der Verzweiflung (vgl. BERGLER 1994, 47). Diese überaus belastenden Gefühle, die verhaltensauffällige Kinder in besonders hohem Maße empfinden, führen dann zu den (in Kapitel 2.3 beschriebenen) subjektiv entlastenden, aber objektiv verschärfenden Abwehrmechanismen.
Durch den Umgang mit dem Hund können diese Gefühle vermindert oder auch verhindert werden. Der Hund kann durch die Rolle des Trösters, verständnisvollen Zuhörers, des einzigen Vertrauten und Freundes die emotionale Krise des Kindes entschärfen.

Soziale Entwicklung
Demographische Untersuchungen zeigen, dass die Zahl der Scheidungen und vieler anderer familiärer Belastungen stetig steigt.

> „Viele Herzforscher sind der Ansicht, dass Störungen im engsten Beziehungsbereich zu den anstrengendsten und gefährlichsten Belastungen zählen, die der Mensch in seinem Leben durchleidet: Scheidung, Trennung, Zurückweisung, Familienzwist, Tod oder Verlust eines Elternteils." (KUSZTRICH, 70)

Kinder, die mit diesen Belastungen nicht angemessen umgehen können und dies durch Aggression oder andere Auffälligkeiten kompensieren, werden als Außenseiter abgestempelt und fallen aus der sozialen Gemeinschaft. Mit einem Hund an der Seite gewinnen Kinder Aufmerksamkeit. Studien belegen, dass:

> „Menschen, die von einem Hund begleitet werden, mehr Aufmerksamkeit erhalten. Passanten verlangsamen häufiger ihr Tempo, sie schauen

Mensch und Tier an, bleiben kurz stehen, streicheln vielleicht den Hund und kommen so auch in Kontakt zum Besitzer." (OLBRICH b, 4)

Sie erleben sich mit einem Hund an der Seite nicht mehr als Außenseiter, sondern plötzlich als Mittelpunkt. Tiere verleihen den Kindern einen (ungewohnten) Sympathiebonus (vgl. OLBRICH b, 4). Sie geben Gesprächsstoff, ein gemeinsames Thema und somit die Möglichkeit, über das Tier wieder in die Gemeinschaft integriert zu werden. Kinder erleben sich mit einem Hund sicherer, freier und interessanter für die Umwelt (vgl. BERGLER 1994, 27).

Kinder mit Tieren zeigen ein insgesamt besser strukturiertes und sozial wirksameres Verhaltensrepertoire als andere Kinder (vgl. GREIFFENHAGEN, 78).

Psychische Entwicklung
Kusztrich (91) stellt fest, dass das Selbstbild, das Hundebesitzer von sich haben, besser ist als das von Nichthundebesitzern.

> „.... *Besitzer von Hunden* erleben *sich selbst als insgesamt positiver*, wenn sie sich mit Nichthundebesitzern vergleichen: Sie fühlen sich *kontaktfreudiger und geselliger, lebensfroher und zufriedener, verantwortungsbewusster und sympathischer*." (KUSZTRICH, 91; Hervorhebungen im Text)

Dieses Selbstbild ist ein wichtiges Ziel der Erziehung verhaltensauffälliger Kinder und macht den Einsatz von Hunden so sinnvoll. Ein wesentliches Problem dieser Kinder ist ihr geringes Leistungsniveau und ihre eingeschränkte Leistungsbereitschaft. Schulverweigerung ist oft ein typisches Kennzeichen. Die Kinder haben häufig viele Enttäuschungen und Misserfolge erlebt, die ihre Leistungsmotivation stark beeinträchtigt haben. Der spanische Forscher Teixeira beschreibt die Rolle des Haustiers für die Schulmotivation und Leistungsbereitschaft. Er hebt hervor: „Tiere entlasten auf vielfache Weise von dem Druck, den die Erwachsenenwelt mit ihren Erwartungen, Ansprüchen, Geboten und Verboten auf Kinder ausübt." (GREIFFENHAGEN, 74)

Durch den Umgang mit einem Hund ergibt sich für das Kind ein Rollentausch. Es kann nun in der Beziehung zum Hund als Lehrer auftreten, dem Hund etwas beibringen und wird durch das vom Hund erlernte Verhalten sofort positiv verstärkt. Kinder können dadurch die Überzeugung von der eigenen Tüchtigkeit aufbauen (vgl. OLBRICH b, 8). Diese auch noch so kleinen Erfolgserlebnisse haben positiven Einfluss auf das Leistungsniveau und die Leistungsbereitschaft und intensivieren zusätzlich noch die Beziehung zwischen Kind und Hund.

„Für die Entwicklung der menschlichen Leistungsmotivation ist es ganz wesentlich, dass Kinder Erfolgserlebnisse haben, d. h. erleben, dass sie es waren, die ihren Hund etwas gelehrt haben." (BERGLER 1994, 37)

Dies ist der Grund, dass bei der Canepädagogik unerfahrene bzw. noch nicht ausgebildete Junghunde eingesetzt werden. Ihr Verhalten ist noch nicht durch bereits gelernte Dinge beeinflusst oder verändert. Sie bedürfen ganz besonderer Mühe, aber lernen dafür um so mehr von den Kindern. Die Vermittlung von Leinenführigkeit und die Gewöhnung an den Straßenverkehr geht sehr schnell und so können die Kinder gleich erste – ihre eigenen – Erfolge an den Hunden sehen.

Fazit: Es wird deutlich, dass die Normalität, mit der Kinder und Hunde miteinander umgehen, und die Wirkungen, die dadurch entstehen, Ausgangspunkte einer neuen, individuellen und ganzheitlich orientierten Verhaltensgestörtenpädagogik sein können, nämlich der Canepädagogik. Wie Canepädagogik umgesetzt werden kann, wie die wünschenswerten Inhalte vermittelt werden sollen und die angestrebten Ziele erreicht werden können, stellt die Frage nach der Didaktik und Methodik. Dies ist der Inhalt des folgenden Kapitels.

5 Didaktik/Methodik der Canepädagogik

Im Zuge der Professionalisierung des Helfermotivs (vgl. GRÖSCHKE, 103) und der Qualitätssicherung innerhalb der sozialen Arbeit wird es immer wichtiger, gerade außerschulisches pädagogisches Handeln – in diesem Fall die Canepädagogik – zu strukturieren und reflektieren. Dies erfordert eine genaue Betrachtung der Frage (vgl. JANK/MEYER, 16)

- wer,
- was und warum,
- wie und womit
- mit wem tut?

Nur mit einem wissenschaftlich und didaktisch/methodisch fundierten Konzept ist es möglich, professionelles Handeln „systematisch und geordnet darzustellen, die Sinnhaftigkeit ... zu begründen und sich selbst als handelnde Person glaubwürdig zu machen." (GRÖSCHKE, 53) Dies ist Ausgangspunkt der sich anschließenden Betrachtung der Canepädagogik bzgl. didaktischer/methodischer Gesichtspunkte. Als Bezugswissenschaft wird die Sozialpädagogik zugrunde gelegt und dabei insbesondere auf die von Schilling entwickelte Didaktik/Methodik der Sozialpädagogik eingegangen.

5.1 Begriffsabgrenzung

Didaktik
Didaktik ist die Wissenschaft des Lehrens und Lernens (vgl. SCHILLING, 24) und befasst sich heute nicht mehr nur mit dem schulischen Bereich, sondern versteht sich als umfassende und kritische Betrachtung aller Arbeitsfelder, in denen Lernprozesse beabsichtigt werden (vgl. MARTIN, 41). Die Didaktik beschäftigt sich insbesondere mit der Frage nach dem Ziel, dem *Was* und *Warum* (vgl. SCHILLING, 66) des Lernens und Lehrens und steht in enger Beziehung zur Methodik.

Methodik
Methodik ist die Wissenschaft, die sich als die Theorie und Lehre von den Methoden (méthodos = der Weg zu etwas hin) versteht. Ihre Aufgabe ist es, Kommunikationsbedingungen und Lernchan-

cen zu untersuchen, die Lernen und Lehren optimieren können. Bei der Methodik wird somit die Frage nach dem Weg, dem *Wie* und *Womit* gestellt (vgl. SCHILLING, 65).

Didaktik/Methodik
Aus lerntheoretischer Sicht befinden sich Didaktik und Methodik in einem interdependenten Verhältnis, das durch Gleichgewichtigkeit und wechselseitige Abhängigkeit gekennzeichnet ist. Der Schrägstrich, der diese Beziehung symbolisiert, drückt aus, dass die Zielfragen die Wegfragen implizieren und umgekehrt (vgl. SCHILLING, 67).

5.2 Didaktische Elemente

Die Ausgangssituation der heilpädagogischen Förderung verhaltensauffälliger Kinder ist eine Lehr-Lern-Situation, also eine Personenkonstellation, bei der auf der einen Seite jemand steht, der der anderen Seite etwas vermitteln soll bzw. muss. Daraus leiten sich die didaktische Elemente

- Ziel,
- Situation,
- pädagogisches Verhältnis,
- Methodik und
- Inhalt

ab, die für die Gestaltung eines erfolgreichen Lern- und Lehrprozesses von Bedeutung sind.

5.2.1 Ziele

Ausgangspunkt jeglichen Handelns und damit auch pädagogischen Handelns sind Ziele. „Jede Interaktion und Kommunikation hat ein Ziel." (SCHILLING, 42) Betrachtet man mögliche Ziele der Erziehung von verhaltensauffälligen Kindern, wie z. B.

- Entwicklung zu einer eigenverantwortlichen und gemeinschaftsfähigen Persönlichkeit,
- Förderung der Entwicklung oder
- Abbau von Auffälligkeiten

so stellt man fest, dass diese nicht nur langfristig angelegt, sondern auch sehr abstrakt formuliert sind. Wie kann man diese Ziele aber realisieren?
Um sie realisierbar zu machen, müssen sie konkretisiert – operationalisiert – werden. Operationalisierung meint ein Herunterbrechen von sehr globalen Fernzielen über mittelfristige Ziele auf kurzfristig und in einzelnen Situationen zu erfüllende Aufgaben, die langfristig die Zielerreichung gewährleisten.
Für den Fall einer canepädagogischen Förderung soll das Herunterbrechen der Ziele an der Darstellung des folgenden Zielsystems (siehe nächste Seite) verdeutlicht werden.
Die abstrakteste (oberste) Ebene stellt der Erziehungsauftrag des KJHG dar, der von dem jeweilig zuständigen Pädagogen langfristig erreicht werden soll.
Canepädagogik versucht dieses gegebene Ziel über die Verbesserung des Selbstkonzeptes (**1.**) zu erreichen.
Um das Selbstkonzept zu verbessern, sind die psychische und physische Gesundheit (**2.**) von zentraler Bedeutung.
Um sie zu gewährleisten, muss der häufig zugrunde liegende intrapsychische Konflikt (vgl. Kap. 2.3) auf Grund von sozialer und personaler Insuffizienz ausgeglichen werden. Das heißt, dass für die Realisation der Verbesserung des Selbstkonzeptes die soziale, emotionale und kommunikative Kompetenz (**3.**) zu erhöhen sind.
Um die bisher fehlenden Fähigkeiten im Bereich der kommunikativen Kompetenz auszugleichen, ist es notwendig, Situationen zu schaffen, die das Üben von (z. B.) analoger Verständigung (**4.**) konkret gewährleisten (vgl. Kap. 4.2.3) können.
Im Rahmen der Canepädagogik würde aktive Freizeitgestaltung mit dem Hund (**5.**) angeboten werden, die dann bei konkreten Spaziergängen (**6.**) das Einüben nonverbaler Interaktion ermöglicht.

Die dicken Pfeile zeigen den Weg der Operationalisierung auf, während die dünnen weitere wichtige Gesichtspunkte andeuten, die im Rahmen einer ganzheitlichen Förderung ebenfalls Beachtung finden müssen. Durch die aufgezeigte Operationalisierung (von **1.** bis **6.**) münden also allgemeingültige Ziele in individuell – von Kind und Pädagogen – zu erfüllenden Aufgaben.

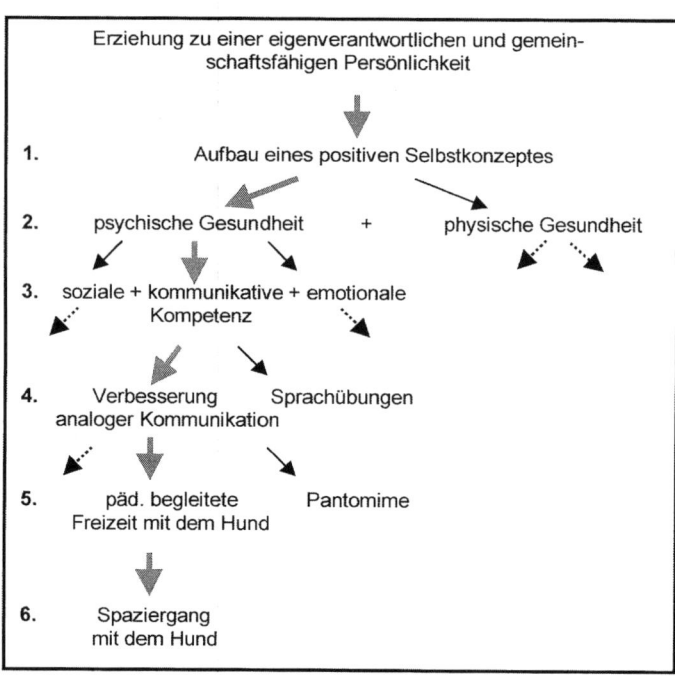

Abb. 2: Beispiel eines Zielsystems der Canepädagogik

Für die Zielvereinbarung in der pädagogischen Arbeit ist neben der Operationalisierung noch auf eine weitere wichtige Problematik hinzuweisen.

> „Das Kind *will* nicht lernen. Es will dagegen *handeln*, schaffen, und zwar in der Form, die seiner Natur angemessen ist. Diese Form aber ist das *Spiel*. Lernen will das Kind nur insoweit, als es das Lernen zu seinem Spiele nötig hat." (Langermann, zit. nach Hausmann 1959, zit. nach JANK/MEYER, 349; Hervorhebungen im Text).

Kinder lernen am besten das, was für sie von Interesse ist. Dass dies oft in ganz extremer Weise für verhaltensauffällige Kinder gilt, zeigt die Erfahrung und macht die Arbeit mit ihnen so schwierig.
Für die Zielauswahl und -gestaltung ist es deshalb unerlässlich, die Erziehungsziele (**EZ**) des Pädagogen mit den Handlungszielen (**HZ**) der Kinder abzustimmen bzw. diese anzugleichen, um daraus ge-

meinsam anstrebbare Lernziele (**LZ**) zu definieren. Dies wird im folgenden Schaubild dargestellt.

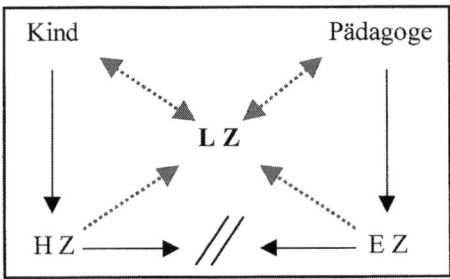

Abb. 3: Entwicklung gemeinsamer Lernziele

Ein Beispiel zur Erklärung: Kinder wollen in ihrer Freizeit draußen herumtoben und/oder z. B. mit Hunden spielen. Der beauftragte Pädagoge will z. B., dass in der vorgesehenen Zeit die Kommunikationsfähigkeit verbessert wird.

<u>1. Möglichkeit:</u> Rollenspiele und/oder Pantomime werden angeboten
➢ wahrscheinlich geringe Lernmotivation

<u>2. Möglichkeit:</u> Erst Rollenspiel, anschließend zur Belohnung kann das Kind mit dem Hund spielen
➢ wahrscheinlich bessere Motivation

<u>3. Möglichkeit:</u> Kind lernt durch das Spielen mit dem Hund zu kommunizieren
➢ Ziele und Wünsche beider können gleichzeitig realisiert werden

<u>4. Möglichkeit:</u> Das Kind spielt draußen und nimmt nur am Rollenspiel teil, wenn es Lust dazu hat
➢ Lehr- und Lernerfolg erscheinen gefährdet

Unter der Beachtung unseres Verständnisses von Erziehung als „ein gegenseitiges befriedigendes ... förderndes Zusammenleben von Menschen" (vgl. Kap. 3.1) und dem implizit enthaltenen Menschenbild (vgl. Kap. 1.3) kann nur die dritte Möglichkeit für eine zielorientierte, erfolgversprechende und heilpädagogisch fundierte Erziehung in Betracht kommen.

5.2.2 Situation

Neben den Zielen ist die pädagogische Situation von entscheidender didaktischer Bedeutung, da sich auch die abstraktesten Ziele durch die Operationalisierung letztlich nur – peu à peu – in Situationen durch konkretes Handeln und das Sammeln von Erfahrungen realisieren lassen.

Das bedeutet, dass es dem Pädagogen obliegt, Situationen zu gestalten, in denen es verhaltensauffälligen Kindern ermöglicht wird – unter Einbeziehung ihrer zu respektierenden individuellen Bedürfnisse und Fähigkeiten – handlungsorientiert, individuumszentriert und ganzheitlich gefördert zu werden.

> „Da dem Sozialpädagogen die eigenen Erfahrungen der Lernenden besonders wichtig sind, kommt es ihm darauf an, Situationen zu schaffen und zu gestalten, die zum Lernen einladen oder provozieren ...." (MARTIN, 43)

Situationen lassen sich in innere und äußere Situationen unterscheiden. Die innere Situation entspricht der inneren Verfassung zum Zeitpunkt der Handlung, während die äußere durch das Umfeld gestaltet wird. Die Interpretation bzw. Wahrnehmung (vgl. Kap. 2.1) von Situationen ist immer subjektiv und von den Erfahrungen des Beurteilenden abhängig (vgl. SCHILLING, 40).

Die Bedeutung, die der Situation als didaktisches Element zukommt, wird anhand des folgenden Beispiels dargestellt.

Die innere Verfassung eines verhaltensauffälligen Kindes, das zur heilpädagogischen Förderung kommt, ist in Kapitel 2 eingehend geschildert worden. Während ein Heilpädagoge seine Praxis unter Umständen als die letzte Rettung für das Kind empfindet, interpretiert dieses die Situation einer heilpädagogischen Förderung vielleicht eher als ‚Nötigung'. Allein durch die Berufsbezeichnung können Interpretationen („*Heil*pädagoge? Nein! Ich bin ja nicht *kaputt!*") entstehen, die das Zustandekommen einer konstruktiven Situation bereits von vornherein verhindern. Denn: „Wir kommunizieren schon durch das, was wir sind und wie wir sind, nicht erst durch das, was wir sagen oder tun." (MARTIN, 31)

Kann man eine Lernsituation positiv gestalten, wirkt sie auf die innere Situation des Lernenden motivierend, so dass dann von seiner Seite aus ein aktiver Lernprozess in Gang kommen kann (vgl. SCHILLING, 40/41).

> „Ziel eines Pädagogen ist es, solche Situationen zu schaffen, die viele Anreize mit Aufforderungscharakter enthalten, so dass sie zur Auseinandersetzung mit ihnen, zum Handeln herausfordern." (SCHILLING, 41)

Die Chance der Canepädagogik liegt in der großen Anziehungskraft der Hunde (vgl. Kap. 4.1.1). Sie kann zu einer positiven Interpretation der heilpädagogischen Fördersituation führen und Kinder dazu ermuntern, sich darauf einzulassen.

Darüber hinaus kann Canepädagogik dem Anspruch einer individuumszentrierten Förderung gerecht werden, weil Hunde die Kinder in jeder Situation da abholen, wo sie sich gerade befinden. Sie sind flexibel und passen sich den Bedürfnissen, Ressourcen und dem momentanen Befinden des jeweiligen Kindes an. Während sich Pädagogen meist für die einzelnen Stunden (mehr oder weniger) feste Konzepte bereit legen, orientieren sich Hunde flexibel und direkt an den Kindern, ohne sich vorher Gedanken gemacht zu haben. Ob das Kind nach einem anstrengenden Tag Lust darauf hat, zu entspannen oder nach sehr viel Frust dazu neigt, sich körperlich abreagieren zu müssen, ist dem Hund egal. Er hat genauso viel Spaß daran, sich auf dem Sofa streicheln zu lassen wie draußen zu toben. Seine Vorstellung der Nachmittagsgestaltung steht ihm dabei nicht im Weg.

Dass Standardsituationen der Canepädagogik, wie z. B. Spaziergänge mit dem Hund, ganzheitliche Förderung leisten können, war bereits Thema des Kapitels 4.2.4, soll aber anhand der folgenden Darstellung nochmals verdeutlicht werden. Deshalb wird eine umgekehrte Betrachtung des Zielsystems (vgl. Kap. 5.2.1, Abb. 2), ausgehend von den konkreten Situationen notwendig. Die zu klärenden Fragen sind:

1. Wie wirken die Erfahrungen aus konkreten Situationen der Freizeitgestaltung mit Hunden – z. B. Spaziergänge – mittel- und langfristig auf die Entwicklung des Kindes?

2. Kann durch diese konkreten Situationen letztlich die angestrebte Verbesserung des Selbstkonzeptes erreicht werden?

Zur übersichtlichen Beantwortung dieser Fragen dient die tabellarische Aufstellung auf der folgenden Seite. Zudem wird in diesem Zusammenhang insbesondere auf die Ausführungen in Kapitel 4 verwiesen.

Aktive, pädagogisch begleitete und langfristig angelegte Freizeitgestaltung mit dem Hund fördert

Soziale Kompetenz durch:	Kommunikationskompetenz durch:	Emotionale Kompetenz durch:
Steigerung sozialer Akzeptanz	neue Gesprächspartner	starke gefühlsmäßige Bindung
Abbau sozialer Isolierung und Ablehnung	Motivation zum Erfahrungsaustausch	Erfahrung von Zärtlichkeit und körperlicher Nähe
unkomplizierte Kontaktfindung	neue Gesprächsinhalte	Verbesserung des Einfühlungsvermögens
Aufbau neuer und unbelasteter Beziehungen	Verbesserung der analogen Kommunikation	Vermittlung von Spaß, Freude und guter Laune

psychische Gesundheit durch:	physische Gesundheit durch:
Abbau von Einsamkeitsgefühlen	viel Bewegung
Vermittlung von Freude und Spaß	Körpertraining
Stimulation zur Interaktion (statt TV oder PC)	aktive Entspannung (Spaziergänge)
uneingeschränkte Zuwendung	Senkung des Blutdrucks
bedingungslose Zuneigung	Spannungsabbau
Beachtung (Mittelpunkt) und Anerkennung	integrative Wahrnehmungsförderung

Aufbau eines **positiven Selbstkonzeptes** durch:
Vermittlung von Erfolgserlebnissen
Schaffung von persönlicher Freiheit
Schaffung eines Lebensinhaltes bzw. -sinns (Beziehung)
Rollenveränderungen
Vermittlung einer positiven Lebenseinstellung
Aufbau von Selbstvertrauen und Selbstverantwortung

Abb. 4 Einfluss der hundgestützten Freizeitgestaltung auf den Aufbau eines positiven Selbstkonzeptes

5.2.3 Pädagogisches Verhältnis

Ist die Situation geschaffen, die dem Kind die Mitarbeit ermöglicht, muss die Grundlage einer sinnvollen pädagogischen Arbeit – das pädagogische Verhältnis – gelegt werden. Nohl (134) beschreibt dieses Verhältnis als die „Beziehung eines reifen Menschen zu einem werdenden Menschen, und zwar um seiner selbst willen, dass er zu seinem Leben und seiner Form komme". Sie ist das „Kernstück des Erziehungsprozesses" (GIESECKE, 222).
Der Gestaltung des pädagogischen Verhältnisses kommt deshalb eine besondere Bedeutung zu (vgl. Kap. 3.1). Dies liegt darin begründet, dass zwischenmenschliches Verhalten – Kommunikation – immer auf zwei unterschiedlichen Ebenen abläuft, der Beziehungs- und der Inhaltsebene. „Kommunikation ist nicht nur ein Austausch von Sachinformationen, sondern gleichzeitig eine persönliche Auseinandersetzung auf der Beziehungsseite." (SCHILLING, 37)
Wichtig ist hierbei, dass die Beziehungsebene von primärer, die Inhaltsebene dagegen nur von sekundärer Bedeutung ist (vgl. SCHILLING, 39). Das heißt, dass für konstruktive Lehr-Lern-Situationen eine gute Beziehung zwischen Pädagogen und Kind nicht nur sinnvoll, sondern zwingend notwendig ist. Nur wenn die Beziehung zwischen beiden stimmt, können Inhalte vermittelt und vom Kind angenommen werden.
Deshalb gilt: „Beziehungsarbeit ist sehr wichtig und Voraussetzung für sozialpädagogisches Arbeiten." (SCHILLING, 39) Diese Einstellung ist nicht Ausdruck von purer „Gefühlsduselei" (SCHILLING, 38), bei der die Inhalte fälschlicherweise vernachlässigt werden, sondern sie ist vielmehr Kennzeichen einer wissenschaftlich fundierten und pädagogisch sinnvollen Vorgehensweise.
Das Problem der Beziehungsarbeit ist jedoch, dass der Aufbau von Beziehungen Zeit braucht.

> „Eine tragfähige Beziehung muss langsam wachsen. Jedes schnelle Eingehen und Herbeiführen von Beziehungen ist eine oberflächliche Angelegenheit und kann zu Enttäuschungen auf beiden Seiten führen." (SCHILLING, 38)

Bei verhaltensauffällig gewordenen Kindern ist die Motivation zum Beziehungsaufbau gering einzustufen. Dagegen sind sie aber sehr wohl daran interessiert, mit einem Hund näher in Kontakt zu treten (vgl. Kap. 4.1.1). Über den Hund ist es dann möglich, die Zeit mit dem Kind zu verbringen, die einen behutsamen Beziehungsaufbau ermöglicht. Als sehr vorteilhaft und produktiv ist es einzuschätzen, dass sich die Beziehung „nebenbei" entwickeln kann und nicht im Zentrum des pädagogischen Bemühens stehen muss.

Fassen wir die bisherigen didaktischen Elemente in Hinblick auf die Canepädagogik noch einmal zusammen. Es existieren Erziehungsziele, die genügend operationalisiert werden können, so dass sie in konkreten Situationen münden. Diese sind dazu geeignet, die Ziele langfristig zu realisieren, eine ganzheitliche wie auch individuelle Förderung zu gewährleisten, und sie verlieren durch den Hund ihre negative Bewertung. Diese konkreten Situationen fordern die Kinder zudem dazu heraus, sich ihnen motiviert zu stellen und erlauben dabei den wünschenswert langsamen Beziehungsaufbau.

Wie Canepädagogik dann im einzelnen die Ziele erreichen und die Inhalte vermitteln kann, stellt die Frage der Methodik, die Frage nach dem Weg.

5.2.4 Methodik

Die Methodik ist der Inbegriff des zielgerichteten (pädagogischen) Handelns (vgl. SCHILLING, 66). Da bestimmte Ziele nur über bestimmte Methoden erreicht werden können und gleichzeitig bestimmte Methoden sich nur zum Erreichen bestimmter Ziele eignen (vgl. SCHILLING, 68), sind im Folgenden die Vermittlungsvariablen von Bedeutung, denn

> „(w)er in seinem Stoff zu Hause ist, sich aber keine Gedanken über die Vermittlung macht, mag ein Fachmann auf seinem Gebiet sein, als guten Pädagogen werden wir ihn kaum bezeichnen können." (Hoberg, 15, zit. nach SCHILLING, 65)

Erst durch eine detaillierte Betrachtung von Vermittlungsvariablen wird eine effektive Vorbereitung von Lehr-Lern-Situationen möglich. Die für die Vermittlung von Erziehungsinhalten wichtigen Variablen sind im einzelnen

- die Methode,
- das Medium,
- das Material und
- die Zeit.

Methode
Die Aufgabe einer guten Methode ist es, die Lernchancen zu verbessern. Abhängig davon, ob man Lernchancen in einzelnen Situationen für ein konkretes Kind oder generelle Bildungschancen betrachtet – also je nach Abstraktionsgrad – definiert man Methoden auf drei unterschiedlichen Ebenen.

Auf der Makroebene, der abstraktesten Betrachtung von Methoden, spricht man auch von *Arbeitsformen* oder *Arbeitsweisen* (vgl. SCHILLING, 75). Die Sozialpädagogik fasst unter diesem Blickwinkel die klassischen Methoden der Einzelfallhilfe, der Gruppenarbeit und der Gemeinwesenarbeit zusammen (vgl. SCHILLING, 74).

Auf der mittleren Ebene meint Methode spezielle (pädagogische) *Verfahren* wie z. B. die Gesprächs- oder die Gruppentherapie.

Auf der Mikroebene sind Methoden ganz *konkrete Handlungen*, die das direkte Umsetzen von Zielen ermöglichen; sie sind als Methoden i. e. S. zu verstehen (vgl. SCHILLING, 75).

Aus der makroskopischen Perspektive ist Canepädagogik in den Bereich der individuellen Einzelfallhilfe einzuordnen, die auf der mittleren Ebene mit Hilfe des *Verfahrens der tiergestützten Pädagogik* mit auffällig gewordenen Kindern arbeitet. Die Methode der Canepädagogik i. e. S. ist die aktive, pädagogisch begleitete und längerfristig angelegte Freizeitgestaltung mit Hunden. Sie erst ermöglicht es, die gesetzten Ziele (wie in Kap. 5.2.2, S. 66 dargestellt) zu erreichen, d. h. die Förderungschancen der Zielgruppe auch unter den erschwerten Bedingungen zu steigern.

Medium
Das Medium bei der Methode Canepädagogik ist der Hund. Er kann bei der Vermittlung der pädagogischen Inhalte (vgl. Kap. 5.2.5) und der Erreichung der Lernziele (vgl. Kap. 5.2.1) hilfreich sein. Da in Kapitel 4 bereits eingehend auf die „medialen" Fähigkeiten der Hunde eingegangen wurde, wird an dieser Stelle nur noch einmal darauf verwiesen.

Material
Das Material, das zur Vermittlung der Lernziele innerhalb der Canepädagogik eingesetzt werden kann, ist vielfältig. Wichtig ist, dass nicht der Hund als Material verstanden wird, sondern dass es sich dabei um die Rahmenbedingungen handelt, die für Canepädagogik

notwendig sind. Dies sind z. B. Wiesen und Wälder, in die Ausflüge gemacht werden können, Hundeplätze mit Agilitygeräten, die das Ausüben von Hundesport ermöglichen, und Räumlichkeiten, in denen man sich entspannen und sowohl kind- als auch hundgerecht aufhalten kann.
Nur dies lässt eine vielfältige und abwechslungsreiche Freizeitgestaltung der Kinder mit den Hunden im Sinne der Canepädagogik zu, die den jeweiligen individuellen Ansprüchen und Bedürfnissen genügen will.

Zeit

Die Bedeutung der Zeit im Erziehungsprozess ist bereits im Rahmen des Beziehungsaufbaus angesprochen worden. Aber nicht nur die Beziehungsgestaltung, sondern alle Erziehungs- und Lernerfolge resultieren aus Prozessen, die immer Zeit erfordern. „Zum Lernen muss Zeit zur Verfügung stehen, man muss dem Lernenden Zeit lassen." (SCHILLING, 29)
Wieso und wofür? Schilling begründet dies, indem er auf die Ganzheitlichkeit menschlichen Lernens verweist. „Man muss erkennen, dass der Mensch aus Herz, Kopf und Hand besteht." (SCHILLING, 29) Jank/Meyer (358) formulieren: „Kopf- und Handarbeit ... stehen im Lernprozess in dynamischer Wechselwirkung zueinander."
Nur wenn man sich dies – gerade im Umgang mit verhaltensauffälligen Kindern – vor Augen hält, kann man verstehen, wieso Kinder, die ihre Fehler u. U. einsehen oder ihr Verhalten gar bereuen, dieses trotzdem nicht ändern können. Der Kopf alleine kann nichts bewirken. Deshalb sind auch Vorhaltungen, Ermahnungen und Erklärungen nur sehr eingeschränkt wirksam. Kinder müssen die verstandesmäßig aufgenommenen Informationen auch mit ihren Gefühlen in Einklang bringen können, und dies ist ihnen oft nicht möglich. Für den Canepädagogen ergibt sich daraus als Konsequenz, dass er dem Lernenden Zeit lassen und ihn so ansprechen muss, dass die Informationen bei ihm ein gutes Gefühl auslösen. Gelingt dies, ist eine Verhaltensänderung wahrscheinlicher (vgl. SCHILLING, 29). Der Hund ist in der Lage, genau dieses gute Gefühl auszulösen.
Ebenso ist zu beachten, dass gerade im Umgang mit verhaltensauffälligen Kindern Entwicklungen immer nur in kleinen Schrit-

ten vorangehen. Nur wenn man sich mit seinen Ansprüchen daran orientiert, kann man die Gefahr umgehen, sich und die Kinder zu überfordern und dadurch ein weiteres Mal zu frustrieren. „Wer in zu kurzer Zeit zuviel verlangt, der wird enttäuscht sein. Die Schuld ist dann jedoch nicht bei dem Lernenden zu suchen, sondern beim Pädagogen." (SCHILLING, 29)

Da die Bedeutung der Zeit nicht nur für den Beziehungsaufbau, sondern insbesondere auch für die angestrebten Entwicklungs- und Lernprozesse überaus groß ist, ist eine reine Zielorientierung in der pädagogischen Arbeit unangemessen. Gerade im Umgang mit Kindern, bei denen die normalen Mittel und Wege zur Zielerreichung nicht mehr greifen, ist ein Wechsel von einer Ziel- zur Prozessorientierung nicht nur sinnvoll, sondern zwingend notwendig. Das Motto der Canepädagogik muss also lauten: „Der Weg ist das Ziel!"

Dies ist der Grund dafür, dass Canepädagogik nicht nur sehr zeitintensiv im Hinblick auf den Beziehungsaufbau zwischen den Interaktionspartnern sein muss, sondern auch längerfristig angelegt werden muss, um überhaupt Verhaltensveränderungen bzw. eine Erweiterung des Verhaltensrepertoires bewirken zu können. Sehr wichtig ist in diesem Zusammenhang auch die Erkenntnis, dass weitere kurze Beziehungen im Umgang mit verhaltensauffälligen Kindern ein bereits bekanntes Muster für sie und somit für den Erziehungs- und Entwicklungsprozess absolut kontraproduktiv sind. Canepädagogen, die durch die Hunde einen neuen Zugang zu den Kindern finden, dürfen diese (vielleicht letzte) Chance nicht durch zeitlich kurz befristete und ausschließlich ergebnisorientierte Förderkonzepte zunichte machen.

Vielmehr ist es ihre Aufgabe, den Lernprozess so zu gestalten, dass sich die Kinder langfristig soweit entwickeln können, dass sie die pädagogische Unterstützung für ein gemeinschaftliches Leben nicht mehr brauchen. „(D)ie Pädagogik hat so das Ziel, sich selbst überflüssig zu machen und zur Selbsterziehung zu werden ...." (NOHL, 136) Die Beendigung darf also nicht erzwungen werden, sondern muss sich aus dem Lernprozess langsam entwickeln und ist letztendlich Ergebnis einer erfolgreichen Arbeit.

5.2.5 Inhalte

Auch wenn die Inhalte zu Beginn der pädagogischen Förderung hinter dem Beziehungsaspekt zurückstehen, ist ihre Bedeutung in keiner Weise zu vernachlässigen. Wesentliche Inhalte der Canepädagogik werden im Folgenden kurz dargestellt:

1. Beziehungsaufbau und -gestaltung zwischen
   - Kind und Hund
   - Kind und Pädagogen
2. Unterrichtung und Begleitung der Kinder
   - im Umgang mit „ihrem" Hund
   - in der Ausbildung „ihres" Hundes
   - in ihrer Rolle als „Hundeführer"
   - im Gruppengeschehen
3. Sport und Spiel der Kinder mit dem Hund als Team
   - Breitensport (Gelände-, Hindernisläufe)
   - Agility
   - Schwimmausflüge
4. gemeinsame Entspannung
   - Spaziergänge
   - Streicheleinheiten
5. Aufgabenerfüllung
   - Füttern und „Gassi gehen"
   - Säubern von Kisten, Leinen etc.
   - Beseitigung von "verrichteten Geschäften"
6. Übernahme von Verantwortung
   - für sich und das eigene Verhalten (Lautstärke)
   - für den Bezugshund
   - für die Gruppe
6. Gestaltung von sozialer Interaktion
   - innerhalb der Gruppe
   - zu anderen Hundebesitzern
   - zum Tierarzt

Die Inhalte sind nicht getrennt voneinander zu betrachten, sondern ergeben sich aus der Freizeitgestaltung – dem Spiel – mit dem

Hund zwangsläufig gemeinsam. Die Bedeutung, die das Spielen von Kindern mit Tieren hat, stellt Olbrich (c, 21) anschaulich dar.

> „Spiel ist ein soziales Geschehen, das aber auch das Element der körperlichen Bewegung auf einem optimalen Niveau der Aktivierung und nicht zuletzt das psychische Element der Freude beinhaltet. (...) Das [Spiel; die Verf.] bedeutet angenehme Aktivität, es bedeutet zugleich Übung der sensorischen Integration und Verbindung mit der motorischen Aktion, es bedeutet Übung von Aufmerksamkeit für ein anderes Lebewesen, das mit einem spielt, fordert Mitschwingen mit dem anderen Lebewesen ebenso wie kognitives Erfassen der Aktionen des Spielpartners – also Interaktion sowohl auf der Ebene der analogen als auch auf der Ebene der digitalen Kommunikation – und es bedeutet in der Regel Spaß. Kinder ... erobern gemeinsam mit Tieren den Lebensraum ... Dies geschieht sensorisch und motorisch, es geschieht kognitiv oder affektiv, und es basiert auf einer selbstverständlichen und sicheren Motivation."

Obwohl Canepädagogik sich flexibel an den Bedürfnissen der Kinder orientiert, bietet sie feste Strukturen und Regeln, die den Kindern den nötigen Halt geben können.
Die Regeln (vgl. Kap. 7.3.3), die für den Umgang festgelegt sind, wie z. B. regelmäßiges „Gassi gehen" mit den Hunde bzw. das Entfernen von „Geschäften" auf Gehwegen etc., bieten den Kindern zum einen die Möglichkeit, sich daran zu reiben und zu stoßen, wie sie es an den anderen Regeln des gemeinsamen Lebens tun. Sie symbolisieren aber gleichzeitig die Wichtigkeit und die Bedeutung der eigenen Person und lassen sie selbst die Verantwortung für ihren Hund tragen.
Je mehr Verantwortung die Kinder für ihre Hunde übernehmen dürfen und wollen, desto mehr Selbstvertrauen können sie gewinnen, das zum Aufbau eines besseren Selbstkonzeptes beitragen kann.

TEIL II   ANWENDUNG

6   Das Konzept

Für alle jene Leser, die sich nicht ausgiebig mit der theoretischen Herleitung des Konzeptes in den vorangegangen Kapiteln beschäftigt haben, wird an dieser Stelle dieses hier nochmals – als Grundlage der praktischen Arbeit – vorgestellt.

Zusammengefasst ergibt sich aus den vorherigen Kapiteln, dass Canepädagogik ein hundgestütztes und heilpädagogisch orientiertes Handlungskonzept zur Arbeit mit Kindern und Jugendlichen ist, die in den verschiedenen Lebensbereichen wie Familie, Schule und/oder Freizeit Probleme haben bzw. machen. Sie basiert auf einer pädagogisch begleiteten Freizeitgestaltung dieser Kinder und Jugendlichen mit Hunden.

Die Canepädagogik basiert auf der Erkenntnis (s. Teil I), dass Hunde durch ihr Verhalten, das von Achtung, Wärme, Empathie und Authentizität gekennzeichnet ist, einen wesentlichen Beitrag zur Förderung der Entwicklung und Erziehung von Kindern leisten können.

Canepädagogik wird in Kleinstgruppen von bis zu vier Kindern i. d. R. im Alter von acht bis vierzehn Jahren über einen Zeitraum von durchschnittlich einem Jahr bei ca. vier Wochenstunden durchgeführt. Jedes Gruppenmitglied hat über diesen Zeitraum einen festen Bezugshund, der es ihm in der Interaktion ermöglicht,

- Beziehungen aufzubauen und zu gestalten,
- Verantwortung und Aufgaben zu übernehmen,
- sowohl Aktivität als auch Entspannung zu erleben,
- soziale Interaktion und Kommunikation zu üben und
- die Rolle des Erziehenden und Lehrenden einzunehmen.

Ziel

Ziel der Canepädagogik ist es, Kinder über den Aufbau eines positiven Selbstkonzeptes zu befähigen, mit sich, ihren Mitmenschen und schwierigen Situationen angemessen umzugehen. Canepädagogik leistet durch die intensive Gruppenarbeit und den Umgang mit den Hunden "Hilfe zur Erziehung" durch die

- Entwicklung von sozialer und emotionaler Kompetenz,
- Steigerung der Kommunikationsfähigkeit,
- Förderung der psychischen und physischen Gesundheit.

Begriffsabgrenzung

Der Begriff Canepädagogik bedeutet Pädagogik *mit* dem und *durch* den Hund und leitet sich von dem lateinischen Wort für Hund (canis) ab.

Erziehung *mit* dem Hund:

- Hund als Medium bzw. sozialer Katalysator zwischen Kind und Pädagogen
- Hund als guter Erzieher, der Achtung, Wärme, Echtheit und Empathie vermittelt

Erziehung *durch* den Hund:

- Befriedigung essentieller Bedürfnisse
    - individuelle Bedürfnisse (z. B. Liebe, Beachtung, Anerkennung)
    - soziale Bedürfnisse (z. B. soziale Bindung, Zugehörigkeit)
- Verbesserung der Kommunikationsfähigkeit
- Ganzheitliche Förderung
    - physisch
    - psychisch
    - sozial
    - emotional
- Vermittlung von Verhaltensregeln

Grundvoraussetzung

- natürliches Interesse am Hund
- keine Aversionen/Hassgefühle gegenüber Hunden
- keine pathologische Angst vor Hunden

Zeitrahmen

- 1 bis 2 mal wöchentlich
- nach der Schule und/oder am Wochenende

durch: pädagogisch begleitete, aktive und abwechslungsreiche Freizeitgestaltung mit einem jungen, noch nicht ausgebildeten Hund

Pädagogische Inhalte:

1. Beziehungsaufbau und -gestaltung zwischen
   - Kind und Hund
   - Kind und Pädagogen
2. Unterrichtung und Begleitung der Kinder
   - im Umgang mit „ihrem" Hund
   - in der Ausbildung „ihres" Hundes
   - in ihrer Rolle als „Hundeführer"
   - im Gruppengeschehen
3. Sport und Spiel der Kinder mit dem Hund als Team
   - Breitensport (Gelände-, Hindernisläufe)
   - Agility
   - Schwimmausflüge
4. gemeinsame Entspannung
   - Spaziergänge
   - Streicheleinheiten
5. Übernahme von Verantwortung
   - für sich und das eigene Verhalten (Lautstärke)
   - für den Bezugshund
   - für die Gruppe
6. Aufgabenerfüllung
   - Füttern und „Gassi gehen"
   - Säubern von Kisten, Leinen etc.
   - Beseitigung von "verrichteten Geschäften"
7. Gestaltung von sozialer Interaktion
   - innerhalb der Gruppe
   - zu anderen Hundebesitzern
   - zum Tierarzt

7 Canepädagogik in der stationären Jugendhilfe

Erste Erfahrungen der canepädagogischen Förderung erfolgten im Rahmen eines mehrmonatigen Teilzeitpraktikums in einer stationären Einrichtung der Jugendhilfe Dortmund. Bereits beim ersten Gespräch stieß die Idee, eine tiergestützte Gruppenarbeit als zusätzliches Angebot zu installieren, bei der Heimleitung auf großes Interesse.

Im Rahmen einer intensiv-pädagogischen Wohngruppe sollte mit einzelnen Kindern gezielt und durch Hunde unterstützt, stundenweise nachmittags außerhalb der Einrichtung pädagogisch gearbeitet werden.

7.1 Einrichtung

Die intensiv-pädagogische Außenwohngruppe der Arbeiter Wohlfahrt Dortmund (AWO) ist ein koedukatives Angebot der stationären Jugendhilfe.

In einem Bruchsteingebäude auf dem Anwesen eines ehemaligen Bauernhofes gibt es vier Einzelzimmer und ein Doppelzimmer für bis zu sechs Kinder, Gemeinschafts-, Sanitär- und Teamräume. Der Garten und das ländliche Umfeld bieten Möglichkeiten für vielfältige Spiel- und Freizeitgestaltungen. Die intensive Betreuung und Förderung des einzelnen Kindes soll durch ein erweitertes Fach- und Personalangebot gewährleistet werden. In dieser dezentralen Kleingruppenform erfolgt eine Rund-um-die-Uhr-Betreuung. Die Lebensverhältnisse sind im Sinne eines heilpädagogischen Milieus überschaubar organisiert und auf eine Selbstversorgung ausgerichtet.

Diese intensive, stationär pädagogische Betreuung und Förderung - ggf. mit weiteren therapeutischen Zusatzleistungen - für Kinder i. d. R. ab dem sechsten bis zum dreizehnten Lebensjahr erfolgt im Rahmen des § 34 KJHG in Verbindung mit dem Hilfeplanverfahren gemäß § 36 KJHG. Aufgenommen werden Kinder mit einem erhöhten Betreuungsbedarf, die

- längere Aufenthalte in der Kinder- und Jugendpsychiatrie hinter sich haben,

- nur über eine geringe Frustrationstoleranz verfügen,
- sich in krisenhaften familiären Situationen befinden,
- große Schulschwierigkeiten aufzeigen, die Beschulung verweigern,
- mit mangelnder Selbstkontrolle im Affektbereich ausgestattet sind,
- emotions- und beziehungsgestört sind,
- Kommunikationsprobleme haben,
- gravierende (aggressive) Verhaltensauffälligkeiten aufweisen,
- ein eingeschränktes Rollenrepertoire aufweisen,
- hohe Defizite in allen elementaren Kulturtechniken (z. B. Tischmanieren) erkennen lassen,
- in ihrer seelischen und geistigen Entwicklung immer wieder gestört wurden.

Das Gruppenleben wird durch eine klare Tagesstruktur und feste Regeln und Vereinbarungen bestimmt. In diesem Rahmen soll es den Kindern ermöglicht werden, Beziehungen aufzubauen, die Persönlichkeit zu stabilisieren, um langsam zu erlernen, später eigenverantwortlich, selbstbestimmt und sozial zu handeln. Durch eine gelingende Beziehungsgestaltung zwischen den Kindern und den Betreuern soll den Kindern die Möglichkeit eröffnet werden, die oftmals über Jahre verfestigten Verhaltensformen durch konstruktive Erfahrungen aufzulösen und durch Neues zu ersetzen. Weitere angestrebte Ziele sind u. a.

- die gezielte Förderung der psychosozialen, emotionalen, kognitiven und körperlichen Entwicklung,
- der Abbau von Auffälligkeiten, Störungen und Defiziten in diesen Bereichen,
- das Heranführen an die Schule und die schulische Förderung,
- die individuelle und familiäre Ressourcen- und Perspektivfindung,
- Weichenstellung für Reintegration in das Herkunftssystem, in eine andere Familie/Pflegefamilie oder eine andere Betreuungsform.

7.2 Rahmenbedingungen

Zur Durchführung bzw. Realisierung des Konzeptes der Canepädagogik innerhalb dieses Praktikums standen acht Foxterrier mit unterschiedlichem Alter, Geschlecht und Ausbildungsstand zur Verfügung. Foxterrier sind selbstbewusste, aktive, aufgeschlossene, verspielte, aber auch sehr ausgeglichene Hunde, die aufgrund ihres Temperamentes sehr gut mit Kindern harmonieren.
Die Haushunde (Ordos, Phaedra, Emma) und die Hunde aus der familiären Foxterrierzucht (Nelke, Yuhle, Yuma, Moni, Telli) ermöglichten, dass jedes der sechs Kinder seinen „eigenen" Bezugshund für die gesamte Praktikumszeit hatte. Emma, Phaedra und Ordos leben im Haus, sind ausgebildete Haus- und Begleithunde und haben viel Kindererfahrung. Die vorgesehenen jungen Hündinnen spielen tagsüber gemeinsam im Rudel in einem großen Garten, sind freundlich, aufgeschlossen und verspielt, haben aber noch keine Ausbildung oder Erfahrung als Haus- und Begleithund gesammelt. Zusätzlich bestand für die Kinder auch die Möglichkeit, mit weiteren kleinen Welpen zu spielen.
Die Firma EFFEM (Pedigree Pal) stellte einen kompletten Agility-Parcours zur Verfügung, so dass in Zusammenarbeit mit dem DVG-Verein (Deutscher Verband für Gebrauchshunde) auf dem nahegelegenen Hundeplatz jederzeit nach Bedarf mit den Kindern und ihren Hunden an den Hindernissen geübt werden konnte.
Die AWO ermöglichte durch die Versicherung des Autos, Erstattung der Benzinkosten und die Erlaubnis, die Kinder nach Absprache alleine oder in Kleinstgruppen abzuholen, die flexible und abwechslungsreiche Freizeitgestaltung im Sinne des o.g. Konzeptes zu realisieren. In Absprache mit dem Team gab es drei fixe Nachmittage (13.30 - 18.00 Uhr), an denen jeweils mit zwei Kindern gearbeitet werden sollte. Nach Möglichkeit und Bedarf kamen zusätzliche Nachmittage oder Wochenenden hinzu.

7.3 Durchführung

Zu Beginn des Praktikums galt es, die Kinder, den Gruppenalltag und das Betreuerteam kennen zu lernen. Die Gruppe bestand zu dem Zeitpunkt aus fünf Jungen – Peter (8), Paul (8), Max (12),

Martin (12), Nick (15) – und dem zwölfjährigen Mädchen Sarah. (Die Namen sind aus Datenschutzgründen verändert worden.) Um möglichst viel Zeit mit den Kindern verbringen zu können, startete das Praktikum in den Sommerferien, aber bis auf die jüngsten waren die Kinder fast immer den ganzen Tag außer Haus, im Schwimmbad oder bei Freunden. Die neue Praktikantin wurde nur zur Kenntnis genommen, aber sonst nicht weiter von den Kindern beachtet. Um dennoch Kontakt zu den Kindern herstellen zu können und sie und ihre Beziehungen untereinander kennen zu lernen, wurden zunächst einige gemeinsam Ausflüge unternommen, bei denen auch das Gespräch auf die Hunde kam.

Nachdem den Kindern die Idee der hundgestützten Arbeit und die Pläne über den Ablauf des Praktikums vorgestellt worden waren, stieg das Interesse merklich. Die Neugier auf die Hunde wuchs und so wurde ein erster Ausflug zu den Hunden unternommen, um diese kennen zu lernen. Ganz nebenbei haben die Kinder viel über sich, ihre Einstellung zu Hunden und in Einzelfällen auch über ihre familiäre Situation und ihr Befinden mitgeteilt. Dies war sehr hilfreich bei der Auswahl und Zuordnung der Hunde zu den einzelnen Kindern. Keines der Kinder hatte Angst vor Hunden, sondern alle bekundeten großes Interesse.

7.3.1 Kontaktaufnahme

Zur Zusammenführung der Kinder mit „ihrem" Hund waren Einzelkontakte vorgesehen, damit es keine Rivalitäten oder Streitereien um einen Hund geben konnte und um die Hunde nicht zu Beginn durch mehrere Kinder und der damit verbundenen Unruhe zu überfordern.

Zunächst haben die Kinder ihren Bezugshund draußen im Auslauf inmitten der anderen Hunde gesehen, bevor er dann in die Wohnung geholt wurde. Anfangs waren die Kinder enttäuscht darüber, dass ihre Hunde die Leckerchen noch nicht aus ihren Händen annehmen oder mit ihnen spielen wollten (wie sie es von Ordos und Phaedra kannten), sondern sich erst einmal in der unbekannten Umgebung umschauen und orientieren mussten. Die Geduld fiel schwer und die spontane Frustration über das (natürliche) Unvermögen ihrer Hunde ließ befürchten, den falschen Weg gewählt zu haben.

Die bewusste Entscheidung, bei der canepädagogischen Förderung auf junge und „unerzogene" Hunde zurückzugreifen, lag darin begründet, den Kindern nicht die Möglichkeit bieten zu wollen, die Hunde nur als Spielzeug oder zur Machtausübung (über Stunden permanent den Ball zurückbringen, wieder und wieder Sitz, Platz oder andere Kommandos ausführen) zu benutzen. Vielmehr sollten die Kinder die Chance haben, ihren Hunden selbst etwas beizubringen, sich dabei als „Erzieher" zu erfahren, um dann mit Recht behaupten zu können: „Dies habe ich meinem Hund beigebracht!" Dieser Weg erschien sinnvoller, den angestrebten und bereits im Konzept der Canepädagogik dargelegten Zielen

- Aufbau eines positiven Selbstkonzeptes (durch)
  - Entwicklung von sozialer und emotionaler Kompetenz,
  - Steigerung der Kommunikationsfähigkeit und
  - Förderung der psychischen und physischen Gesundheit

dienlich zu sein.
Die Bedenken und Befürchtungen zerstreuten sich aber – bis auf einen Fall – recht schnell. Es wurden von den Kindern unterschiedlichste Strategien entwickelt, um mit ihrem Hund in den ersten direkten Kontakt zu treten: Ruhiges Abwarten oder sich verstecken, eine Spur mit Futter legen, die zum Kind führte oder mit dem Spielzeug locken. Letztendlich führte alles zum erhofften Erfolg. Die Freude darüber, dass Nelke nach kurzer Zeit schon zu Sarah auf die Couch sprang und Yuma nach anfänglicher Unsicherheit dann doch zu Max ging, war groß.

> Yuma traute sich erst nicht raus, aber dann ist sie doch gekommen.

Die Geduld wurde belohnt und die Frustration der Kinder aktiv durch ihr Verhalten und ihre eigenen Ideen überwunden.

Der Pädagoge fungierte in dieser Situation als Mentor, der den Kindern die Verhaltensweisen der Hunde näher gebracht und Reaktionen erklärt hat. So konnten sie die anfängliche Zurückhaltung der jungen Hunde als Vorsicht und nicht etwa als Abneigung oder Desinteresse verstehen und merkten gleichzeitig, dass sie sich das Vertrauen der Hunde erst erwerben mussten.

Paul, der jüngste der Gruppe, konnte sich gar nicht in die Hunde einfühlen und auch nach mehrmaligen Erklärungen nicht vorsichtig und geduldig genug mit den noch unerfahrenen Hündinnen umgehen. Dies führte dazu, dass er z. B. hektisch auf die Hunde zuging und sie damit zwar unabsichtlich, aber dennoch wiederholt erschreckte. Dies stieß auf heftige Kritik insbesondere von Seiten der anderen Kinder, die das Verhalten des Jungen aber ebenso wenig positiv beeinflussen konnten, wie pädagogische Erklärungen oder Ermahnungen.

In diesem Fall wurden die Hunde getauscht und ihm Emma anvertraut, die aufgrund ihrer Erfahrung und ihres Ausbildungsstandes keine Probleme mit Paul hatte. Mit Emma hatte er nun die Möglichkeit, durch die heftige, aber zunehmend konstruktive Kritik der anderen Kinder in Verbindung mit ergänzenden Erklärungen des Pädagogen den richtigen Umgang mit einem Tier zu lernen, ohne dass der Hund darunter zu leiden hatte.

Dies bedeutete, dass Paul nach und nach begann, viel bewusster auf seine Lautstärke, seine Körperbewegungen und Umgangsformen zu achten, um mit Emma spielen zu können. Allerdings festigte sich der Eindruck, dass Paul keine emotionale Beziehung zu Emma aufgebaut hatte, sondern es einfach nur genossen hatte, mit ihr zu spielen. Er vermittelte das Gefühl, dass es auch jedes Mal ein anderer Hund hätte sein können, wenn er nur auch so ausdauernd mit ihm gespielt hätte. Nichtsdestotrotz waren Kind und Hund abends ausgetobt, glücklich und zufrieden. Paul hatte einen Nachmittag lang Aufmerksamkeit und Zuwendung erfahren, ohne dafür negativ auffallen zu müssen.

Peter, der andere achtjährige Junge, hatte sich bereits beim ersten Besuch in den fünfzehn Jahre alten Rüden Ordos „verliebt", der eigentlich nicht als Bezugshund vorgesehen war. Obwohl er gesund, rüstig und auch noch durchaus verspielt war, erschien er mit

seinem fortschreitenden Altersstarrsinn und seinen altersbedingt beeinträchtigten Sinneswahrnehmungen zunächst ungeeignet.
Die Erklärung, dass Ordos ein schwieriger Bezugshund sei, da seine Augen und Ohren nicht mehr so gut sind und er auch nicht mehr so hoch springen oder so schnell rennen kann wie die anderen Hunde und er außerdem auch schon etwas aus dem Mund riecht, ließ Peter für sich nicht gelten und formulierte: „Darauf kommt es doch wirklich nicht an."
Die anfangs als nachteilig empfundene Starrsinnigkeit und Schwerhörigkeit von Ordos entpuppten sich sogar als Vorteil, da sich Peter immer um den Kontakt zu Ordos mit Locken oder besonderer Zeichensprache bemühen musste und sein typisches Schreien und Toben völlig unbeachtet blieb. Anfänglich häufiger vorkommende Wutausbrüche (Schimpfen und Schreien), die u. a. auch aus dem scheinbaren Ungehorsam des Hundes resultierten, ignorierte Ordos und strafte Peter mit Nichtachtung. Erst wenn er wieder liebevoll, mit Futter lockend oder spielend mit freundlichem Gebaren auf sich aufmerksam machte, ging Ordos fröhlich auf ihn zu.
Entgegen den anfänglichen Bedenken hat gerade dieses Team sehr gut harmoniert. Peter hat alle Termine verlässlich eingehalten. Er ist, soweit er Zeit hatte, immer für andere Kinder zusätzlich eingesprungen, so dass er manchmal mehrmals wöchentlich bei seinem Hund sein konnte.

7.3.2 Gruppenbildung

Nachdem sich jedes Kind mit seinem Hund angefreundet hatte, wurden - unter Beachtung wünschenswerter Entwicklungen im Gruppenalltag, feststehender Termine, Harmonie der Hunde untereinander und in Absprache mit dem Team - Zweiergruppen gebildet.
Peter und Paul, die beiden jüngsten Kinder, hatten im Zusammenleben große Probleme miteinander, da sie gemeinsam in dem einzigen Doppelzimmer wohnen mussten. Nicht nur beim Aufräumen gab es immer wieder heftigste, auch körperliche Auseinandersetzungen. Es wurde auch im Hinblick auf die anderen, wesentlich älteren Gruppenmitglieder als sehr wünschenswert erachtet, wenn sich diese beiden anfreunden könnten.

Anfangs herrschte natürlich großer Widerstand bei beiden, die Nachmittage gemeinsam zu verbringen und führte zu Aussprüchen wie: „Wenn der mitgeht, komme ich nicht mit!"
Es war immer jedem Kind freigestellt, mitzukommen oder lieber zu Hause zu bleiben, und so stellte sich nach kurzer Zeit heraus, dass die Verlockung, mit den Hunden etwas zu unternehmen, viel stärker war als die Abneigung, mit dem anderen Kind zusammen zu sein. Die Vorfreude auf die Hunde und das gemeinsame Interesse ließen die Aggressionen und die Streitereien meistens in den Hintergrund treten oder sogar vergessen.
Peter und Paul hatten sehr viel Spaß miteinander, da sie aufgrund des gleichen Alters sehr ähnliche Interessen in der Freizeitgestaltung hatten. Sie wollten immer mit ihren Hunden spazieren gehen, querfeldein Bachläufe und Teiche erkunden, auf Bäumen balancieren und klettern oder auch mal auf den Spielplatz gehen und wurden dabei immer von ihren Hunden begleitet. Gerade zwischen ihnen gab es, selbst wenn einer provozierte oder aufgrund eines Misserfolges (in den Bach gefallen) aggressiv agierte, keine handgreiflichen Auseinandersetzungen, obwohl dies im Heimalltag die Regel war.

Eine zweite kritische Konstellation war die Beziehung von Sarah zu den beiden gleichaltrigen Jungen Max und Martin. Sie konnten nicht miteinander umgehen, konnten sich aber auch nicht ignorieren oder in Ruhe lassen. Nach einigen Einzelgesprächen mit Sarah und Max, haben sich beide auf diese Konstellation eingelassen.
Spannungsfrei waren diese Nachmittage zweier pubertierender Jugendlicher nicht, aber die Möglichkeit, sich vorrangig um den Hund zu kümmern und den anderen scheinbar am Rande mitzuerleben, führte dazu, dass sich beide auch mal von einer anderen, netteren Seite kennen lernen konnten. Zeitweise führte dies zu echtem Interesse am anderen, so dass es sogar bedauert wurde, dass der andere einen Termin nicht wahrnehmen konnte.

Nick und Martin bildeten das dritte Paar, das aber nur auf dem Papier existierte, da Nick kein großes Interesse an den Hunden hatte. Dies führte dazu, dass Martin jedes Mal ein anderes Kind mitnehmen konnte, denn die Regel war, wenn eines der Kinder nicht wollte oder keine Zeit hatte, konnte das verbleibende Kind sich ein anderes aussuchen.

Die Beziehung der Kinder zu Martin war bislang sehr schwierig. Die jüngeren hatten schon etliche massive tätliche Angriffe und Übergriffe gegen sich erlebt. Sarah wurde permanent von ihm provoziert und mit Max verband ihn nur eine reine Zweckgemeinschaft. Durch die Situation, dass Martin nun jede Woche ein Kind fragen konnte, ob es mit ihm zu den Hunden wollte, war die Freude darüber, ausgewählt worden zu sein und damit einen zusätzlichen Nachmittag zu seinem Hund zu können, größer als die persönliche Abneigung ihm gegenüber.

Diese Nachmittage waren nicht unproblematisch und gerade zu Beginn des Praktikums wurden Konflikte mit den Regeln, mit der Gruppenleitung oder mit den Kindern durch (vorübergehendes) Weglaufen bzw. Tätlichkeiten gelöst. Zum Ende ist Martin nicht mehr „abgehauen", was zum einen bestimmt damit zusammenhing, dass wir uns alle besser kennen gelernt hatten. Zum anderen wollte er aber auch nicht immer wieder seinen Hund im Stich lassen.

7.3.3 Nachmittagsgestaltung

Nach dem Mittagessen und einer kurzen Rücksprache mit den Erziehern über das aktuelle Geschehen in der Gruppe begann der Nachmittag i. d. R. mit der Fahrt zu den Hunden. Generell vermittelte die Autofahrt – mit wenigen Ausnahmen – immer das Gefühl, wie eine Art Schleuse auf die Kinder zu wirken, in der sie die existenten Streitereien zurückließen. Die Vorfreude auf den Nachmittag und die konkrete Planung standen jetzt im Vordergrund.

Im Umgang mit den Hunden und untereinander galten für die Kinder verbindliche Regeln:

- Jedes Kind durfte die Hunde der anderen anfassen und streicheln.
- Jedes Kind fütterte nur den eigenen Hund und nicht die der anderen Kinder, es sei denn es wurde ausdrücklich gefragt und erlaubt.
- Jedes Kind durfte <u>nach Absprache</u> seinen Hund frei (ohne Leine) laufen lassen und konnte bei der Erziehung die Unterstützung der anderen erwarten. Alle mussten sich z. B.

schnell auf seinen Zuruf verstecken, falls der Hund sich zu weit von ihm entfernt hatte.
- Jedes Kind war für seinen Hund verantwortlich, d. h.:
  - Es musste aufpassen, dass sein Hund nicht wegläuft.
  - Es musste verrichtete „Geschäfte" in der Wohnung oder auch auf Gehwegen selbst entfernen.
  - Es musste die Hundekiste, falls sein Hund bei einer Autofahrt erbrochen hatte, selbst säubern.
  - Es musste seinem Hund nach dem Spaziergang die Pfoten abputzen, bevor er in die Wohnung durfte.

Die Nachmittagsgestaltung wurde zunächst vorgegeben, um mit den Kindern und ihren Hunden viel Sport (Agility) machen zu können. Doch es hat sich schnell gezeigt, dass sich zuerst einmal die Beziehung zwischen den Kindern und Hunden festigen musste. Die Kinder waren zunächst von der Vorstellung, mit den Hunden über Hindernisse zu springen, sehr begeistert und waren natürlich um so enttäuschter darüber, dass dies nicht so einfach klappte, wie sie es sich gedacht hatten. Die Hunde brauchen schon erhebliches Vertrauen und Sympathie zu ihrem Kind, um über unbekannte Geräte zu springen oder durch dunkle Röhren zu laufen, doch dafür war es noch zu früh. So war das Training zunächst in den Hintergrund gerückt und der Beziehungsaufbau stand im Vordergrund.

Daher wurde vermehrt dazu übergegangen, die Gestaltung der Nachmittage an den Bedürfnissen (kuscheln, toben, spazieren gehen etc.) der jeweiligen Kinder zu orientieren, damit jederzeit eine harmonische, beziehungsfördernde Atmosphäre vorherrschte. Spaziergänge vor Ort, Ausflüge in andere nahegelegene Waldgebiete, Badeausflüge zur Talsperre, wo wir mit den Hunden baden gehen konnten, gemütliche Märchen- und Kuschelnachmittage mit den Hunden auf der Couch, Welpenspielnachmittage oder Spielen auf dem Hunde-, Sport- oder Spielplatz waren einige alternative Möglichkeiten der Freizeitgestaltung.

Meistens fanden die Gruppenstunden draußen statt. Die Kinder lernten, die Leinen zu halten, wie man mit dem Hund spricht und ihn dazu bringt, zu ihnen zurückzukommen.

Sie waren stolz darauf, dass sich ihr Hund jetzt nicht mehr vor Autos, Kinderwagen oder großen Hunden erschreckte und ihnen auch ohne Leine folgte, wenn sie sich versteckten oder wegrannten.

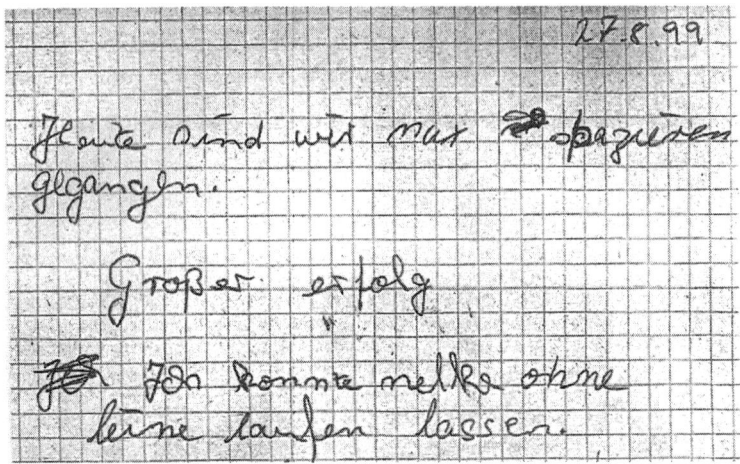

Diese Erfolge machten allen Freude, festigte die Beziehung zwischen Hund und Kind und belohnten die Geduld der Kinder. Die Hunde lernten nach und nach, zu welchem Kind sie gehörten, und es machte jedes Kind glücklich, wenn sein Hund nicht einfach mit der Gruppe ging, sondern mit ihm zurückblieb oder auch mal andere Wege mit ihm erforschte. Jeder achtete akribisch darauf, dass der andere nicht trampelte, zu laut oder unsanft mit dem Hund umging oder ihn erschreckte und zeigte stolz, dass sein Hund jetzt schon über den dicken Baum springen oder auch balancieren konnte.

{Moni und ich haben auf einem Baum balanciert bis fast ans Ende und sie geht durch den langen Tunnel und sie kann Hürden springen.}

Bei Treffen mit anderen Hundebesitzern entstanden in der Regel nette Gespräche zwischen den Kindern und ihnen, während die Hunde sich beschnupperten oder miteinander spielten.
Spätestens gegen 17.00 Uhr wurde i. d. R. die Praxisräume aufgesucht. Als erstes wurden die Hunde von der Leine gelassen, falls nötig gesäubert, anschließend die Schuhe ausgezogen und die Hände gewaschen. Dieses Ritual war am Ende des Praktikums selbstverständlich und bedurfte keiner Diskussion mehr.
Danach wurden kurze Protokolle über den Verlauf des Nachmittags geschrieben. Anfangs war es schwierig, die Kinder zum Schreiben zu bewegen, denn die Angst, sich zu blamieren oder dabei zu versagen, war groß. Martin und Max gingen schon seit längerer Zeit nicht bzw. sehr unregelmäßig zur Schule, aber auch sie konnten sich schließlich überwinden, zumindest ein paar Zeilen über den Nachmittag zu schreiben. Bei einigen Kindern entwickelte sich manchmal sogar der Ehrgeiz, mehr zu schreiben als beim letzten Protokoll oder als das andere Kind. Falls ein Kind sich an einem Tag mal strikt weigerte, wurde das Protokoll zu Beginn des nächsten Termins nachgeholt.
Um 17.30 Uhr wurden die Hunde wieder in den Zwinger gebracht. Manchmal wurde noch kurz mit einigen Welpen gespielt, bevor es dann zum Heim zurück ging. Auf der Fahrt wurde in einem kurzen „Blitzlicht" gemeinsam der Nachmittag reflektiert. Jedes Kind konnte sagen, was ihm besonders gefallen beziehungsweise missfallen hat oder was ihm sonst wichtig erschien.

An den Wochenenden ergab sich die Möglichkeit zu besonderen Aktivitäten. So besuchten wir die Agility-Weltmeisterschaft in Dortmund und haben die Faszination und die mitreißende Stimmung beim Hundesport erlebt, die die Kinder sonst nur aus Fußballstadien kannten. Außerdem waren wir auf der Hundeausstellung in den Westfalenhallen, wo die Kinder die Vielzahl der Hunderassen, das Ausstellungsgeschehen und die Hunde in ihren unterschiedlichen „Hundeberufen", wie z. B. Schutz-, Hüte- oder Blindenhunde, in Aktion erleben konnten.

7.4 Reflexion

Die Rahmenbedingungen des Praktikums zur Umsetzung des Konzeptes der Canepädagogik waren optimal.
Das Praktikum hat wesentlichen Aufschluss über die Tauglichkeit der Idee der „hundgestützten Pädagogik" gebracht. Es hat die Vermutung bestätigt, dass man mit Hilfe von Hunden einen Zugang zu Kindern bekommt, die dies sonst kaum zulassen, und man dadurch einen positiven und pädagogischen Einfluss auf sie ausüben kann.

Durch die geraume Zeit, die mit den Kindern – bedingt durch die Hunde – gemeinsam verbracht werden konnte, hat sich eine gute und tragfähige Beziehung entwickelt, auf der man langfristig sicherlich hätte aufbauen können. Da über das Praktikum hinaus aber keine Gelder vorhanden waren, um diese Arbeit mit den Kindern fortzusetzen, folgte für die Kinder nach Beendigung des Praktikums ein weiterer schmerzlicher Beziehungsabbruch.
Daraus ergibt sich als wichtigste Erkenntnis und Konsequenz dieser praktischen Erfahrung, dass eine solche Förderung nicht nur zeitintensiv im Hinblick auf den gewünschten Beziehungsaufbau, sondern auch längerfristig ausgerichtet sein muss, damit sie letztlich nicht kontraproduktiv wirkt.

8   Canepädagogik - Das Projekt

Nach den verschiedenen Erfahrungen in der stationären Jugendhilfe standen Erkenntnissen darüber, in wie weit sich Canepädagogik auch für die ambulante Erziehungshilfe eignet, aus. Durch die Durchführung eines einjährigen Projektes, das im folgenden detailliert dargestellt wird, konnte diese Lücke erfolgreich geschlossen werden.

Dafür ist in der Zeit vom 01.03.2001 bis zum 28.02.2002 im Fachbereich Jugend und Soziales der Stadt Hagen, Abteilung Sozialpädagogisches Zentrum (SPZ), Sachgruppe Ambulante flexible Erziehungshilfen, im Rahmen der sozialen Gruppenarbeit eine Kleinstgruppe eingerichtet worden, die entsprechend des Konzeptes der Canepädagogik hundgestützt mit verhaltensauffälligen und erziehungsschwierigen Kindern gearbeitet hat.

Die Ausgangssituation des auf ein Jahr befristeten Projektes war die Klärung der Fragen, ob das Konzept der Canepädagogik ...

- Kinder, die als verhaltensauffällig oder erziehungsschwierig bezeichnet werden, erreicht und ob diese über das Medium Hund zur notwendigen Zusammenarbeit motiviert werden können.

- wünschenswerte Verhaltensmodifikationen bei den Kindern initiieren und damit zu einer verbesserten sozialen Integration beitragen kann.

- als geeignete und notwendige Maßnahme der „Hilfe zur Erziehung" im Sinne des § 27 KJHG angesehen werden kann.

- eine sinnvolle Ergänzung des bestehenden Angebotes des SPZ sein kann.

Die Gruppe bestand aus drei Jungen im Alter von elf und zwölf Jahren, deren Schwierigkeiten, die zur Unterstützung durch das Jugendamt geführt haben, in der folgenden Tabelle, anhand der vorliegenden Aktenlage, kurz dargestellt werden.

Kind	Geburtstag (Alter)	Auffälligkeiten / Probleme	Hilfsangebot
A	09/88 (12 Jahre)	• soziale Verwahrlosung • delinquentes Verhalten • Aggressivität • Affektlabilität • Leistungsverweigerung • Autoritätsproblem	Canepädagogik + soziale Gruppenarbeit
B	03/90 (11 Jahre)	• Erziehungsschwierigkeiten • Lügen • Stehlen • Schulprobleme • Geschwisterrivalität	Erziehungsbeistandschaft + soziale Gruppenarbeit + Canepädagogik + Elternberatung
C	07/90 (11 Jahre)	• Aggressivität • Autoaggressivität • Hyperaktivität • Zerstörungswut • Konzentrationsstörungen • Asthma • Bettnässen	Erziehungsbeistandschaft + Canepädagogik + Elternberatung

8.1 Durchführung

Gemäß der Fallarbeitsstrukturen bekam das SPZ verschiedene Fallanfragen durch den Regionalen Sozialen Dienst (RSD). Bereits in den ersten sich anschließenden Fachgesprächen der Mitarbeiter des SPZ, die zur Erarbeitung eines möglichen Maßnahmenkonstruktes aus u. a.

- Erziehungsberatung
- sozialer Gruppenarbeit
- Erziehungsbeistandschaft

stattfanden, wurde auch die Möglichkeit einer canepädagogischen Förderung in Betracht gezogen. In den Fällen, in denen zu diesem frühen Zeitpunkt Canepädagogik als sinnvolle Maßnahme zur Unterstützung der jeweiligen Familie erschien, ist dem RSD das neue Konzept vorgestellt und angeboten worden.

Nach Rücksprache mit dem RSD hat dann ein erstes Kontaktgespräch mit den Familien und den zuständigen Mitarbeitern stattgefunden, in denen die unterschiedlichen Maßnahmen dargelegt und in Zusammenarbeit mit den Familien ein individuelles Hilfekonstrukt entwickelt wurde. Im Vorfeld der canepädagogischen Förderung wurde ein Schnuppertag mit den Kindern durchgeführt, an dem sie sich ein Bild von den Hunden, dem Ablauf und den Anforderungen dieser Maßnahme (wie z. B. Pünktlichkeit und Zuverlässigkeit) machen konnten. Nach positiver Resonanz dieses Schnuppertages entstand schließlich eine Kleinstgruppe, bestehend aus drei Jungen (s. o.).

Gleich zu Beginn der Maßnahme ist mit den Kindern der Sinn der canepädagogischen Förderung hinterfragt worden. Es wurde in Form eines Fragebogens reflektiert,

1. weshalb sie an dieser Gruppe teilnehmen,
2. wo sie ihre größten Probleme sehen und
3. was sie an ihrem Verhalten verändern wollen.

Dadurch wurde den Kindern deutlich, dass es bei der hundgestützten Freizeitgestaltung (s. folgende Tabelle: Intention) nicht nur um Spaß oder die Ausbildung eines Hundes, sondern - und vor allem - um die Veränderung ihres eigenen Erlebens und Verhaltens geht.

Der Ablauf der einzelnen Nachmittage hatte ein festes Grundgerüst, das auf der folgenden Seite kurz tabellarisch dargestellt wird.

8.1.1 Nachmittagsgestaltung

Ablauf	Intention
1. Hinfahrt: • Vorstellung der Nachmittagsplanung oder • gemeinsame Planung der Stunden (bedürfnis- u. situationsorientiert)	• Akzeptanz von Entscheidungen • Diskussion und gemeinsame Entscheidungsfindung

2. pädagogisch begleitete Freizeit der Kinder mit ihren Bezugshunden	• Beziehungsaufbau und Beziehungsgestaltung
	• Unterrichtung der Kinder
	  o im Umgang mit "ihrem" Hund
	  o im Gruppengeschehen
	• Sport und Spiel der Kinder mit dem Hund als Team
	• gemeinsame Entspannung
	• Übernahme von Verantwortung
	• Aufgabenerfüllung
	• Gestaltung von sozialer Interaktion

3. Protokoll über die Erlebnisse des Nachmittags anfertigen	• Forderungen, Erwartungen erfüllen • Abbau von Versagensängsten
4. Picknickzeit: gemeinsames Kochen und Essen eines kleinen Imbisses	• Förderung der Esskultur • Befolgen von Regeln • Suchen des gegenseitigen Dialogs
5. Rückfahrt: • "Blitzlicht" zur Reflexion des Tages • Vorschläge sammeln	• gegenseitiges Feedback • Kritik- und Teamfähigkeit steigern

Im Fokus der Kinder stand bei den Gruppenterminen natürlich die Freude und der Spaß am Umgang mit den jungen Hunden und ihre Ausbildung.

Nach der Phase des ersten Kennenlernens von Kindern und Hunden in vertrauter Umgebung der Hunde standen erste Ausflüge an. Für die Verbesserung der Leinenführigkeit und die Gewöhnung an den Straßenverkehr wurden mit den Hunden z. B. Spaziergänge durch den Ort zu verschiedenen ausgesuchten Zielen gemacht.

Neben der konkreten Erziehung der Hunde boten diese Situationen auch für die Kinder ein weites Feld neuer und elementarer Erfahrungen für ihre Entwicklung.

Kinder, die ihrer Umwelt sonst durch große Lautstärke, Angebereien oder verantwortungsloses Handeln auffallen, haben sich mit der natürlichen Unzulänglichkeit (keine Leinenführigkeit) und der Angst (z. B. vor lauten LKW) ihrer jungen Bezugshunde arrangieren müssen. Protzereien mit gut „funktionierenden" Hunden war mit ihren Junghunden (noch) nicht möglich und ihr Frust und die empfundene Blamage durch ihre noch "unfähigen" Hunde führte sie mehr als einmal an ihre persönlichen Grenzen.

Für die Kinder waren dies keine einfachen Spaziergänge, sondern stellten für sie eine große Herausforderung dar, da es fundamentale Punkte ihrer Verhaltensproblematik wie z. B. Versagensängste oder mangelnde Frustrationstoleranz berührte und sie nicht in gewohnter Weise (Wut, Vermeidung, Flucht) reagieren konnten bzw. wollten. Um ihre Bezugshunde nicht weiter zu verunsichern oder zu verschrecken, sondern ihnen stattdessen Vertrauen und den gewünschten Lernerfolg vermitteln zu können, war es nötig und den Kindern auch möglich, in diesen schwierigen Situationen den Hunden mit ruhigem, freundlichem und verantwortungsvollem Verhalten zu begegnen. Neben den deutlich sichtbaren Lernerfolgen der Hunde und dem wachsendem Band zwischen dem Kind und seinem Hund hatten die Kinder so immer wieder die Gelegenheit, sich in einer ihnen neuen, positiven Rolle als Erzieher und als akzeptiertes und vertrauenswürdiges Gruppenmitglied erleben zu können.

Dem canepädagogischen Ziel "Verbesserung des Selbstkonzeptes durch Entwicklung von sozialer und emotionaler Kompetenz" konnten sie auf diese Weise und durch solche Situationen immer ein Stückchen näher kommen.

8.1.2 Agility

Innerhalb der Sommerferien konnte das Stundenkontingent an canepädagogischer Betreuung auf zehn Wochenstunden erhöht werden, da die Kinder aufgrund der Ferien mehr freie Zeit zur Verfügung hatten. Neben dem Montag (jetzt 14.00 - 19.00 Uhr) wurde mit dem Donnerstag (9.00 - 14.00 Uhr) ein weiterer Gruppentag installiert.

Die Idee, mit den Kindern und ihren Hunden auf einer entsprechenden Platzanlage Agility (Sport mit dem Hund) auszuüben, zielte insbesondere auf die Verbesserung der physischen und psychischen Gesundheit ab. Während zunächst vorgesehen war, in dieser Kleinstgruppe das Training zu organisieren, ergab es sich, diese Gruppe in eine bereits lange bestehende Trainingsgemeinschaft von drei weiteren Hundebesitzern - zwei Mädchen im Alter von 13 und 16 Jahren und einer Frau von 35 Jahren - zu integrieren. Über das gemeinsame Hobby Hund kamen sie schnell und problemlos in Kontakt.

Größere Probleme ergaben sich jedoch mit dem Leistungsdruck, den sich die Jungen angesichts der gut ausgebildeten anderen Hunde selbst machten. Die Angst, sich vor den besseren Teams, insbesondere vor den Mädchen, zu blamieren, führte zunächst zur Leistungsverweigerung. Erst als die Jungen wiederholt sahen, wie häufig auch den erfahrenen Teams Fehler unterliefen und wie mit diesen dann umgegangen wurde, konnten sie sich überwinden, selber aktiv mitzumachen und sich und ihren Hunden zuzugestehen, auch Fehler machen zu dürfen.

Ein weiteres Phänomen, das gerade durch die Gruppenzusammenführung deutlich wurde, war die Veränderung der Umgangs- und Kommunikationsformen. Während sich in der Kleinstgruppe mit der Zeit ein ruhiger Umgangston etabliert hatte, fielen die Jungen gerade im Beisein der beiden Mädchen in ihr altes Rollen- und Kommunikationsverhalten zurück. Sie produzierten sich und fielen durch sehr lautes Sprechen, "coole" Sprüche und Angeberei wiederholt auf. Da sowohl die Hunde durch die Unruhe irritiert waren, als auch das Verhalten thematisiert wurde, konnte es aber schnell wieder abgebaut werden.

Bei dem notwendigen und anstrengenden Auf- und Abbau der Agilitygeräte beteiligten sich die Jungen hilfsbereit und sehr engagiert. Wenngleich es ihnen schwer fiel, sich von den Mädchen verschiedene Anweisungen und Tipps geben lassen zu müssen, fügten sie sich in die Gruppe ein. Obwohl die Kinder sich sowohl mit dem Leistungsdruck, den Frustrationen, ihrer Versagensangst als auch mit ihren zwischenmenschlichen Umgangsformen und Verhaltensmustern auseinander zu setzen hatten, nahmen sie an den Terminen sehr motiviert und zuverlässig teil. Die große Zeitkapazität von fünf Stunden führte nicht zu Langeweile oder Widerstand bei den Jungen, sondern ermöglichte eine entspannte und konstruktive Zusammenarbeit ohne Zeitdruck. Die angestrebte Verhaltensmodifikation der Kinder stand nur selten im direkten Fokus, sondern konnte indirekt über die Reaktionen der Hunde, den Umgang in der Gruppe, das Verhalten anderer "Modelle" und die gemeinsame Reflexion erfolgreich initiiert werden.

8.1.3 Zeltlager

Der Höhepunkt des Projektes war für die Kinder ein dreitägiges Zeltlager mit ihren Hunden auf einem Bauernhof im Münsterland.
Ziel dieses Zeltlagers war es zum einen, die Gruppen- und Beziehungsfähigkeit der Kinder zu trainieren und zum anderen, ihnen die (für sie sehr abstrakten) Werte wie Zuverlässigkeit, Verantwortung oder Ordnung durch den Umgang mit den Hunden und das intensive Gruppenerleben transparent zu machen.
Liest man die Auffälligkeiten und Probleme der Kinder (s. Tabelle), die zu der canepädagogischen Förderung geführt haben, fällt es schwer, sich eine harmonische Zeit mit zivilisierten Umgangsformen in dieser Gruppenkonstellation vorzustellen. Es war den Kindern in diesem Kontext aber sehr gut möglich, sich an verbindliche Regeln (z. B. Tischmanieren), ihre Pflichten (z. B. Versorgung der Hunde, Zeltauf- u. -abbau) und die gewünschten Umgangsformen (z. B. keine Schimpfwörter, keine Schreierei) zu halten. Wenngleich es zwischendurch auch Schwierigkeiten mit einzelnen Forderungen (z. B. Spülen, Zelt säubern etc.) gab, hat sich jedes der Kinder letztlich darauf eingelassen, ihnen zu entsprechen, und damit zum Gelingen der Freizeit aktiv beigetragen.
Die Hunde waren fester Bestandteil der Gruppe. Im Gegensatz zum Beginn der Maßnahme, wo Hunde und Kinder sich erst kennen lernen mussten, wusste nach drei Monaten jeder Hund, welches sein Bezugskind ist, wo er seine Streicheleinheiten und seine Le-

ckereien bekommen kann. Während die Kinder anfangs glaubten, ihre Hunde im scharfen Kommandoton rufen zu müssen und von diesen durch Ignoranz und Rückzug eines Besseren belehrt wurden, hatten sie sich über die Zeit sowohl untereinander als auch im Umgang mit den Hunden eine Tonlage und Lautstärke angewöhnt, die den Hunden genügend Vertrauen und Motivation gab, ihnen fröhlich und willig sowohl beim Reiten als auch zum Baden ins Wasser zu folgen.

Die Hunde motivierten zu einer sehr abwechslungsreichen Freizeitgestaltung mit gemeinsamen Fußballspielen, Schwimmen und Spaziergängen, so dass die übliche und auch freigestellte Beschäftigung mit dem Gameboy und den Handys von ganz alleine in den Hintergrund trat. Stundenlanges Toben mit den Vierbeinern wurde abgelöst durch entspanntes Sitzen am Lagerfeuer, mit schlafenden Hunden auf dem Schoß ihrer zufriedenen Bezugskinder.

Trotz eines festen Konstrukts aus Regeln, Forderungen und Pflichten, die sich aus dem Konzept ergaben und die Struktur des Zeltlagers festlegte, hatten die Kinder viel Entscheidungsspielraum. Was dies im konkreten Umgang, im alltäglichen Miteinander heißt, wurde gerade beim Zeltlager mit den Hunden deutlich: Herumliegende Sachen wie Socken oder Becher wurden von den Hunden begeistert verschleppt und führten zu langen und manchmal erfolglosen Suchaktionen der "genervten" Kinder. Nicht ordnungsgemäß verstaute Süßigkeiten wurden von den Hunden gefressen und so entstand zumindest für diese Bereiche eine gewissenhafte Ordnungsliebe.

8.2 Auswertung

Das Projekt wurde nach erfolgreicher Beendigung sowohl quantitativ als auch qualitativ ausgewertet, um zu einer Beantwortung der zugrundeliegenden Fragen, qualifiziert und nachprüfbar beitragen zu können.

8.2.1 Quantitative Auswertung

Terminanzahl	Termine	Kind A (Std.)	Kind B (Std.)	Kind C (Std.)	Gesamt
1	17.04.01		2		
(1)	18.04.01	2			
2	23.04.01	4	4		
(1)	24.04.01			2	
3	30.04.01	4	4	4	
4	07.05.01	4	4	4	
5	14.05.01	4	4	4	
6	21.05.01	4	4	4	
7	28.05.01	4	4	4	
8	05.06.01	4	4	4	
9	11.06.01	4	4	Ausrede	
10	18.06.01	4	4	4	
11	25.06.01	4	4	krank	
12	02.07.01	4	4	4	
13	09.07.01	5	Urlaub	5	
14	12.07.01	5	Urlaub	5	
15	16.07.01	5	Urlaub	5	
16	19.07.01	5	Urlaub	5	F
17	23.07.01	5	Urlaub	5	E
18	26.07.01	5	Urlaub	5	R
19	30.07.01	5	Urlaub	5	I
20	02.08.01	5	Urlaub	5	E
21	06.08.01	5	Urlaub	Urlaub	N
22	09.08.01	5	Urlaub	5	
23	13.08.01	5	Urlaub	5	
24	16.-18.08.01	50	50	50	

25	20.08.01	4	krank	4	
26	27.08.01	4	4	4	
27	03.09.01	4	4	Schule	
28	10.09.01	4	4	4	
29	17.09.01	4	Ausrede	Schule	
30	24.09.01	4	Ausrede	4	
31	15.10.01	4	Urlaub	Urlaub	Ferien
32	19.10.01	4	Urlaub	4	
33	22.10.01	4	4	4	
34	29.10.01	4	4	4	
35	05.11.01	4	4	Schule	
36	12.11.01	4	4	4	
37	19.11.01	unentschuldigt	4	Schule	
38	26.11.01	4	4	4	
39	03.12.01	4	4	Schule	
40	10.12.01	4	4	4	
41	17.12.01	4	4	Schule	
42	07.01.02	4	4	4	
43	14.01.02	4	4	Schule	
44	21.01.02	4	4	4	
45	28.01.02	4	Ausrede	4	
46	04.02.02	4	Ausrede	Schule	
47	18.02.02	5	Ausrede	5	
Summe der Stunden		240	156	191	587
„geschwänzt"		4	21	4	29
mögliche Stunden		244	177	195	616
Teilnahmequote		98 %	88 %	98 %	95 %

Auswertung der Tabelle:
Grundlage der canepädagogischen Förderung ist die Freiwilligkeit der Teilnahme an den Gruppenstunden. Diese begründet sich aus der Erkenntnis, dass eine konstruktive Zusammenarbeit mit den Kindern nicht erzwungen werden kann, sondern nur dann möglich

ist, wenn diese dazu motiviert und offen sind. Geltende Absprache war, dass die Termine pünktlich eingehalten oder aber rechtzeitig abgesagt werden. Nichterscheinen wurde nicht sanktioniert, sondern hätte bei häufigem Fehlen nur Anlass dazu gegeben, die Passgenauigkeit und/oder Notwendigkeit des Angebots in Frage zu stellen.

Die Auswertung der obigen Tabelle zeigt, dass eine durchschnittliche Teilnahmequote von 95 % bei 47 Terminen in zehn Monaten erreicht wurde. Eltern und Kinder hielten die Termine zuverlässig und pünktlich ein oder sagten im Falle von Krankheit bzw. anderen Terminen, mit nur einer Ausnahme (vgl. A), immer rechtzeitig ab.

Die Fehlquote von 5 % ergibt sich aus der Addition von unentschuldigtem Fernbleiben und den Terminen, die durch vorgeschobene Gründe (Ausrede) zwar rechtzeitig abgesagt, aber nachträglich von den Kindern als "geschwänzt" zugegeben wurden.

Diese niedrige Fehlquote zeigt zunächst die Motivation der Kinder, an den Nachmittagen teilzunehmen. Darüber hinaus wird aber auch die Wertschätzung der Maßnahme bei den Eltern deutlich, die die Termine nicht aus Gleichgültigkeit ausfallen ließen, sondern ihrerseits auf die Einhaltung insistiert haben. Gerade nach aufgetretenen Konflikten zwischen den Kindern untereinander oder als die Alternative "Freibad" der Anziehungskraft der Hunde entgegenstand, kam dies zum Tragen. Arzttermine, Lehrergespräche u.ä. legten die Eltern ihrerseits nach Möglichkeit so, dass diese nicht mit den Gruppenterminen kollidierten.

Daraus lässt sich schließen, dass nicht nur der Spaß bei den Kindern der alleinige Motivator war, sondern auch die Eltern Interesse daran hatten, den Einfluss der Canepädagogik auf ihre Kinder kontinuierlich zu gewährleisten.

Die folgende Grafik gibt Aufschluss darüber, wie viele der für die Kinder möglichen Termine von ihnen tatsächlich wahrgenommen wurden.

Zur Erklärung ist noch anzuführen, dass die Termine, die durch Urlaubsreisen, Krankheit oder durch schulische Veranstaltungen für die einzelnen Kinder nicht wahrnehmbar waren, abzogen worden sind, so dass sich für jedes Kind eine andere Anzahl an möglichen Terminen ergab.

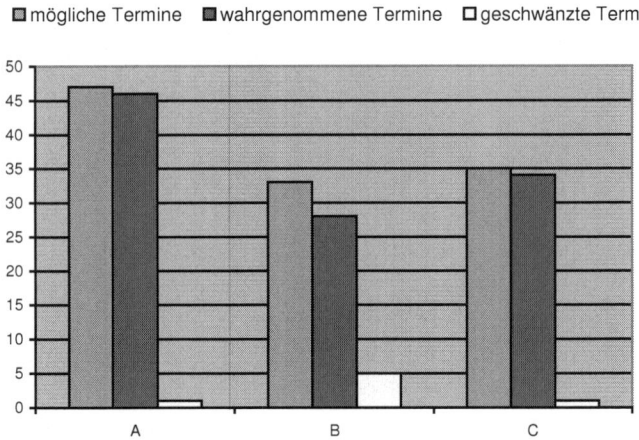

Abb. 5: Terminwahrnehmung im Projekt

Bereits seit Januar 2002 wurde überlegt, bei welchem Kind die Fortführung der Canepädagogik notwendig sein würde. Während die Fortführung der Maßnahme - in Absprache mit den Eltern, dem RSD und den weiteren Bezugspersonen - für die Kinder A und C auch nach Ablauf des Projektes angezeigt war, zeichnete sich bei B schon relativ früh ab, dass die Canepädagogik auslaufen würde. Nach Angaben der Mutter B hatte sich die familiäre Situation soweit stabilisiert, dass eine weitere Zusammenarbeit mit dem Jugendamt nicht erforderlich sein würde. Die Entscheidung des Jungen B, die letzten Termine wegen (angeblicher) Schularbeiten abzusagen, war also nicht der Grund für die Beendigung, sondern hat nur die geplante Beendigung vorgezogen.
Deutlich wird an diesem Beispiel, dass die angebotene Freiwilligkeit den Kindern den Raum ließ, die Termine wahrzunehmen oder nicht, und die Eltern, wenn sie den Bedarf sahen, dies in ihrem Sinne beeinflusst haben. Da die Mutter B zu diesem Zeitpunkt den Bedarf nicht mehr gesehen hat, hat sie gegenüber ihrem Sohn nicht weiter auf die Teilnahme bestanden.
Auch dieses stützt die These, dass die hohe Teilnahmequote während des Projektes nicht nur Ausdruck des Interesses der Kinder ist, sondern ebenso als ein Indikator für die positive Bewertung der Maßnahme durch die Eltern gesehen werden kann.

Abschließend kann man deshalb feststellen, dass die Liebe zum Hund zu großer Termintreue, Pünktlichkeit und zuverlässigem Erscheinen geführt hat und somit eine wichtige Ressource für die Kinder und die Förderung ihrer Entwicklung darstellt.

8.2.2 Qualitative Auswertung

Canepädagogik macht den Kindern Spaß! Zu diesem Schluss muss man kommen, sieht man sich die quantitative Auswertung des Projektes an. Bei einer Teilnahmequote von 95 % über einen so langen Zeitraum bei durchschnittlich 4,3 Wochenstunden wird deutlich, dass die Kinder sich von dem Konzept und dem Medium Hund angesprochen fühlen. Weder die hohe Termindichte noch die große Zeitintensität während des Projektes haben dazu geführt, dass das Interesse abnahm oder Termine vermehrt und leichtfertig abgesagt wurden.

Wie ist dies zu erklären und was genau macht den Spaß der Kinder bei der Canepädagogik aus? Wie wichtig ist Spaß für die angestrebte Veränderung des Verhaltensrepertoires oder ist er ein Anzeichen für unprofessionelle und/oder oberflächliche Arbeit, weil er die massiven Probleme der Kinder fälschlicherweise außer Acht lässt? Diese berechtigten Fragen gilt es im Folgenden zu beantworten.

Wichtige Aspekte, aus denen sich der Spaß für die Kinder bei der gemeinsamen Nachmittagsgestaltung mit den Hunden begründet hat, waren, dass sie

- von ihren Bezugshunden bedingungslos geliebt und vorbehaltlos akzeptiert wurden,
- von diesen immer fröhlich willkommen geheißen wurden, unabhängig davon, was sie vielleicht angestellt hatten,
- viel Anerkennung und Aufmerksamkeit erhielten, ohne dafür auffällig werden zu müssen,
- viel Nähe, Wärme und Zärtlichkeit erfahren konnten,
- in der Natur ausgelassen und bis zur Erschöpfung toben durften,
- über die Zeit viele kleine Erfolge mit den Hunden und in der Gruppe hatten,
- in eine Gruppe integriert waren, statt sich in der Rolle des Außenseiters zu befinden,

- aufregende Dinge erleben und zu Hause mitteilen konnten,
- eigene Stärken kennen lernen konnten, statt an ihren Schwächen gemessen und bewertet zu werden,
- Annahme und Vertrauen geschenkt bekamen, statt sich Misstrauen und Vorurteilen gegenüber zu sehen und
- kontinuierlich eine verlässliche und tragfähige Beziehung erfahren konnten.

Sieht man, was diesen Spaß und die Freude ausmacht, wird deutlich, dass er dazu dient, die gewünschten Verhaltensmodifikationen bei den Kindern intrinsisch einzuleiten. Der Spaß ist als (ein) Mittel zum Zweck zur angestrebten Entwicklung zu sehen.

Dass dies pädagogisch sinnvoll ist und allein aus diesem Spaß heraus ein positiver Einfluss auf das Kind, sein Befinden und Verhalten ausgeübt wird, mag klar sein. Er schafft Entlastung, verhilft zu einer entspannteren Grundstimmung, mehr Gelassenheit und damit zu einer höheren Lebensqualität, insbesondere im familiären Alltag.

Doch darüber hinaus führt die Liebe zum Hund und der Spaß an dieser Art der Nachmittagsgestaltung zu der notwendigen Motivation und erforderlichen Kraft, um an den oftmals massiven persönlichen, sozialen und emotionalen Schwierigkeiten arbeiten zu können, die diese Maßnahme letztlich erforderlich gemacht haben. Erst dadurch wird der beziehungs- und zeitintensive pädagogische Einfluss des Pädagogen und die Arbeit mit dem Kind an seinem Verhalten im Weiteren möglich. Der vordergründige Spaß an der Sache ist also nicht Ausdruck von Spielerei, sondern muss als geeignete und notwendige Grundlage angesehen werden, pädagogisch wirksam arbeiten zu können, da er das Kind in eine motivierte, engagierte Grundhaltung versetzt.

Canepädagogik lässt sich also nicht nur auf "gemeinsamen Spaß" reduzieren, sondern führt die Kinder - über die Hunde und die Gruppenarbeit - in vielen Situationen wie von selbst an ihre Grenzen, konfrontiert sie immer wieder mit ihren persönlichen, sozialen und emotionalen Problemen wie z. B. Versagensängste, mangelnde Frustrationstoleranz oder Leistungsverweigerung. Die Kinder erleben mit ihren jungen Hunden eine Vielzahl von kleinen Rückschlägen, müssen sich in ihrem Verhalten den Bedürfnissen und Fähigkeiten ihrer Hunde unterordnen, sich in ihrem Einfühlungsvermögen und in nonverbaler Kommunikation üben, um sich mit ihren Hunden erfolgreich zu verständigen.

Darüber hinaus hat Canepädagogik von den Kindern auch viele Dinge gefordert, die ihnen keinen Spaß machten, wie z. B.

- "Geschäfte" ihrer Hunde zu beseitigen,
- sich an "spießige" Tischmanieren zu gewöhnen,
- Protokolle über das Erlebte anzufertigen,
- im "Blitzlicht" den Nachmittag verbal und in der Gruppe zu reflektieren,
- Probleme zu diskutieren oder Absprachen zu treffen und
- sich adäquat zu artikulieren.

Durch die vielen Stunden der Kleinstgruppenarbeit war es möglich, die sozialen Umgangsformen und alternative Problemlösungsstrategien einzuüben, die Gruppenfähigkeit zu trainieren und den Umgang mit Anforderungen, Regeln und Strukturen zu verändern.

8.2.3 Resonanz der Bezugspersonen

Dass die canepädagogische Förderung spürbare Auswirkungen auf den Alltag der Kinder und deren Familien hat, zeigt die Resonanz der Kinder, der Eltern und anderer enger Bezugspersonen.

Nach zehn Monaten canepädagogischer Förderung sind deutliche Veränderungen im Verhalten der Kinder erkennbar gewesen. Die Resonanz bei Eltern, Lehrern und den Kindern selbst ist sehr positiv. Bei allen Jungen hat sich eine merkliche Entspannung der familiären Situation eingestellt. Das Zitat des Vaters A beim letzten Hausbesuch belegt dies eindrucksvoll. "Früher rief jeden Tag jemand an, um sich über unseren Sohn zu beschweren, jetzt ist Ruhe. Diese Ruhe ist schon fast unheimlich."

Während A zu Beginn der Maßnahme auch für die soziale Gruppenarbeit des SPZ aufgrund seiner Aggressivität und Lautstärke nicht tragbar war, konnte er nach drei Monaten dort erfolgreich integriert werden. Auch die anschließend angestrebte Einbindung in eine Tagesgruppe konnte weitgehend problemlos erfolgen.

Die Mutter von C berichtete, dass die Autoaggressivität, das nächtliche Einnässen und die Zerstörungswut ihres Sohnes merklich zurückgegangen sind. Die Konzentrationsstörungen und die (soge-

nannte) Hyperaktivität waren zwar nach wie vor vorhanden, lassen aber nun eine wesentlich bessere schulische Leistungsfähigkeit zu. Auch die Lehrer bemerken, wenngleich immer wieder auch Schwankungen spürbar sind, eine positive Veränderung.
Die Aggressivität und die Prügeleien sind bei A und C deutlich zurückgegangen, die Jungen wurden von ihren Eltern als ausgeglichener und nicht mehr so leicht provozierbar beschrieben. Die Jungen selbst berichteten immer häufiger und stolz von kleinen persönlichen Erfolgen, von Situationen, in denen sie sich nicht geprügelt haben und wurden durch die Aussagen ihrer Lehrer darin bestätigt.
Sie haben entweder gelernt, mit ihrer Wut, mit möglichem Frust und auftretenden Anforderungen besser umzugehen und/oder befinden sich in einer psychisch stabileren Gemütslage, um die für sie kritischen Situationen nun besser auszuhalten.

8.3 Elternarbeit

Durch die Auswertung des Projektes wurde auch sehr deutlich, dass neben der tiergestützten Gruppenarbeit die systemische Eltern- bzw. Familienberatung für die Verbesserung der familiären Situation von entscheidender Bedeutung war. Erst durch die Kombination dieser beiden Bausteine (vgl. dazu Kap. 1.3), die sich bereits aus dem heilpädagogischen Ansatz – nämlich nicht nur die Kinder erziehen zu wollen, sondern sich auch um die Gestaltung der Umwelt kümmern zu müssen – konnte das Projekt erfolgreich umgesetzt werden.
Nähre Ausführungen und die Hintergründe zur Bedeutung der Elternarbeit finden sich in Kapitel 12.1 wieder.

Die Elterngespräche, die die elterlichen Anteile an der familiären Situation und den Verhaltensauffälligkeiten ihrer Kinder thematisieren, waren für den nachhaltigen Erfolg in den drei Familien des Projektes unabdingbar.
Gerade im Hinblick auf den Jungen B, der durch seine vielen Heimlichkeiten auffiel, wird dies besonders deutlich. Durch die Stärkung des Selbstvertrauens des Jungen, der in allen außerfamiliären Situationen unauffällig, freundlich und zuvorkommend auftrat, versuchte er nun innerhalb der Familie seine Standpunkte, Bedürfnis-

se und Ansprüche gegenüber seinen Eltern offener zu vertreten, so dass diese zeitweise sogar von einer akuten Verschlechterung der häuslichen Situation seit Beginn der Maßnahme sprachen. Aufgrund von mangelndem Engagement der Eltern zur Mitarbeit an den Elterngesprächen konnte dies nicht aufgefangen werden. Aber auch an diesem scheinbaren Misserfolg wird deutlich, dass Canepädagogik Veränderungen im Verhalten und Erleben des Kindes bewirken kann.

Auch bei Familie C war die Elternarbeit ein wichtiger Faktor, in der insbesondere die schwierige Mutter-Kind-Beziehung thematisiert wurde. Sie wurde im Zuge der canepädagogischen Förderung durch die größere Ausgeglichenheit ihres Sohnes und die merklichen Verhaltensänderung positiv unterstützt. Darüber hinaus ermöglichte der Mitteilungsbedarf des Jungen über die Erlebnisse mit dem Hund eine neue und unbelastete Verbindung zwischen Mutter und Sohn und verhalf der Mutter so zu weiterer Motivation und Kraft, die bisher sehr belastete Beziehung zum Sohn erfolgreich aufzuarbeiten und - für beide Seiten spürbar - zu verbessern.

Diese Erkenntnisse haben das Konzept in soweit bestärkt, dass fortan die Gruppenarbeit grundsätzlich nur in Verbindung mit Elternarbeit angeboten wurde, was sich in der sich anschließenden Praxistätigkeit mehr als bewährt hat.

8.4 Reflexion

Bei der Beurteilung des Projektes sollen die - dem Projekt zugrundeliegenden Fragen (s. o.) - abschließend beantwortet werden.

Die Frage, ob die Kinder innerhalb dieses Projektes durch das Medium Hund erreicht werden und damit zur notwendigen pädagogischen Zusammenarbeit motiviert werden konnten, ist anhand der quantitativen Auswertung dieses Projektes mit einem eindeutigen Ja zu beantworten.

Ebenso konnten bei allen Kindern Verhaltensveränderungen festgestellt werden, die direkt oder auch indirekt über die erfolgreich verlaufende Elternarbeit mit der Canepädagogik in Verbindung stehen. Sie hat bei allen drei Familien dazu beigetragen, dass von einer wesentlich verbesserten familiären Situation gesprochen werden kann. Die Lebensqualität hat sich nach den Aussagen der

Eltern und der Kinder, zur Freude aller, merklich verbessert. Der angestrebte Transfer der Gruppenerfahrungen in den Alltag der Kinder hat nach ihren Aussagen stattgefunden.

Anhand dieser Ergebnisse und Erfahrungen wurde die Frage, ob Canepädagogik als geeignete und notwendige Maßnahme der "Hilfe zur Erziehung" angesehen werden kann vom Jugendamt Hagen positiv beantwortet.
Sie ist *geeignet*, um mit Kindern, die eine Vorliebe für Hunde haben, in Kontakt zu treten, sie zu binden und zur Zusammenarbeit zu motivieren. Sie wird genau dann *notwendig*, wenn andere Zugänge zum Kind nicht erkennbar oder (noch) nicht möglich sind. Ähnlich wie eine medikamentöse Behandlung manche hyperaktive Kinder erst therapierbar macht, kann es mit Hilfe der Hunde gelingen, verhaltensauffällig gewordene Kinder wieder

- erziehbar,
- beziehungsfähig und
- integrationswillig

zu machen. Canepädagogik ist eine konstruktive pädagogische Förderung und kann somit Ausgangspunkt für weitere notwendige Maßnahmen (z. B. Einbindung in Vereine etc.) für sonst schwer zugängliche Kinder sein.
Deshalb kann sie auch als eine sinnvolle Ergänzung zu den bestehenden pädagogischen Gruppenangeboten gesehen werden. Sie bietet die Möglichkeit, in einer Kleinstgruppe intensiv mit den Kindern zu arbeiten, die in einer größeren Gruppe noch nicht tragbar sind oder sich von anderen angebotenen Inhalten (noch) nicht angesprochen fühlen.

9 Canepädagogik in der ambulanten Jugendhilfe

9.1 Gesetzliche Grundlage

Aufgrund der guten Erfahrungen und Ergebnisse des Projektes im Sozialpädgogischen Zentrums der Stadt Hagen ist für die Canepädagogik die Zulassung als Jugendhilfemaßnahme beantragt und sowohl vom Jugendamt Hagen wie auch vom Jugendamt Dortmund – nach eingehender Kostenprüfung – zuerkannt worden.
Eine Förderung verhaltensauffälliger Kinder ist somit, je nach Indikation, entweder im Rahmen von § 27 KJHG als „Hilfe zur Erziehung" oder aber auch gem. § 35a KJHG für „seelisch behinderte oder von seelischer Behinderung bedrohter Kinder und Jugendlicher" jeweils in Verbindung mit § 29 KJHG der „Sozialen Gruppenarbeit" möglich und wird über das Jugendamt finanziert.
Sie ist in das Hilfeplanverfahren des Jugendamtes eingebunden, wonach in Absprache zwischen dem Jugendamt, der Familie und dem Helfersystem die zu erreichenden Ziele gemeinsam ausgearbeitet und festgeschrieben werden. Dieser Hilfeplan – der in der Regel für einen Zeitraum von sechs Monaten gilt – wird von allen Beteiligten unterschrieben und bildet so die verbindliche Grundlage der weiteren Zusammenarbeit.

9.2 Zugangsweg

Der Zugang zur canepädagogischen Förderung erfolgt in der Regel über das Jugendamt, das den hilfesuchenden Familien als erster Ansprechpartner und Leistungsanbieter zur Verfügung steht.
Den Familien werden nach der fachlichen Einschätzung des Jugendsamts mögliche Wege und Hilfsangebote aufgezeigt, die geeignet und notwendig erscheinen, die gewünschten Ziele der Familie zu erreichen, wobei die Canepädagogik eine dieser möglichen Jugendhilfemaßnahmen ist.

Auch der umgekehrte Weg, dass Eltern, die über das Internet auf die Canepädagogik aufmerksam geworden sind, mit dem konkreten Wunsch nach canepädagogischer Förderung zum Jugendamt gehen, ist möglich. Hier zeigt sich jedoch, dass die Aussicht auf Erfolg dabei sehr von der Durchsetzungskraft der Eltern, dem zuständigen Jugendamt wie auch vom bearbeitenden Sachbearbeiter und seiner persönlichen Haltung zur tiergestützten Arbeit abhängt. Inwieweit die Eltern bei einer etwaigen Ablehnung ihres Anliegens bereit und in der Lage sind, die Maßnahme als „Selbstzahler" aus eigner Tasche zu finanzieren, ist höchst unterschiedlich.

9.3 Gruppenzusammensetzung

Die Gruppenzusammensetzung ergibt sich kontinuierlich aus der Nachfrage, so dass frei gewordene Plätze nach Eingang der Nachfrage bzw. Dringlichkeit und unabhängig von Alter, Geschlecht oder Indikation belegt werden. So entsteht immer ein „bunte" Mischung, die der Lebenswelt der Kinder entsprechend besondere Herausforderung und Chancen für sie bereit hält. Eine Gruppenzusammenstellung aufgrund bestimmter Indikationen oder eine Einteilung nach Alter oder Geschlecht erfolgt somit nicht.

Dies ermöglicht den Kindern ein weites Spektrum unterschiedlicher Verhaltensweisen kennen zu lernen und gleichermaßen miteinander wie voneinander zu lernen. Die oftmals daraus resultierende Erkenntnis der verhaltensauffälligen Kinder, dass „anders sein" nicht automatisch gleichbedeutend mit „besser oder schlechter sein" ist, trägt in vielen Momenten wesentlich zu mentaler Entlastung der Kinder bei. Sie eröffnet jedem einzelnen Kind so die Möglichkeit, sich selbst in einigen Gruppensituationen als Vorbild oder Modell in der Interaktion mit den anderen erfahren zu können und damit erfolgreich an seinem Selbstbild bzw. Selbstwertgefühl zu arbeiten.

9.4 Durchführung

Entsprechend der guten Erfahrungen aus dem Projekt (vgl. dazu Kap. 8), erfolgt Canepädagogik weiterhin nach dem in Teil I entwickelten Konzept, das sich zusammengefasst auf Seite 77 wiederfindet.

Grundsätzlich erfolgt eine canepädagogische Förderung der Kinder nur in Verbindung mit begleitender Eltern- bzw. Familienarbeit, um sowohl dem systemischen Ansatz des Konzeptes wie auch den zugrundliegenden Erfahrungen in Bezug auf die Bedeutung der Elternarbeit konsequent Rechnung zu tragen.

Die Nachmittagsgestaltung erfolgt im Rahmen der ambulanten Jugendhilfe nach dem Grundgerüst, das auch dem Projekt zugrunde gelegen hat und zusammengefasst in Kapitel 8.1.1 auf Seite 96 dargestellt ist. Dabei werden je nach Gruppenzusammenstellung, Indikationen und Zielsetzungen der Kinder verschiedene Schwerpunkte im Gruppenablauf gesetzt, um flexibel auf die individuellen Lernaufgaben und Entwicklungen reagieren zu können.

Wichtig ist dabei festzuhalten, dass neben dem festen und strukturgebenden Rahmen viele Entscheidungen über den konkreten Ablauf innerhalb der Gruppe nach gemeinsamer Entscheidungsfindung unter den Kindern fallen, da nur dies dem Anspruch nach „Steigerung des Selbstvertrauens und Selbstbewusstseins" gerecht werden kann. In einem System, in dem es für die Kinder keine Entscheidungsspielräume und keine Mitsprachemöglichkeiten gibt, ist es schwerlich möglich, Kommunikationsfähigkeiten zu verbessern, Frustrationstoleranz aufzubauen, soziale Verantwortung zu erlernen oder auch selbstbewusstes Auftreten und Durchsetzungsvermögen zu trainieren.

9.5 Hundeauswahl

Die Auswahl der Hunde ist ein gleichermaßen schwieriger wie wichtiger Prozess, der kaum pauschal dargestellt werden kann. Auch wenn es etliche Ausnahmen gibt, ist die Entscheidungshilfe, den Kindern einen ihrem Naturell entgegengesetzten Hund an die Hand zu geben, sehr häufig von Erfolg gekrönt gewesen.

Dies bedeutet zum Beispiel, dass die besonders wilden Kinder in der Regel einen ruhigen Bezugshund an die Hand bekommen, der sie vielmehr zur Ruhe, Vorsicht und Rücksichtnahme „zwingt" als dies ein wilder und sehr ausgelassener Hund tun würde. Während die zurückhaltenden Tiere die Kinder zur Achtsamkeit, Aufmerksamkeit und viel Empathie erziehen, würde ein wilder und ausgelassener Welpe sie eher dazu motivieren, noch mehr „aufzudrehen" und so für beide einen Kreislauf in die falsche Richtung in Gang setzen.

Für die stillen Kinder dagegen bietet der ausgelassene Junghund die Chance, etwas mehr aus sich heraus zugehen, da diese Hunde von den Kinder mehr Präsenz verlangen, um mit ihnen erfolgreich in Kontakt treten zu können. Würde ein ruhiges und in sich gekehrtes Kind einen zurückhaltenden und vorsichtigen Hund als Bezugshund bekommen, liegt es nahe, dass das bisherige Verhaltensmuster weiter verstärkt wird und so den Entwicklungsaufgaben kontraproduktiv entgegen steht.

Ähnlich wird auch im Hinblick auf das Alter der Tiere verfahren. Wenn das Kind von seinem Alter und Entwicklungsstand noch sehr jung und unreif ist, hat es sich bewährt, einen etwas älteren und vernünftigeren Hund als Bezugshund auszuwählen, der dem Kind die Chance bietet, sich trotz seines jungen Alters erfolgreich als Hundeführer behaupten zu können und nicht an dem ausgelassenen Verhalten eines wilden Junghundes zu scheitern.

Dabei hat sich herausgestellt, dass das Alter der Hunde für die Kinder insgesamt nur von sehr untergeordneter Bedeutung ist und ein Welpen für die Kinder „wider Erwarten" nicht immer die erste Wahl ist. Vielmehr als das Alter ist die besondere „Chemie" zwischen Kind und Hund von entscheidender Bedeutung, die den zuvor dargestellten Grundgedanken das eine oder andere Mal einen Strich durch die Rechnung gemacht hat und letztlich zu einer anderen als der geplanten Hundeverteilung geführt hat.

TEIL III AUSWERTUNG

Die Praxis für Canepädagogik blickt nun auf zehn Jahre tiergestützter Förderung verhaltensauffälliger Kinder und Jugendlicher zurück. Dies ist der Anlass das zuvor theoretisch hergeleitete, heilpädagogisch orientierte Handlungskonzept und die im Projekt gemachten Erfahrungen aufgrund der fundierten Praxiserfahrung kritisch zu hinterfragen und in einem wesentlich größeren Rahmen zu evaluieren. Dies soll das Thema dieses Kapitels sein, das sich zunächst auf die statistische Auswertung der Belegung der Gruppe fokussiert, dann weitere detaillierte Analysen vornimmt.

10 Belegungsanalyse

Das Gruppenangebot der Canepädagogik beschränkte sich im ersten Jahr (2001) – im Rahmen der Projektphase – auf eine Gruppe mit drei Kindern und wurde im Anschluss an die Beendigung des erfolgreichen Projektes für fünf Jahre auf zwei Gruppen mit jeweils vier Plätzen aufgestockt. Ab Sommer 2006 wurde das Angebot wieder auf eine Gruppe mit nunmehr vier Plätzen reduziert.

Mit Installierung des tiergestützten Gruppenangebotes haben seit April 2001 insgesamt 51 Kinder und Jugendliche aus 46 Familien die Gruppe der Canepädagogik besucht, wobei bei fünf Familien jeweils beide Geschwisterkinder in der Canepädagogik Unterstützung fanden. Die zugrunde liegenden Ursachen und Beweggründe für diese Jugendhilfemaßnahme sind dabei genauso unterschiedlich und vielfältig wie die Kinder und ihre Familien.
Einige Indikatoren, die die Hilfe für die Kinder und ihre Familien erforderlich gemacht haben, waren u. a.

- ADS/ADHS-Diagnosen
- übermäßige und belastende Geschwisterrivalitäten
- nachhaltige Essstörungen (Adipositas)
- massive Schulschwierigkeiten/Schulverweigerung
- erhebliche Aggressionen und/oder Autoaggressionen
- depressive Verstimmungen
- fortschreitende soziale Isolation (Mobbing, Klassenclown)

- erhebliche Wahrnehmungsstörungen und/oder Entwicklungsverzögerungen
- (unerkannte) Hochbegabung oder Lernbehinderung
- mutistisches Verhalten
- missglückte Trauma-, Trauer- und Verlustbewältigung
- nachwirkende Missbrauchs- und Gewalterfahrungen
- fortschreitende Delinquenz
- drohende soziale Verwahrlosung

In jedem Fall zeigten die Kinder in ihren Familien und/oder im sozialen Kontext Verhaltensweisen, die sowohl Eltern, Lehrern als auch dem Jugendamt erheblichen Anlass zur Sorge gaben und zwingend pädagogische Interventionen notwendig machten.

Die familiären Hintergründe dieser Kinder waren ebenfalls sehr heterogen. Dabei kamen die Kinder sowohl aus verschiedenen

- Familienstrukturen wie z. B.
  - dem klassisches Mutter-Vater-Kind-Familiensystem,
  - aus akuten Trennungs- bzw. Scheidungssituationen,
  - aus gewachsenen Patchwork-Familien,
  - von alleinerziehenden/verwitweten Eltern oder auch
  - aus Pflegefamilien.
- sozialen und wirtschaftlichen Hintergründen wie z. B.
  - aus Beamten- und/oder Doppelverdienerhaushalten,
  - aus Hartz IV-Empfänger-Haushalten,
  - Arbeiter- oder Angestelltenhaushalten,
  - Haushalten mit Migrationshintergrund oder
  - Suchtfamilien (Alkohol, Spiel, Medikamente).
- religösen Glaubensrichtungen wie z. B.
  - Christentum,
  - Muslime unterschiedlichster Ausprägung und
  - Zeugen Jehovas.

Der gemeinsame Nenner dieser Kinder und ihrer Familien war, dass sie sich vom Medium Hund angesprochen fühlten und sich auf die Maßnahme der Canepädagogik einlassen wollten. Ziel dabei war jeweils, die Entwicklung des Kindes zu fördern, die familiäre Situation zu entspannen und beides nachhaltig zu verbessern.

Bei der nun anstehenden statistischen Auswertung wird als erstes die Analyse der Belegung der Canepädagogik im Mittelpunkt stehen und sich der Frage stellen: „Wie viele Jungen bzw. Mädchen in welchem Alter haben die Gruppe für wie lange und mit welchem Erfolg besucht?"
Darüber hinaus ist auch von großem Interesse, wie viele der installierten Maßnahmen tatsächlich gegriffen und zur Mitarbeit motiviert haben bzw. wie viele Hilfen und aus welchen Gründen vorzeitig beendet wurden. Auch die Abbruchquote und die Quote der ordentlich beendeten Hilfen sind in diesem Zusammenhang ein wichtiger Aspekt dieser Auswertung.

Alle Aufstellungen und Auswertungen sind aufgrund des vorliegenden Datenmaterials, wie der zugrundeliegenden Hilfepläne und die durchgängig geführten Teilnahmelisten, angefertigt worden.

10.1 Geschlechterverteilung

Betrachtet man die Geschlechterverteilung bei der Canepädagogik über den gesamten Zeitraum, so ist festzustellen, dass von den 51 Kindern, die die Maßnahme bisher besucht haben, 15 Kinder weiblich und 36 männlich waren. Dies macht deutlich, dass mehr als doppelt so viele Jungen wie Mädchen bislang das Angebot wahrgenommen haben.

Belegungsverteilung nach Geschlecht in Prozent

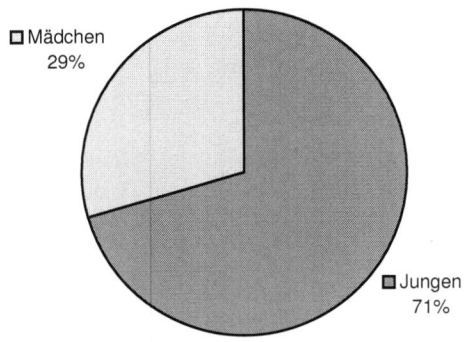

Abb. 6: Belegungsverteilung

Während die Quote für die Canepädagogik ganz exakt ermittelt werden kann, ist eine exakte Aussage über die zugrundeliegenden Ursachen dafür - also wie es zu dieser deutlichen Dominanz der Jungen kommt - an dieser Stelle nicht zu treffen. Festgestellt wird hier lediglich, dass sich dieses Ergebnis nahtlos in eine Reihe anderer Studienergebnisse einreiht, die das gleiche Phänomen feststellen. Dies gesondert zu eruieren, stellt allerdings einen neuen

Analyseansatz dar, der zwar gesellschaftlich und soziologisch bedeutsam erscheint, hier für die Auswertung der Canepädagogik aber nur von untergeordneter Bedeutung ist.

10.2 Altersverteilung

Für die Betrachtung der Canepädagogik ist dagegen als nächstes die Altersverteilung der Gruppenkinder von weiterem Interesse. Dabei wird immer auf das Alter der Kinder zu Beginn der Maßnahme Bezug genommen.

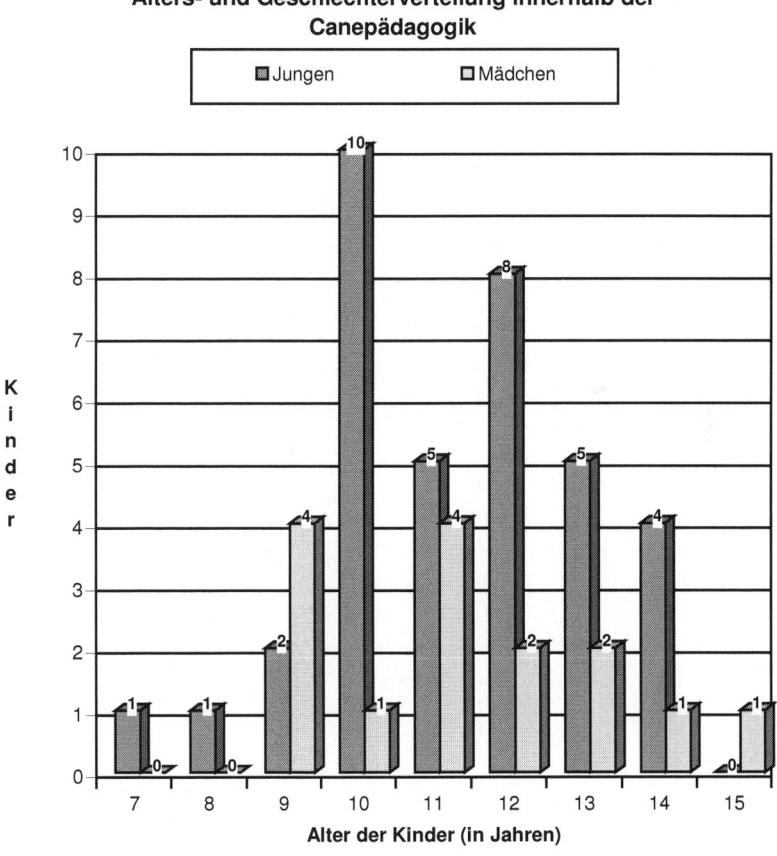

Abb. 7: Alters- und Geschlechterverteilung

An der vorstehenden Grafik wird als erstes deutlich, dass die Jungen in fast jedem Alter häufiger vertreten sind, was allerdings in Hinblick auf die zuvor festgestellte zahlenmäßige Dominanz dieser nicht weiter verwunderlich erscheint. Lediglich im Alter von neun Jahren sind mehr Mädchen als Jungen – und zwar doppelt so viele – in der Canepädagogik vertreten gewesen.

Zudem wird sichtbar, dass die jüngsten Kinder, die bisher die Canepädagogik (im Alter von sieben bzw. acht Jahren) besucht haben, ausschließlich Jungen waren, während das älteste Kind ein Mädchen gewesen ist, das die Gruppe erst mit fünfzehn Jahren aufgesucht hat. Auch dieses spiegelt eine gesellschaftlich bereits bekannte Tendenz wider, dass in der Regel die Jungen nicht nur häufiger, sondern auch früher auffälliges Verhalten zeigen, während Mädchen sich tendenziell eher zurück ziehen und erst im weiteren Verlauf ihrer Entwicklung, insbesondere mit Beginn der Pubertät, mit ihrem Verhalten auffallen.

Für die Jungen wird dies nicht zuletzt mit der nur sehr geringen Anzahl an männlichen Erziehern und Lehren in Kindergarten bzw. Schule in Verbindung gebracht, wodurch ihnen die adäquaten Modelle in ihrer Rollenentwicklung fehlen. Dieses Phänomen wird häufig noch durch eine wachsende Anzahl alleinerziehender Mütter unterstützt, wodurch den Jungen auch in der Familie die männliche Identifikationsfigur mitunter dauerhaft fehlt.

Mit dieser Feststellung geht es hier keinesfalls um Schuldzuweisungen oder Verurteilungen, sondern lediglich um das Aufzeigen gesellschaftlicher Gegebenheiten, die nichtsdestotrotz Einfluss auf die Entwicklung von Kindern zu scheinen haben.

Ferner wird deutlich, dass im Alter von zehn Jahren - mit insgesamt elf Kindern - die meisten Hilfen installiert worden sind. Auch das Verhältnis von zehn Jungen zu einem Mädchen ist in dieser Altersstufe durchaus bemerkenswert und lässt weitere Untersuchungen über mögliche gesellschaftliche oder soziologische Ursachen sinnvoll erscheinen. Diese würden hier jedoch ebenfalls den Rahmen der Auswertung sprengen.

Ob und inwieweit die Schule bzw. der Schulwechsel auf die weiterführende Schule, der in diesem Zeitraum in der Regel ansteht, dafür mit verantwortlich ist, kann und soll hier nicht abschließend beurteilt werden. Allerdings ist der Problembereich „Schulschwierigkeiten" - auch unabhängig vom Alter betrachtet - als eine sehr häufige Indikation zur Installierung pädagogischer Maßnahmen zu sehen, so dass eine Verbindung nahe liegt.

10.3 Belegungsentwicklung

Interessant ist auch die Frage, ob sich die Belegungsentwicklung von Jungen und Mädchen im Laufe der Jahre verändert hat oder ob nach wie vor die Plätze von Jungen häufiger nachgefragt werden als von Mädchen.
Anhand der folgenden Grafik wird deutlich, dass die Belegung durch Jungen seit 2006 - nicht zuletzt auch durch die Reduzierung des Gruppenangebotes - rückläufig ist und in 2009 und 2010 keine Jungen mehr das Gruppenangebot in Anspruch genommen haben.

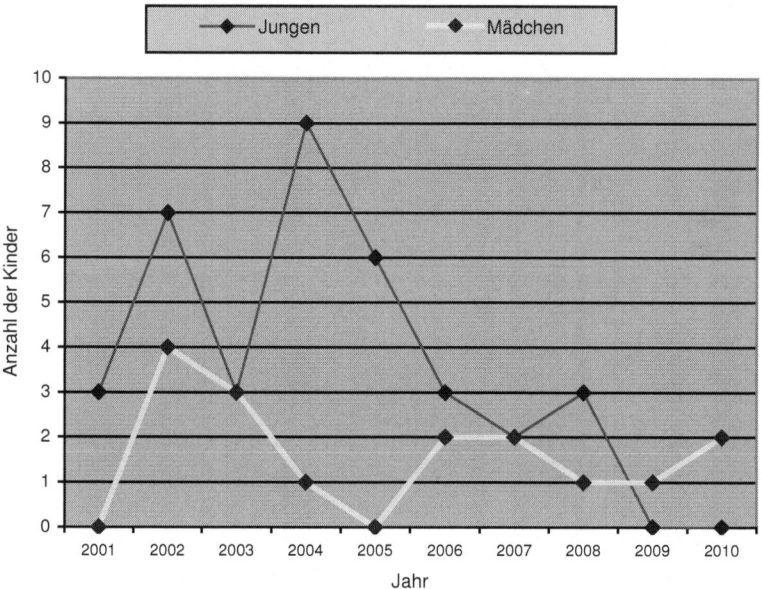

Abb. 8: Belegungsentwicklung

Die Nachfrage nach canepädagogischer Förderung von Mädchen beläuft sich dagegen seit 2004 - wie zuvor gesehen - auf einem niedrigeren aber relativ konstanten Niveau. Über die exakten Gründe dafür kann letztlich nur spekuliert werden, doch als ein mitentscheidender Faktor dafür ist sicherlich die Einführung der offenen Ganztagsschule (OGS) und deren positive Auswirkungen auf die Kinder - insbesondere auf die Jungen - und ihre Familien anzusehen. Die Kinder, die früher im Nachmittagsbereich kaum Begleitung und Aufsicht hatten, werden jetzt bis 16.00 Uhr innerhalb der Schulen von geschultem Personal pädagogisch betreut und in ihrer Freizeit begleitet.
Dies führt dazu, dass durch die nachmittägliche Hausaufgabenbetreuung sowohl die schulischen Leistungen kontinuierlich unterstützt werden als auch die Gefahr des „Langeweile-Unfugs" durch die begleitete Freizeitbetreuung reduziert wird. Beides trägt in erheblichem Maße zur Entlastung der Familien bei und reduziert so auch den Druck, sich weitere Hilfe von außen holen zu müssen.
Dass dieses Phänomen insbesondere bei den Jungen greift, resultiert allein schon daraus, dass Mädchen insgesamt seltener offensichtlich auffällig werden (s. o.). Dadurch kann eine so signifikante Reduzierung bei den Mädchen durch die OGS offenbar nicht erreicht werden.
Zudem ist durch die Verbesserung der kommunalen Betreuungssituation der Stadt Hagen und durch die Installierung weiterer städtischer Jugendhilfeeinrichtungen eine Verschiebung zur Belegung der „eigenen" Hilfsangebote erfolgt. Dies trägt für das Jugendamt neben der gewünschten Steigerung der Auslastung der eigenen, städtischen Betriebe nicht zuletzt auch zur Senkung der Kosten für externe Hilfen bei, was bei den leeren Haushaltskassen der Kommunen natürlich eine wesentliche Rolle spielt.

Die Frage, ob Canepädagogik ihre Kosten rechtfertigen und weiterhin ihren Status als eine anerkannte Jugendhilfemaßnahme aufrecht erhalten kann, ist sicherlich auch vor diesem Hintergrund von entscheidender Bedeutung. Dies macht die Auswertung der zehnjährigen Praxistätigkeit neben einem rein wissenschaftlichen Interesse sicherlich auch im Rahmen der Qualitätssicherung zwingend notwendig.

10.4 Durchschnittsalter

In diesem Abschnitt soll das durchschnittliche Einstiegsalter der Kinder im Fokus stehen, um herauszufinden, inwieweit und vor allem welchen Einfluss konkret das Alter der Kinder auf den

- Verlauf,
- den Erfolg und die
- durchschnittliche Dauer

der tiergestützten Förderung hat.

Dafür ist das Durchschnittsalter aller Kinder, die die Canepädagogik bisher besucht haben, sowohl insgesamt als auch nach Geschlechtern getrennt, über die Bildung des arithmetischen Mittels ermittelt worden. Auch der Median, der aufgrund seiner Toleranz gegenüber Ausreißerwerten als stabiler Mittelwert bezeichnet wird, ist zur Beurteilung mit aufgeführt worden. Die Ergebnisse werden in der folgenden Tabelle zusammengefasst dargestellt.

Durchschnittsalter (in Jahren)	Jungen	Mädchen	Insgesamt
	Median / Mittelw.	Median / Mittelw.	Median / Mittelw.
aller Hilfen (H.)	11,6 / 11,6	11,3 / 11,5	11,5 / 11,6
ordentlich beendeter H.	11,5 / 11,5	10,5 / 10,7	11,0 / 11,4
vorzeitig abgebrochener H.	13,0 / 12,3	13,5 / 13,2	13,3 / 12,8

Dabei ist festzustellen, dass das Durchschnittsalter der 15 Mädchen (11,5 J.) und 36 Jungen (11,6 J.) nahezu identisch ist und auch die jeweils ermittelten Werte für den Median nur bei den Mädchen eine Abweichung von 0,2 aufweisen. Betrachtet man das Durchschnittsalter für Jungen und Mädchen zusammen – also den Mittelwert aller 51 Maßnahmen – liegt dieser gleichfalls bei 11,6 Jahren und auch hier weicht der Median (11,5) nur marginal ab. Dies deutet darauf hin, dass die sich ergebenden Mittelwerte bei der Betrachtung aller Hilfen als recht stabil anzusehen sind.

Diese Ergebnisse würden jedoch ohne weitere Analyse keine Aussage darüber zulassen, ob das errechnete Durchschnittsalter auch tatsächlich ein sinnvolles Alter für die Installierung einer Hilfe ist oder ob es - statistisch begründet - günstigere bzw. auch ungünstigere Zeitpunkte in der Entwicklung der Kinder gibt. Da dies aber gerade auch im Hinblick für zukünftige Entscheidungen zur Installierung weiterer Hilfen von Bedeutung ist, wird dieser Frage nun nachgegangen, in dem die Unterteilung in ordentlich beendete bzw. vorzeitig abgebrochene Maßnahmen vorgenommen wird.

Anhand der vorstehenden Tabelle wird bereits deutlich, dass die jeweils ermittelten Durchschnittswerte des Alters für die frühzeitig abgebrochenen Maßnahmen in allen Spalten signifikant höher liegen, als bei der Betrachtung der ordentlich beendeten Maßnahmen bzw. aller Hilfe insgesamt. Dies legt die Vermutung nahe, dass eine frühzeitige canepädagogische Förderung einen besseren Verlauf nach sich zieht und der Abbruch einer Maßnahme insbesondere mit einem höheren Eintrittsalter in Verbindung steht.

10.4.1 Abbruchquote

Zur Untersuchung dieser These ist es zunächst notwendig, die Maßnahmen gesondert im Hinblick auf die Dauer und ihren Abschluss zu betrachten. Das heißt, wie viele Maßnahmen wurden von den Kindern und ihren Familien erfolgreich angenommen und ordentlich zu Ende geführt bzw. wie viele wurden frühzeitig beendet oder abgebrochen?
Als Untersuchungsgrundlagen wurden dazu sowohl die Teilnahmelisten der Gruppentermine der Kinder, als auch die Auswertung der Gesamtdauer der Maßnahmen und die Abschlussberichte zur Auswertung herangezogen. Dabei sind alle Maßnahmen, die innerhalb der ersten drei bis vier Monate beendet wurden oder bei denen die Kinder nur unregelmäßig zur Gruppe erschienen sind, als nicht „erfolgreich" angenommen zu betrachten.

Die folgende Grafik macht deutlich, dass in den zehn Jahren 2001 bis 2010 von den 51 durchgeführten canepädagogischen Maßnahmen 43 - also knapp 85 % - von den Familien erfolgreich angenommen und ordentlich abgeschlossen wurden. Lediglich acht Maßnahmen wurden in dieser Zeit insgesamt - aus unterschiedlichsten Gründen, die im weiteren Verlauf (vgl. dazu Kap. 11) auch noch besondere Beachtung finden werden - frühzeitig beendet.
Von den 36 Jungen, die durch die Canepädagogik betreut wurden, haben sogar knapp 92 % der Maßnahmen gegriffen und wurden

unter Mitwirkung der Familie ordentlich beendet. Nur 8 % (3) der Maßnahmen der Jungen sind frühzeitig beendet worden. Lediglich bei den Mädchen lässt sich eine offenbar deutlich schlechtere Quote erkennen, da nur zwei Drittel (ca. 66 %) der Maßnahmen ein ordentliches Ende fand, während rund 33 % vorzeitig wieder eingestellt wurden. Auch dieses Ergebnis gilt es zu hinterfragen, um für die Zukunft sinnvolle Erkenntnisse aus diesen Erfahrungen ziehen zu können.

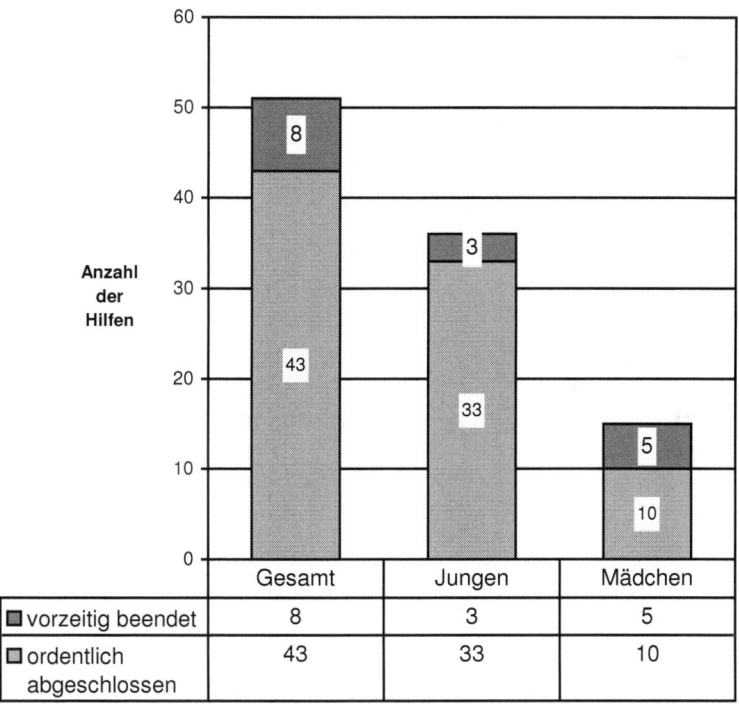

Abb. 9: Anzahl vorzeitig beendeter Maßnahmen

Bringt man nun das Eintrittsalter in Beziehung zum Verlauf der Maßnahme, in dem man das Durchschnittsalter der Kinder - nach

Geschlechtern getrennt und sowohl für die ordentlich beendeten als auch die vorzeitig abgebrochenen Maßnahmen - ermittelt, kann eine Aussage darüber getroffen werden, ob und welchen Einfluss eine frühzeitige Hilfeinstallierung auf die Erfolgswahrscheinlichkeit hat.

Die folgende Grafik (Abb. 10) macht deutlich, dass das Durchschnittsalter der erfolgreichen Maßnahmen bei den Jungen annähernd genauso hoch ist, wie bei der Gesamtbetrachtung. Dies resultiert daraus, dass die (verhältnismäßig geringe Anzahl von) drei vorzeitig beendeten Maßnahmen keinen nennenswerten Einfluss auf das Durchschnittsalter der anderen 33 Maßnahmen ausgeübt haben.

Betrachtet man diese drei vorzeitig beendeten Maßnahmen der Jungen jedoch noch einmal separat für sich und ermittelt nur für diese das Durchschnittsalter, erhöht sich dieses sprunghaft von 11,5 auf 12,3 Jahre. Der entsprechende Median liegt hier sogar bei 13,0 Jahren. Dies gibt einen ersten Hinweis darauf, dass das Einstiegsalter in enger Korrelation mit dem Verlauf der Maßnahme zu stehen scheint.

Noch signifikanter fällt die detaillierte Betrachtung bei den Mädchen aus. Ermittelt man hier jeweils separat das Durchschnittsalter für die ordentlich abgeschlossenen Hilfen bzw. die frühzeitig beendeten Maßnahmen, lässt sich dabei feststellen, dass das Durchschnittsalter der ordentlich beendeten Hilfen bei den Mädchen bei nur noch 10,7 Jahren liegt. Dieser Wert, der durch den Median von 10,5 Jahren gestärkt wird, liegt mit rund einem Jahr also deutlich unter dem zuvor ermittelten Durchschnittswert und zeigt, dass gerade für die Mädchen ein früherer Beginn der Hilfe von größerem Erfolg gekrönt ist, als eine spätere Hilfeinstallierung.

Diese Einschätzung wird zusätzlich unterstrichen, wenn man das Durchschnittsalter der vorzeitig beendeten Maßnahmen der Mädchen als Vergleichswert errechnet. Dieser liegt mit 13,2 Jahren genau 2,5 Jahre über dem errechneten Durchschnittsalter der erfolgreich verlaufenden Maßnahmen und damit weit über allen anderen ermittelten Alterswerten. Der entsprechende Median liegt hier sogar bei 13,5 Jahren und belegt den Zusammenhang zwischen Eintrittsalter und Verlauf der Maßnahme nochmals.

Einfluss des Alters auf den Verlauf der Maßnahme

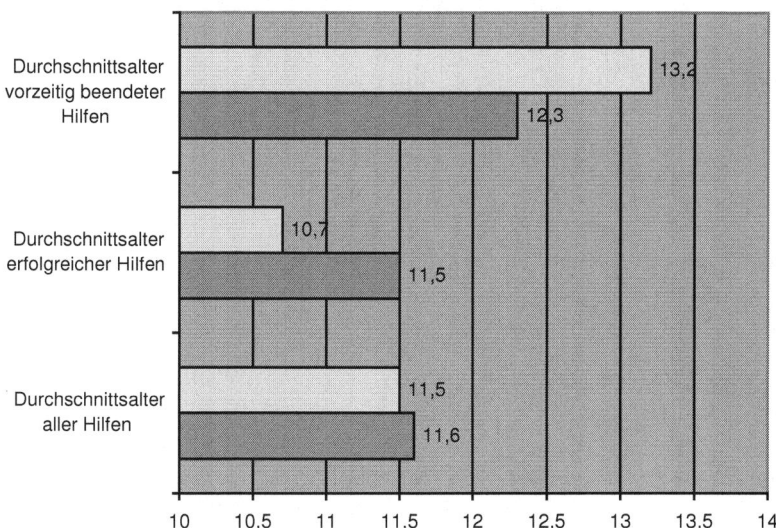

Abb. 10: Einfluss des Alters auf den Verlauf der Maßnahmen

Dieses Ergebnis unterstreicht die Erkenntnis, dass je älter die Kinder werden und je weiter sie damit in die Pubertät hinein kommen und ihre eigenen Wege zu gehen versuchen, desto geringer wird die Erreichbarkeit der Kinder durch ihre Familien wie auch durch die Canepädagogik. Aufgrund des anstehenden bzw. beginnenden Abnabelungsprozesses mit zunehmendem Alter der Kinder sinken damit in der Regel auch die Erfolgsaussichten pädagogischer Förderung, da die Interessenlage entwicklungsbedingt weniger auf eine bessere Integration in die Familien als vielmehr auf die eigene Verselbstständigung ausgerichtet ist.

Dass diese entwicklungspsychologisch bedingten Phänomene auch für ein tiergestütztes Angebot gelten, wird an dieser Auswertung klar erkennbar.

Schaut man sich in diesem Zusammenhang nun noch einmal die absoluten Zahlen bzw. die exakte Alters- und „Abbruchverteilung" für die Mädchen an, wird dies an der folgenden Tabelle noch deutlicher.

Dauer (Mon.)	Alter der Mädchen								
	7	8	9	10	11	12	13	14	15
1							1		1
2								2	
3					3				
4					4				
5									
6									
7									
8									
9						9			
10			10		10				
11						11			
12			12						
13				13					
14									
15			15		15				
16									
17									
18			18						
19									
(...)									
39						39			

Die obige Tabelle setzt das Alter der Mädchen in Bezug zur Dauer der Maßnahme. Die grauunterlegten Zahlen stellen die Maßnahmen dar, die nach der jeweiligen Dauer wieder eingestellt wurden. Es wird ersichtlich, dass zwei Hilfen im Alter von 11 Jahren nicht gegriffen haben und dass alle Hilfen ab dem 13ten Lebensjahr bei den Mädchen entweder zum sofortigen Abbruch geführt bzw. eine Langzeithilfe (mutistisches Verhalten) erforderlich gemacht haben.

Zusammengefasst lässt sich durch diese Betrachtung jetzt objektiv erkennen, dass die Installierung einer canepädagogischen Maßnahme bei jüngeren Kindern und ihren Familien eine sehr gute Akzeptanz aufzeigt und somit als sinnvolles und effektives Hilfsangebot zu beurteilen ist. Fortgeschrittenes Alter dagegen schränkt die Chancen offensichtlich eher ein.

Zudem ist in diesem Zusammenhang sicherlich zu bedenken, dass je früher pädagogische Unterstützung bei Kindern und ihren Familien angeboten und geleistet wird, desto eher können auch ungünstige Verhaltensmuster von Kindern wie auch Eltern erfolgreich unterbrochen und ihnen neue Wege im sozialen Umgang miteinander aufgezeigt und angeboten werden.

Da es sich bei dieser Betrachtung jedoch um eine rein statistische handelt, können aufgrund dieser Ergebnisse trotz allem für den Einzelfall keine grundsätzlichen Aussagen über den Sinn oder Erfolg einer hundgestützten Förderung abgeleitet werden. Der Entwicklungsstand, die Interessenlage und vor allem die Empfänglichkeit für Hunde sind für jedes Kind ganz individuell abzufragen, bevor eine Entscheidung pro oder contra einer canepädagogischen Unterstützung getroffen werden kann. Denn wenn sich das Kind bei der Canepädagogik durch den Hund angesprochen fühlt und zur Mitarbeit motiviert wird, ist das Alter in diesem Fall nur noch von geringer Bedeutung.

10.4.2 Dauer der Maßnahmen

Ein weiterer wichtiger Ansatz für die Auswertung der Praxistätigkeit ist die durchschnittliche Dauer der einzelnen Maßnahmen, also die Anzahl der Monate, die ein Kind vom Beginn bis zum Abschluss der tiergestützten Förderung in der Gruppe verbringt. Auch hierbei ist es geboten, die Werte genau zu verifizieren, für die Geschlechter getrennt zu berechnen und zu betrachten.
Zudem gilt es auch hier den Zusammenhang zwischen der Dauer der Maßnahme und dem jeweiligen Einstiegsalter der Kinder zu untersuchen.

Dabei ergibt sich, dass sich für alle 51 bisher durchgeführten Maßnahmen insgesamt eine durchschnittliche Dauer von 10,9 Monaten ergibt. Für die Mädchen ergibt sich bei dieser Berechnung mit 11,5 Monaten ein Wert, der knapp über dem allgemeinen Durchschnitt liegt, während der Wert bei den Jungen mit 10,6 Monaten knapp darunter bleibt.

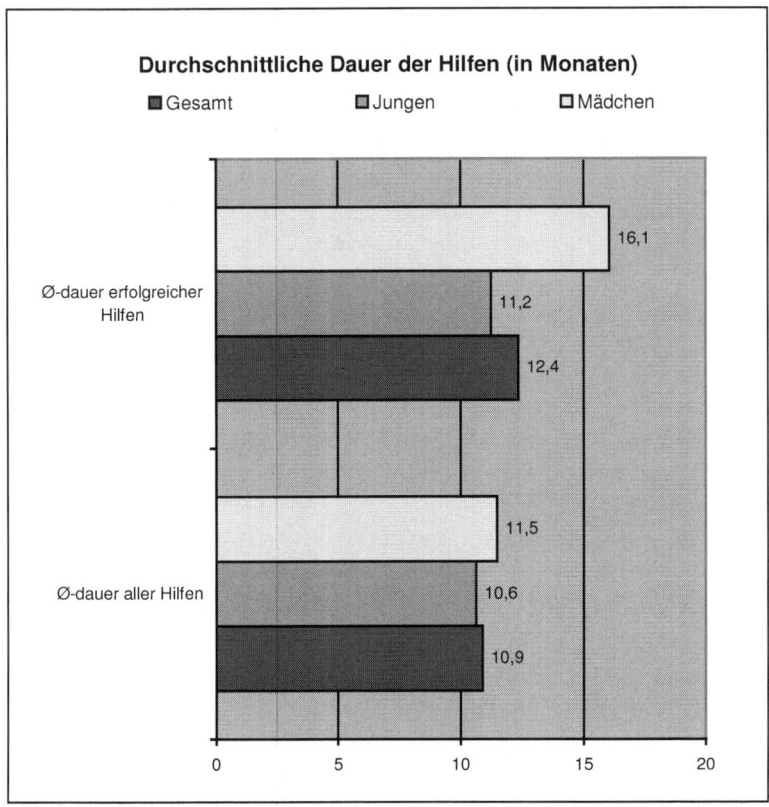

Abb. 11: Durchschnittliche Dauer

Allerdings sind diese Werte nur sehr bedingt aussagefähig, da die frühzeitig beendeten bzw. abgebrochenen Maßnahmen mit ihren dadurch bedingten sehr kurzen Zeiten die Durchschnittsdauer der ordentlich beendeten Maßnahmen fälschlicherweise zu sehr nach unten korrigieren. Daher ist es geboten, die Durchschnittsdauer für die ordentlich beendeten Hilfen separat zu ermitteln, in dem die abgebrochenen Maßnahmen bei dieser Berechnung des arithmetischen Mittels nunmehr unberücksichtigt bleiben.

So errechnet sich nun für alle ordentlich abgeschlossenen Maßnahmen insgesamt ein Mittelwert von 12,4 Monaten, wobei erneut die Jungen mit einer Verweildauer von 11,2 Monaten die Maßnahmen etwas (einen Monat) schneller als der Durchschnitt beenden. Für die Mädchen errechnet sich jetzt eine durchschnittliche Dauer von 16,1 Monaten, die im Vergleich deutlich höher erscheint. Hinterfragt man diesen erhöhten Wert, wird deutlich, dass von den zehn erfolgreich unterstützten Mädchen eine Langzeitmaßnahme von 39 Monaten aufgrund einer schweren Kommunikationsstörung (Verdacht auf Mutismus) den Durchschnittswert erheblich beeinflusst und diesen damit deutlich nach oben verschiebt. Zieht man auch diesen heraus, würde sich für die übrigen neun Mädchen ein durchschnittlicher Wert von 13,5 Monaten ergeben, der sicherlich die tatsächliche Durchschnittsdauer der Mädchen besser repräsentiert.

Vergleicht man die errechneten Durchschnittswerte der erfolgreich installierten Maßnahmen mit dem jeweiligen Median, der sich durch solche Ausreißer nicht beeinflussen lässt, erhält man für die Jungen einen Wert von 11 Monaten, für die Mädchen 14,3 Monate und insgesamt einen Median von 11,5 Monaten.

Zusammengefasst lässt sich hier also feststellen, dass insgesamt im Schnitt eine Dauer von rund einem Jahr für die canepädagogische Förderung erforderlich war, wobei die Mädchen etwas über diesem Durchschnitt liegen und die Jungen kurz darunter bleiben.

Bei der Bewertung der Dauer der canepädagogischen Förderung muss hier zum einen nochmals auf Kapitel 5.2.3 verwiesen werden, in dem die große Bedeutung der Beziehungsarbeit als notwendige Grundlage für die angestrebten Entwicklungs- und Lernprozesse des Kindes herausgearbeitet wurde. Der Faktor Zeit, der insbesondere im Kapitel 5.2.4 Beachtung findet, ist dafür von entscheidender Bedeutung.

Zum anderen ist es wichtig, an dieser Stelle darauf hinzuweisen, dass in jedem Einzelfall für jedes Kind eine ganz individuelle Förderdauer entsprechend seinem persönlichen bzw. familiären Bedarf und den festgeschriebenen Zielsetzungen in Zusammenarbeit mit den Familien und dem Jugendamt erarbeitet und festgelegt worden ist.

So ergibt sich, dass einige Maßnahmen z. B. bereits nach fünf oder sechs Monaten erfolgreich eingestellt werden konnten, während andere Familienkonstellationen, Problemstellungen oder Zielsetzungen entsprechend länger Hilfe in Anspruch genommen und auch gewährt bekommen haben.

Eine kategorisch oder grundsätzlich festgelegte und nicht individuell ausgerichtete Verweildauer droht in jedem Fall den jeweilig gewünschten Erfolg zu gefährden. Denn eine zu frühe Beendigung birgt die Gefahr, dass eine evtl. noch notwendige Festigung erster Erfolge oder eine Stabilisierung von Verhaltensweisen fahrlässig unterlassen wird, während ein zu langes Verharren von Kindern in den Maßnahmen, die sie im Einzelfall vielleicht schon nicht mehr benötigen, dazu führen kann, die Kinder zu Unrecht „klein" zuhalten oder wieder zu destruktiven Verhalten (z. B. Schwänzen) zu verleiten.

Beide Szenarien machen deutlich, dass das beim Jugendamt gängige Hilfeplanverfahren und die damit verbundene halbjährliche Überprüfung der Maßnahmen nicht nur sinnvoll, sondern auch höchst zielorientiert und damit im Sinne der Entwicklung der Kinder und ihrer Familien ist.

Frühzeitig beendete Maßnahmen

Bildet man den Durchschnittswert für die Dauer der frühzeitig beendeten Maßnahmen, errechnet sich ein Wert von knapp drei Monaten. Dies bedeutet, dass auch hier die gängige Praxis des Jugendamtes, sich die Passgenauigkeit der Maßnahme bereits drei Monaten nach Installierung der Hilfe anzusehen, ebenfalls durchaus sinnvoll ist. Bereits nach dieser Zeit wird anhand der regelmäßigen oder auch weniger regelmäßigen Teilnahmen an den Gruppenterminen oder Elterngesprächen deutlich, wie das Hilfsangebot von den Kindern und ihren Familien eingeschätzt und angenommen wird, so dass eine kurzfristige Rücksprache und gegebenenfalls Beendigung der Maßnahme im Sinne aller Beteiligten erfolgen kann.

Weiterhin gilt es herauszufinden, ob und inwieweit die Dauer der Maßnahme auch vom Alter und vom Geschlecht der Kinder abhängt. Diese Frage macht es notwendig, das vorliegende Datenmaterial in Hinblick darauf auszuwerten und sich anzuschauen.

Die folgende Grafik gibt dabei für jedes Alter die durchschnittliche Dauer der erfolgreich angenommenen Maßnahmen an. Die acht frühzeitig beendeten oder abgebrochenen Maßnahmen finden hier erneut keine Berücksichtigung, da sie die Werte zu Unrecht nach unten korrigieren und damit verfälschen würden. Daher werden die Werte auch als um die abgebrochenen Maßnahmen „bereinigt" bezeichnet.

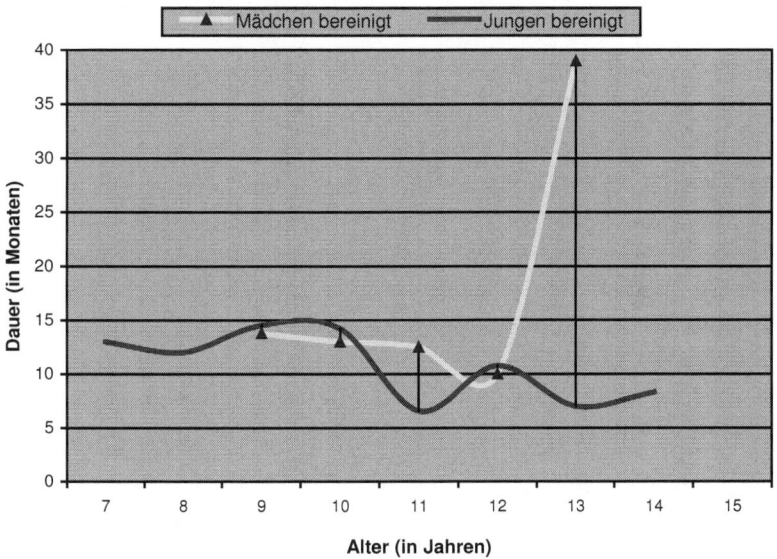

Abb. 12: Dauer der Maßnahmen in Abhängigkeit vom Alter

Besonders auffällig ist der Ausschlag bei 13 Jahren. Dies resultiert in erster Linie daraus, dass ein Kind mit stark mutistischen Verhaltensweisen und der dadurch bedingten, sehr schlechten Sozialprognose (soziale Einbindung, Ausbildungsplatz etc.) insgesamt 39 Monate in der Gruppe erfolgreich gefördert wurde.

Abgesehen von dieser extremen Schwankung lassen sich aber keine weiteren gravierenden Unterschiede erkennen, die einer weiteren Berücksichtigung bedürfen. Vielmehr soll nun abschließend noch die Termintreue der Kinder beleuchtet werden, was im folgenden Kapitel eingehend geschieht.

10.5 Termintreue

Analog zur Projektauswertung von 2001 soll in diesem Abschnitt nun die Termintreue aller Maßnahmen der Canepädagogik bis 2010 in den Fokus gerückt werden. Dabei steht die Frage im Mittelpunkt, ob und inwieweit der große Aufforderungscharakter der Hunde, der sich im Rahmen der quantitativen Projektauswertung (s. Kap. 8.2.1) in einer sehr hohen Termintreue widergespiegelt hat, auch nach zehn Jahren Praxistätigkeit und 51 erfolgten Maßnahmen erneut bestätigt werden kann.

Dieses ist insofern von so großer Bedeutung, da die Freiwilligkeit jeder Maßnahme, wie auch die Teilnahme an der Gruppe wichtigste Grundlage für den gewünschten pädagogischen Erfolg ist. Denn nur Kinder, die regelmäßig mit Freude und Motivation zur Gruppe kommen, haben die Kraft, erfolgreich an sich zu arbeiten. Die Auseinandersetzung mit den eigenen Grenzen, das Erreichen der gewünschten Ziele und die Änderung von gewohnten Verhaltensweisen ist ihnen nur dann möglich, wenn sie mit Freude und Engagement bei der Sache – der Gruppe – sind.

Ob die Canepädagogik über den Einsatz der Hunde diese Freude erzeugen und eine regelmäßige Teilnahme bewirken kann, ist Bestandteil der folgenden Untersuchung.

Zur Erstellung der folgenden Tabelle sind die exakt geführten Teilnahmelisten ausgewertet worden, in denen bei jedem Kind und für jeden Termin explizit festgehalten worden ist, ob und gegebenenfalls warum dieses nicht an der Gruppe teilgenommen hat. Anhand dieser sind nun neben der zuvor errechneten Dauer der Maßnahmen auch die tatsächlich angebotenen Termine und die Fehlzeiten für jedes einzelne Kind ermittelt worden.

Bei der Betrachtung der Fehltermine ist – wie bei der Projektauswertung 2001 – erneut die Unterscheidung vorgenommen worden, ob das Kind z. B. aufgrund von Krankheit, schulischer, kirchlicher oder ärztlicher Termine bzw. urlaubsbedingt gefehlt hat oder ob es einen Termin mit fadenscheinigen Begründungen abgesagt, offen verweigert oder auch unentschuldigt geschwänzt hat. Diese Unterscheidung ist insofern notwendig, da zum Beispiel ein längerer Krankenhausaufenthalt oder eine mehrwöchige Urlaubsreise zwar die Teilnahme eines Kindes an der Gruppe grundsätzlich unmöglich macht, nicht aber seine Motivation zur Gruppe zu kommen in Frage oder gar in Abrede stellt.

Alle Absagen oder nicht wahrgenommenen Termine, die auch nur im mindesten Anlass dazu gegeben haben, an der Motivation des Kindes zu zweifeln, sind hier grundsätzlich als „geschwänzt" eingestuft worden.

Noch einige Anmerkungen zur folgenden Tabelle (s. S. 136/137):

- Die Zeilen sind konsequent durchnumeriert worden, damit im Weiteren – trotz der notwendigen Anonymisierung – eine einfache Beschreibung von wichtigen Kontexten der Kinder möglich ist.

- Jede einzelne Zeile gibt die Werte für ein Kind an.

- In der zweiten Spalte steht das Zeichen ♀ für Mädchen und ♂ für Jungen.

- Die Tabelle ist insgesamt nach der letzten Spalte („Quote des Schwänzens") sortiert worden, wobei bei gleichen Werten in zweiter Instanz die Sortierung nach der dritten Spalte („Anzahl der möglichen Termine") erfolgt ist.

- Die fettmarkierten Zeilen (19, 33, 39, 45, 47, 49, 50 und 51) stellen die acht Maßnahmen dar, die nicht erfolgreich gegriffen haben und vorzeitig beendet bzw. abgebrochen wurden.

Auswertung der Termintreue

Zeile	Kinder	Termine		Fehlzeiten		Berechnung	
	♀ = w / ♂ = m	mögliche	teilgenommene	gefehlt	geschwänzt	termintreu (in %)	geschwänzt (in %)
1	♀ 13	166	160	6	0	96,39	0,00
2	♂ 10	98	96	2	0	97,96	0,00
3	♀ 9	78	74	4	0	94,87	0,00
4	♀ 11	68	62	6	0	91,18	0,00
5	♀ 9	67	50	17	0	74,63	0,00
6	♂ 7	62	59	3	0	95,16	0,00
7	♂ 10	60	58	2	0	96,67	0,00
8	♂ 10	52	39	13	0	75,00	0,00
9	♂ 12	51	50	1	0	98,04	0,00
10	♀ 12	50	37	13	0	74,00	0,00
11	♂ 12	49	41	8	0	83,67	0,00
12	♂ 12	48	45	3	0	93,75	0,00
13	♀ 9	47	45	2	0	95,74	0,00
14	♀ 11	45	43	2	0	95,56	0,00
15	♂ 9	38	34	4	0	89,47	0,00
16	♂ 14	35	31	4	0	88,57	0,00
17	♂ 14	31	31	0	0	100,00	0,00
18	♂ 11	28	24	4	0	85,71	0,00
19	**♀ 15**	**3**	**3**	**0**	**0**	**100,00**	**0,00**
20	♂ 10	94	81	13	1	86,17	1,06
21	♂ 10	89	82	7	1	92,13	1,12
22	♂ 12	83	81	2	1	97,59	1,20
23	♂ 12	67	60	7	1	89,55	1,49
24	♀ 10	60	48	12	1	80,00	1,67
25	♂ 12	55	51	4	1	92,73	1,82
26	♂ 10	53	46	7	1	86,79	1,89
27	♀ 9	78	72	6	21	92,31	2,56
28	♂ 13	30	26	4	1	86,67	3,33
29	♂ 9	81	70	11	3	86,42	3,70

Zeile	Kinder (♀/♂)	Termine mögliche	Termine teilgenommene	Fehlzeiten gefehlt	Fehlzeiten geschwänzt	termintreu (in %)	geschwänzt (in %)
30	♂ 13	54	50	4	2	92,59	3,70
31	♂ 10	40	32	8	2	80,00	5,00
32	♂ 11	57	38	19	3	66,67	5,26
33	**♂ 13**	**19**	**16**	**3**	**1**	**84,21**	**5,26**
34	♂ 12	55	50	5	3	90,91	5,45
35	♂ 12	18	13	5	1	72,22	5,56
36	♂ 8	52	43	9	3	82,69	5,77
37	♂ 14	16	14	2	1	87,50	6,25
38	♂ 10	79	62	17	5	78,48	6,33
39	**♀ 11**	**14**	**12**	**2**	**1**	**85,71**	**7,14**
40	♀ 12	41	37	4	3	90,24	7,32
41	♂ 14	24	20	4	2	83,33	8,33
42	♂ 10	26	15	11	3	57,69	11,54
43	♂ 11	30	22	8	4	73,33	13,33
44	♂ 11	22	19	3	3	86,36	13,64
45	**♂ 13**	**18**	**15**	**3**	**3**	**83,33**	**16,67**
46	♂ 11	28	22	6	6	78,57	21,43
47	**♂ 10**	**19**	**11**	**8**	**5**	**57,89**	**26,32**
48	♂ 13	34	21	13	10	61,76	29,41
49	**♀ 11**	**18**	**9**	**9**	**6**	**50,00**	**33,33**
50	**♀ 14**	**12**	**6**	**6**	**6**	**50,00**	**50,00**
51	**♀ 13**	**8**	**3**	**5**	**5**	**37,50**	**62,50**
Summe		2.450	2.129	321	91	4.247,75	369,40

Zeile	Kinder ♀=w / ♂=m	Termine mögliche	Termine teilgenommene	Fehlzeiten gefehlt	Fehlzeiten geschwänzt	termintreu (in %)	geschwänzt (in %)
A	Ø insgesamt	48	42	6	1,8	**83,29**	**7,24**
B	Ø bereinigt	54	48	7	1,5	**86,03**	**3,91**
C	♂: Ø bereinigt	50	43	6	1,8	**85,26**	**4,75**
D	♀: Ø bereinigt	70	63	7	0,6	**88,49**	**1,15**
E	</= 1 Jahr (bereinigt)	36	31	6	1,7	**83,47**	**5,69**
F	> 1 Jahr	75	68	8	1,3	**88,96**	**1,86**

Doch was kann man an dieser Ansammlung von Zahlen nun erkennen? Was sagt das über die Qualität und die Chancen der Canepädagogik aus?
Das Hauptaugenmerk liegt bei der Analyse der Zahlen vornehmlich auf den letzten beiden Spalten, da sie die vorderen Spalten sinnvoll ins Verhältnis zueinander setzen. Die Termintreue (in %) gibt dabei an, wie viele Termine das Kind von seinen insgesamt möglichen Terminen tatsächlich wahrgenommen hat, ungeachtet der Tatsache, warum es letztlich gefehlt hat.
Die letzte Spalte, die angibt, wie viele Termine das Kind innerhalb seiner Gruppenzugehörigkeit geschwänzt hat, also ohne zwingenden Grund abwesend war, ist deshalb von so zentraler Bedeutung, da anhand dieser abgelesen werden kann, wie sehr sich die Kinder den Hunden, der Gruppe und damit dieser pädagogischen Maßnahme verbunden gefühlt haben. Sie lässt Rückschlüsse darauf zu, wie erfolgreich die Beziehungsarbeit gelaufen ist und wie diese angenommen wurde.

Um eine leichtere Einordnung und objektive Bewertung der ermittelten prozentualen Werte von Termintreue bzw. der Schwänzquote zu ermöglichen, wird hier auf den Notenschlüssel der Industrie- und Handelskammer (IHK) zurückgegriffen.
Dieser Punkteschlüssel ist deshalb besonders leicht zu übertragen, da er ebenfalls von einem Dezimalsystem, also von maximal 100 erreichbaren Punkten (100 %), ausgeht.
Zusammengefasst sieht dieser in seiner Kurzform wie folgt aus:

100 - 92 Punkte	sehr gut
91 - 81 Punkte	gut
80 - 67 Punkte	befriedigend
66 - 50 Punkte	ausreichend
49 - 30 Punkte	mangelhaft
29 - 0 Punkte	ungenügend

Obwohl sich auch die einzelnen Zensurenbereiche (entsprechend der IHK) noch detaillierter darstellen lassen würden, wird an dieser Stelle darauf verzichtet, da nur eine allgemeine Einordnung, nicht aber eine exakte Benotung jeder einzelnen Maßnahme ermöglicht werden soll.

Übertragen auf die Canepädagogik bedeutet dies nun, dass für die Bewertung der Zuverlässigkeit und Termintreue alle Maßnahmen, bei denen die Kinder weniger als 9 % „geschwänzt" haben, mit einem „sehr gut" beurteilt werden können. Dieses erreichen 41 der 51 Maßnahmen, also gut 80 % aller canepädagogischen Förderungen. Selbst drei Maßnahmen (s. Zeilen 19, 33, 39), die bereits frühzeitig beendet wurden und damit als „nicht erfolgreich angenommen" eingestuft werden müssen, können trotz allem diese hohe Zuverlässigkeit aufweisen.

Wie es trotz dieser hohen Zuverlässigkeitswerte dazu kommt, dass die Maßnahmen nicht gegriffen haben, wird Thema des nächsten Kapitels sein, in dem es um die Grenzen der Canepädagogik geht.

Zudem wird ersichtlich, dass bei 19 der 51 durchgeführten Maßnahmen kein einziger Termin als geschwänzt einzuschätzen ist. Dies ist mehr als ein Drittel und entspricht einem prozentualen Anteil von gut 37 %. Die Dauer der eigentlichen Maßnahme ist für die Wahrscheinlichkeit des Schwänzens offenbar nur von untergeordneter Bedeutung, da anhand der möglichen Termine deutlich wird, dass nicht nur bei kurzen Maßnahmen, sondern insbesondere auch bei längerfristigen Maßnahmen ein Schwänzen konsequent unterbleibt.

Aufgrund der Tatsache, dass anhand der Termintreue an sich nicht erkannt werden kann, ob die Kinder im Verlauf der Maßnahme aufgrund „höherer Gewalt" gefehlt oder tatsächlich aufgrund mangelnder Motivation geschwänzt haben, ist dieser Wert nur von geringerer Aussagekraft. Ungeachtet dessen, gibt er einen Eindruck über die Gesamtsituation und lässt Rückschlüsse auf die allgemeine Annahme und Akzeptanz der tiergestützten Förderung zu. Deshalb wird unten in Zeile A die durchschnittliche Termintreue aller 51 Maßnahmen (inklusive der abgebrochenen) ermittelt. Dieser liegt bei einem Wert von 83,29 % und ist entsprechend der Einordnung der IHK als „gut" (2,2) zu bewerten.

Wenn die acht fettgedruckten Maßnahmen herausgerechnet werden, die nicht erfolgreich gegriffen haben, so ergibt sich ein Wert von 86 % in Zeile B, der als „glatte Zwei" (2,0) zu bewerten ist. Das Herausrechnen ist insofern richtig und notwendig, da bei einer Berücksichtigung sich keine korrekten Aussagen für die ordentlich abgeschlossenen Hilfen treffen lassen würden. Sowohl die Anzahl der möglichen und tatsächlichen Termine als auch die jeweiligen Quoten würden durch fortwährende Berücksichtigung zwangsläufig verfälscht werden.

Die Zeilen C und D betrachten abschließend noch einmal separat die Termintreue für die einzelnen Geschlechter, wobei die Jungen mit einer Termintreue von 85,26 % etwas unter der der Mädchen von 88,49 % bleiben, die mit (1,8) nach IHK-Norm schon als „gute Zwei" einzuordnen ist. Wohlgemerkt enthalten alle diese Zahlen immer noch die Ausfälle, die durch Klassenfahrten, Krankheit und andere unverrückbare Verpflichtungen eine Teilnahme der Kinder innerhalb ihrer teilweise längerfristigen Förderung unmöglich gemacht haben. In Anbetracht dessen sind diese noch immer guten Quoten der durchschnittlichen Termintreue sicherlich schon als sehr positiv zu beurteilen.

Betrachtet man parallel dazu in den Zeilen A bis D die Quote des Schwänzens, wird ersichtlich, dass diese sowohl insgesamt (B = 3,91 %) als auch für die Jungen (C = 4,75 %) und Mädchen (D = 1,15 %) getrennt, sehr niedrig ist und in jedem Fall als „sehr gut" zu beurteilen ist. Dies gilt selbst dann noch, wenn die abgebrochenen Maßnahmen (s. Zeile A) mit einbezogen würden.

Eine weitere interessante Überlegung ist, ob und inwieweit die Dauer der Maßnahme Auswirkungen auf die Zuverlässigkeit und die Termintreue hat. Dahinter verbirgt sich die Frage, ob die Motivation der Kinder im Verlauf der Hilfe aufrecht erhalten werden kann oder ob diese mit fortschreitender Dauer aufgrund von z. B. Ermüdungstendenzen oder zunehmender Langeweile signifikant abfällt. Diese Werte finden sich in den Zeilen E und F wieder.

In Zeile E wird dazu der Durchschnittswert aller Maßnahmen erfasst, die erfolgreich gegriffen haben und nicht länger als ein Jahr (< 52 mögliche Termine) gedauert haben. Auch bei der Ermittlung dieses Wertes sind die acht abgebrochenen Maßnahmen heraus-

genommen worden, da sie die zu erfassenden Werte (z. B. mögliche Termine) unzulässig verfälschen würden, so dass hier insgesamt 23 Maßnahmen zu berücksichtigen sind. Dabei ergibt sich ein Wert von 83,47 %.
Für die 20 Maßnahmen, die länger als ein Jahr gelaufen sind, errechnet sich ein Wert von 88,96 %, der sich in Zeile F wiederfindet.
Somit kann als erstes festgehalten werden, dass die Dauer der Maßnahme keinen negativen Einfluss auf die Termintreue und Zuverlässigkeit der Kinder hat, sondern ganz im Gegenteil eher positive Auswirkungen zu haben scheint. Dies erklärt sich nicht zuletzt daraus, dass nicht etwa eine Langeweile mit zunehmender Dauer eintritt, sondern die entstandenen und nun tragfähigen Beziehungen die Kinder weiterhin dazu motivieren, an der Gruppe regelmäßig und zuverlässig teilhaben zu wollen.

Dieses wird untermauert, wenn man sich die dazugehörigen Werte des Schwänzens anguckt. Obwohl 20 Kinder über ein Jahr lang die Gruppe besucht haben und diese Gruppe im Durchschnitt rund 75 Termine hatte, ist lediglich ein Termin (1,3) von ihnen - umgerechnet also 1,8 % - geschwänzt worden (siehe Zeile F). Dieser sehr geringe Wert macht deutlich, wie erfolgreich die Beziehungsarbeit mit Hilfe der Hunde gerade über eine längere Dauer gestaltet werden konnte.
Dabei erscheint der Wert von 5,69 % geschwänzter Termine - der bei durchschnittlich 36 möglichen Terminen knapp zwei absichtlich verpasste Termine ausmacht - schon fast hoch, unterstreicht aber nochmals die zuvor gemachte Feststellung über die Bedeutung der Beziehungsarbeit.
Dass die Anzahl der Fehltermine bei den längerfristigen Maßnahmen (F) mit acht höher ist als die sechs Fehltermine in Zeile E, erklärt sich logisch schon allein daraus, dass die Wahrscheinlichkeit zu erkranken, an Klassenfahrten teilzunehmen, Kirchenfreizeiten und Urlaubsreisen zu haben mit zunehmender Dauer selbstverständlich wächst. Anders ausgedrückt bedeutet das, wenn ein Kind nur für ein halbes Jahr zur Gruppe kommt, ist es sehr unwahrscheinlich, dass all dieses bei ihm bereits zum Tragen kommt. Bei Kindern, die knapp zwei Jahre die Gruppe besuchen, muss dagegen davon ausgegangen werden, dass dies alles „passieren" kann.

Der große Aufforderungscharakter der Canepädagogik, dem sowohl bei der theoretischen Herleitung des Konzeptes als auch bei den praktischen Erfahrungen im ambulanten wie stationären Bereich eine zentrale Bedeutung zugeschrieben wurde, erfährt durch diese Auswertung weitere Bestätigung. Die Zuverlässigkeit, mit der die Termine der Canepädagogik durch die Kinder wahrgenommen wurden, bestätigt diese entscheidende Stärke und die große Ressource dieser Maßnahme.

Zusammengefasst kann nach dieser Auswertung abschließend festgestellt werden, dass auch nach zehn Jahren Praxistätigkeit die Canepädagogik eine als „sehr gut" zu bewertende Termintreue aufweisen kann. Die Hunde und das Konzept Canepädagogik erreichen die Kinder und motivieren sie dauerhaft und zuverlässig zur regelmäßigen Teilnahme an der Gruppe und ermöglichen so erst eine kontinuierlich pädagogische Arbeit mit ihnen und ihren Familien.

11 Grenzen der Canepädagogik

Trotz des hohen Aufforderungscharakters, den die Canepädagogik durch den Einsatz der Hunde für die Kinder und ihre Familien mit sich bringt, ist es doch nicht möglich gewesen, alle Maßnahmen erfolgreich zu installieren und allen Familien mit ihren Kindern die notwendige Unterstützung zu geben. Was ist die Ursache dafür?

Dieser zentralen Frage soll nun anhand von einigen Fallbeispielen aus der Praxistätigkeit im einzelnen nachgegangen werden, um auch auf die Grenzen und Fallstricke der Canepädagogik hinzuweisen. Dazu wird hier auch auf einige der fettgedruckten „Fälle" eingegangen werden.

11.1 Nicht ausreichendes Hilfsangebot

In der Aufstellung auf Seite 136 wird in Zeile 19 ersichtlich, dass eine Maßnahme trotz 100 % Termintreue bereits nach drei Terminen wieder eingestellt worden ist. Wie kommt das?

Bei dieser Jugendlichen handelte es sich um ein bereits fünfzehnjähriges italienisches Mädchen, das aufgrund massiver familiärer Schwierigkeiten und körperlicher Auseinandersetzung mit ihrer Mutter die Hilfe des Jugendamtes in Anspruch genommen hat. Das hundgestützte Angebot der Canepädagogik hat sie trotz ihres Alters sehr angesprochen und auch die parallel dazu stattfindenden Familiengespräche wurden sowohl von der Mutter als auch der Tochter zunächst als Chance gesehen und wahrgenommen.

Während der Gruppentermine deutete sich dann bereits schnell in den Gesprächen an, dass die Jugendliche aufgrund der anhaltenden und sehr belastenden Konflikte mit der Mutter intensiv nach Wegen der Verselbstständigung suchte und sogar eine Schwangerschaft als ein Ausweg für sich in Betracht zog.

Doch noch bevor es zur weiteren Zusammenarbeit kommen konnte, spitzte sich die familiäre Situation zu Hause so zu, dass das Mädchen aufgrund von akuter Kindeswohlgefährdung vom Jugendamt in Obhut genommen werden musste und eine weitere ambulante Hilfe nicht mehr ausreichend war. Eine stationäre Fremdunterbringung war fortan angezeigt und führte in Konsequenz zur sofortigen Einstellung der ambulanten Maßnahme.

Eine weitere Maßnahme, die hier als Beispiel gelten kann, ist in Zeile 51 dargestellt. Ein dreizehnjähriges Mädchen, das zunächst aufgrund von massiven Schulschwierigkeiten – respektloser Umgang mit den Lehrern, Leistungsabfall, Schwänzen etc. – aufgefallen war, sollte durch die Canepädagogik Gelegenheit bekommen, zu einem besseren Selbstwertgefühl zu gelangen. Verbunden war damit die Erwartung, dass sie über einen verantwortungsvollen und respektvollen Umgang mit den Hunden lernt, mit sich und ihrer Umwelt wieder angemessen umgehen zu können, um sich auch wieder erfolgreich in ihre sozialen Kontexte integrieren zu können. Doch bereits nach wenigen Gesprächen, sowohl innerhalb der Gruppe als auch im Rahmen der begleitenden Familienarbeit, stellte sich heraus, dass das Mädchen gravierende Probleme mit ihrem alleinerziehenden Vater hatte, der nur sehr bedingt bereit war, sich mit seiner Tochter und ihren Bedürfnissen auseinander zu setzen. Die Vater-Tochter-Beziehung und deren Kommunikation kann zum damaligen Zeitpunkt als erheblich gestört bezeichnet werden.
Dies führte dazu, dass das Mädchen zeitweise bei einer Bekannten wohnte, was aber nicht zur Problemlösung beitrug, sondern weitere Konflikte nach sich zog. Die Situation eskalierte trotz der ambulanten Hilfsangebote zusehends, da das Mädchen immer wieder abgängig war. Da sowohl die Gefahr des Drogenkonsums bestand, als auch die Nähe zum Bahnhofsmilieu akut Anlass zum Handeln gab, wurde auch hier die ambulante Maßnahme eingestellt und eine Fremdunterbringung vorangetrieben.
Canepädagogik und die Hunde waren zu diesem Zeitpunkt nicht (mehr) in der Lage, das Mädchen nachhaltig zu erreichen oder zur Deeskalation innerhalb der Familie beizutragen.

Als letztes Beispiel soll an dieser Stelle ein dreizehnjähriger Junge angeführt werden (Zeile 45). Die Mutter suchte aufgrund erheblicher Schul- und Erziehungsschwierigkeiten die Hilfe des Jugendamtes. Dabei machten ihr massive Wahrnehmungsstörungen, unerwartete Wutausbrüche und ein sonst sehr passives und antriebsloses Verhalten ihres Sohnes große Sorgen und Schwierigkeiten. Gerade die Wutausbrüche, die sich für sie mit zunehmendem Alter und wachsender Körperkraft ihres Sohnes immer bedrohlicher darstellten, ließen ihre keine Ruhe mehr.

Wenngleich der Junge relativ wenig Interesse an den Hunden zeigte und seine Antriebslosigkeit auch in der Gruppe noch spürbar war, zeigte die Mutter großes Engagement, ihren Sohn zur Gruppe zu bringen, da sie den Eindruck hatte, dass es ihm im Vergleich zu anderen Beschäftigungen sehr gut tat.

Allerdings war dieser Junge aufgrund seiner individuellen Wahrnehmung und seiner unvorhersehbaren Reaktionen weder für die Hunde noch für die anderen Kinder der Gruppe tragbar. Es ereigneten sich z. B. Situationen, in denen der Junge anfing zu schreien, weil er sich gebissen oder geschubst fühlte, ohne dass es einen Kontakt mit Kindern oder Hunden gegeben hatte.

Die so wichtige Beziehungsarbeit muss in diesem Fall letztlich als gescheitert eingestuft werden, da sich der Junge aufgrund solcher Situationen weder bei den Hunden wohlfühlte noch von den anderen Kindern in den Gruppenverband aufgenommen wurde. Somit war seine Motivation zur Gruppe zu kommen und aktiv an seinen Themen zu arbeiten, weiterhin als sehr gering einzustufen und seine gute Teilnahmequote letztlich nur der Konsequenz seiner Mutter geschuldet.

Aus fachlicher Sicht wurde die Maßnahme bereits nach vier Monaten aufgrund einer völlig unklaren medizinischen Diagnose beendet. Es wurde eine dringende Empfehlung zur umfangreichen stationären Diagnostik ausgesprochen. Sowohl die Ursache als auch eine adäquate Behandlung dieses nicht einschätzbaren Verhaltens des Jungen waren nach den Erfahrungen in der Gruppe angezeigt.

Da die seelische Belastung des Jungen genauso spürbar war wie die große Angst der Mutter - einerseits vor ihrem Versagen und andererseits vor den Reaktionen ihres Sohnes – machte eine weitere ambulante „Symptombehandlung" in diesem Fall keinen Sinn, sondern hätte sowohl der Mutter als auch ihrem Sohn unnötig weitere wichtige Zeit in der Entwicklung gekostet.

An Hand dieser drei Fälle soll deutlich werden, dass eine hundegestützte Maßnahme oft als ein adäquates Hilfsangebot eingeschätzt werden kann, jedoch in manchen Situationen nicht oder nicht mehr ausreichend ist, um Kindern und ihren Familien tatsächlich wirksam helfen zu können.

11.2 Religiöse Gründe

Auch religiöse Gründe tragen dazu bei, dass dieses pädagogische Hilfsangebot trotz seines hohen Aufforderungscharakters nicht passgenau sein kann.

Hinter Zeile 33 verbirgt sich ein dreizehnjähriger, sehr ruhiger und zurückhaltender Junge, der - nach dem Tod seines Vaters - allein mit seiner Mutter im Haushalt lebte. Die Mutter, Mitglied der „Zeugen Jehovas", litt auch ihrerseits noch massiv unter dem Verlust ihres Mannes und konnte nur sehr schwer mit dessen Tod und ihrer Trauer umgehen. Sowohl bei der Mutter als auch bei ihrem Sohn waren deutlich depressive Tendenzen erkennbar.

Bei dem Jungen stellten sich zunehmend Schulschwierigkeiten (keine Hausaufgaben, Unpünktlichkeit, Schwänzen) ein. Große Antriebsschwäche und Gleichgültigkeit des früher unauffälligen Schülers gaben dem Lehrer Anlass zum Gespräch mit der Mutter. In dieser Situation suchte die Mutter Hilfe beim Jugendamt und konnte sich zunächst gut auf die angebotene Canepädagogik mit den begleitenden Elterngesprächen einlassen.

Der Junge war begeistert und mit großer Freude bei der Gruppe. Die Gruppentermine konnten von ihm trotz seiner anfänglichen Antriebsschwäche immer leichter eingehalten werden und die Lebensfreude kehrte innerhalb der Gruppe zusehends wieder zurück. Nach gut vier Monaten wurde die Maßnahme plötzlich und unerwartet auf eigenen Wunsch der Mutter, trotz (oder aufgrund?) der positiven Entwicklung des Jungen vorzeitig mit der Begründung eingestellt, dass aus ihrer Sicht kein weiterer Hilfebedarf mehr besteht. Die Beendigung erfolgte so plötzlich, dass die Verabschiedung des Jungen aus seiner Gruppe nicht mehr erfolgen konnte.

In den parallel stattfindenden Elterngesprächen mit der Mutter wurde deutlich, dass ihr Glaube sowohl bei ihrer Trauerbewältigung als auch bei der Lebensgestaltung für sie zunehmend an Bedeutung gewann, gleichzeitig ein Austausch darüber im Rahmen der Gespräche aber nur schwierig angenommen werden konnte. So entstand der Eindruck, dass ihre Glaubenszugehörigkeit auch einen entscheidenden Einfluss auf die Beurteilung der Notwendigkeit der tiergestützten Maßnahme nach sich zog.

Ein weiteres Beispiel für die Grenzen der Canepädagogik aufgrund religiöser Gründe findet sich in Zeile 49 wieder. Hierbei handelt es sich um ein elfjähriges, kurdisches Mädchen aus einem sehr strenggläubigen und konsequent nach dem Koran lebenden Haushalt. Dabei stellte sich die Familienstruktur so dar, dass der Vater, entsprechend der Regeln des Korans, mit zwei Frauen zusammenlebte und mit diesen insgesamt elf Kinder hatte.

Das Jugendamt wurde auf diese Familien von Nachbarn aufmerksam gemacht, da von diesen verschiedentlich laute Auseinandersetzungen und auch körperliche Züchtigungen der Kinder mitangehört wurden. Aufgrund des vorliegenden Wächteramtes wurde das Jugendamt tätig und stellte fest, dass die Eltern mit der Erziehung des zweitjüngsten Mädchens erhebliche Schwierigkeiten hatten.

Innerhalb der Maßnahme wurde schnell deutlich, dass das Mädchen nicht die für die Familie „gewohnten" Reaktionen zeigte und durch ihr langsames Agieren und teilweise sehr autonomes Verhalten immer wieder für großen Zündstoff in der Familie sorgte, die dann auch zu körperlicher Züchtigung führten.

Ziel der ambulanten Hilfe war es, mittels Canepädagogik das Kind zu stärken und parallel dazu durch die begleitende Elternarbeit eine Modifizierung der Erziehungspraktiken zu bewirken.

Dieses Anliegen muss im Nachhinein als nicht realisierbar eingestuft werden. Der Anspruch, eine streng muslimische Familie, die ganz nach den Glaubenssätzen des Korans lebt, durch systemische Familienberatung zu unseren westlichen Erziehungszielen und -methoden zu „bekehren", hat sich als unrealistisch herausgestellt. Auch die erheblichen Sprachbarrieren, die oftmals ein Dolmetschen der älteren Geschwister nötig gemacht haben, trugen ihr übriges zu den fundamentalen Verständigungsschwierigkeiten mit den Eltern bei.

In diesem Fall konnte es im Rahmen der Hilfe lediglich darum gehen, die Eltern nachdrücklich darüber aufzuklären, dass das Schlagen von Kindern – auch der eigenen – in Deutschland gesetzlich verboten ist und strafrechtliche Konsequenzen nach sich ziehen kann.

Daneben gab das zentrale Ziel der Canepädagogik, Kinder zu stärken und selbstbewusst zu machen, in diesem Fall konkret Anlass zu der Frage, ob dies in einem so stark hierarchisch und patriarchalisch aufgebauten Familiensystemen für das Kind tatsächlich förderlich ist und zur Verbesserung des Familienlebens beitragen kann. Die Erreichung dieser Ziele durch die Kinder kann nur dann von einer Familie als positiv angesehen werden, wenn ein selbstbewusstes und starkes Auftreten der Tochter von den Eltern selbst als Erziehungsziel angestrebt wird und in den Familienstrukturen anerkannt und respektiert ist. Die Zielsetzung dieser Familie zielte - traditionell begründet - eher auf eine größere Folgsamkeit gegenüber den Eltern und ihren Entscheidungen ab.

Aufgrund dieser grundlegenden, kritischen Überlegungen und zahlreichen Terminausfälle wurde die Canepädagogik letztlich im gegenseitigen Einvernehmen frühzeitig wieder eingestellt, allerdings nicht ohne die Fortführung der Familienberatung durch eine Beratungsstelle mit entsprechenden Sprachkenntnissen und „muslimischem" Hintergrund zu empfehlen.

Dass die Canepädagogik für dieses Mädchen dennoch einen großen Erfolg nach sich gezogen hat, resultiert aus dem Umstand, dass es vor Beginn der Maßnahme unter einer erheblichen Hundephobie gelitten hat. Da dies die Eltern nicht davon abgehalten hat, ihre Tochter trotzdem zur Gruppe zu schicken, konnte zumindest diese Phobie innerhalb der vier Monate so erfolgreich bearbeitet werden, dass es dem Mädchen sogar während eines Zeltlagers möglich war, ihr Zelt für eine Nacht mit zwei Hunden zu teilen. Das Mädchen sah sich danach auch in ihrem Alltag deutlich weniger Panikattacken durch Hunde ausgesetzt und freute sich gleichermaßen über ihren Erfolg wie über diese neugewonnene Lebensqualität. Diese Entwicklung wurde sowohl von den Eltern als auch von den Geschwistern abschließend als gleichermaßen positiv wie unerwartet hervorgehoben.

Abschließend sei an dieser Stelle explizit darauf hingewiesen, dass mit der Darstellung der verschiedenen Familienstrukturen keinerlei Bewertung einhergeht. Die angeführten Beispiele unterschiedlicher Lebensstile dienen lediglich dazu, an konkreten Familienkontexten anschaulich zu machen, wie religiöse, ethnische und traditionell bedingte Anschauungen die Anwendbarkeit und die Erfolgsaussichten von Canepädagogik maßgeblich beeinflussen.

11.3 Haltung und Wertesystem der Eltern

Doch nicht nur unterschiedliche Traditionen oder Religionen beeinflussen die Anwendbarkeit und die Erfolgsaussichten der Canepädagogik, sondern auch das verinnerlichte Wertesystem der Eltern bzw. Erziehungsberechtigten der Kinder. Auch diese persönlichen Überzeugungen und die Haltung zu Kindern üben einen erheblichen Einfluss auf die Erziehung, ihre Ziele und Methoden aus.

Die Erziehungshaltung der Eltern leitet sich unmittelbar aus ihren eigenen Erfahrungen, verinnerlichten Werten und persönlichen Weltanschauungen ab. Sie ist gleichermaßen gesellschaftlichen Entwicklungsprozessen wie auch individuellen Erlebnissen unterworfen und ebenso fester Bestandteil wie auch Ausdruck der eigenen Persönlichkeit.

Zudem unterliegt die Erziehung auch einem Wertewandel. Dieser Wertewandel wird deutlich, wenn man die verschiedenen Erziehungsziele im Zeitablauf miteinander vergleicht.
Während früher die Eltern in der Erziehung ihrer Kinder z. B. größten Wert auf Gehorsam und Disziplin gelegt haben und körperliche Züchtigung als adäquate Erziehungsmethode anerkannt war, sind die Eltern heute weitestgehend davon abgerückt. Der Schwerpunkt in der heutigen Erziehung liegt vielmehr darauf, die Kinder stark und selbstbewusst zu machen.
Widerstand und Widerworte der Kinder gegenüber ihren Eltern waren früher der Inbegriff von Unerzogenheit und damit oft Ausdruck einer misslingenden Erziehung. Heute sieht man dagegen diese „Widerworte" als notwendige Grundlage einer guten Entwicklung an, da die Eltern selber die Kraft und das Selbstvertrauen aufbringen, es ihren Kindern so zu ermöglichen, die Diskussionsfähigkeit und Durchsetzungskraft zu Hause mit ihnen als Eltern zu trainieren.
Auch das Schlagen von Kindern als pädagogische Maßnahme ist heute nicht nur gesetzlich verboten, sondern auch gemeinhin verpönt, wenngleich an dieser Stelle leider festgestellt werden muss, dass die Definition dessen, was „Schlagen" eigentlich ist, doch sehr weit ausgelegt wird.

Ohne auf eine Beurteilung der unterschiedlichen Wertesysteme und Erziehungsanschauungen näher eingehen zu wollen, wird deutlich, dass es bei Familien sehr unterschiedliche Zielsetzungen geben kann, die alle einen gesellschaftlichen, traditionellen und persönlichen Ursprung und damit auch ihre natürliche Berechtigung haben.

Im Hinblick auf die Canepädagogik kann in diesem Zusammenhang pauschal festgestellt werden, dass diese aufgrund ihres festgeschriebenen Ziels - Kinder stark und selbstbewusst machen zu wollen - sicherlich sehr gut geeignet ist, Eltern, die diese Ziele in ihrer Kindererziehung verfolgen, zu unterstützen.

Eltern, die dagegen einen (bedingungslosen) Gehorsam ihrer Kinder verwirklicht sehen wollen oder die mit dem Beginn der Maßnahme die Hoffnung verbinden, die Kinder wieder „funktionsfähig" oder angepasst werden zu lassen, sehen sich dagegen häufig enttäuscht und in der Familienarbeit mit irritierenden Fragen konfrontiert, da im Rahmen der Elternarbeit auch die Werte, deren Herkunft und ihr Stellenwert für die Erziehung hinterfragt werden.

Die Auseinandersetzung mit der eigenen Erziehungshaltung und dem eigenen Wertesystem und damit letztlich auch mit sich selbst, setzt bei den Eltern in der Elternarbeit sehr viel Offenheit und Vertrauen voraus, die einige Eltern jedoch aufgrund ihrer persönlichen Geschichte und Entwicklung nicht (mehr) mitbringen. Wie erfolgreich dann diese Maßnahmen verlaufen, hängt nicht zuletzt vom Leidensdruck in der Familie, von der Tragfähigkeit der familiären Beziehungen und von der persönlichen Bereitschaft eines jeden einzelnen Familienmitgliedes ab, zum Wohle des gemeinsamen Familienlebens an sich und für die Familie zu arbeiten.

Eine solche schwierige Situation, bei der sogar innerhalb einer Familie unterschiedliche Erziehungsziele und Wertvorstellungen vertreten wurden und so sowohl die Einigung auf eine einheitliche Erziehung wie auch das Finden passender Hilfsangebote zum Machtkampf führt, findet sich in Zeile 17 wieder.

Dabei handelt es sich um einen vierzehnjährigen Jungen aus einer Patchworkfamilie. Seine Mutter, lange alleinerziehend mit ihren zwei Jungen lebend, hat erneut geheiratet und mit ihrem zweiten Mann ein weiteres gemeinsames Kind bekommen. Der Wunsch der Mutter, nach der Hochzeit mit ihren beiden älteren Söhnen, dem gemeinsamen Kleinkind und ihrem Mann in einem Haushalt zu leben, stellte sich für die Mutter bald als Illusion heraus. Zu Beginn der gemeinsamen Wohnsituation stand der älteste Sohn im Fokus des Familienalltags und wurde letztlich aufgrund massiver und unüberwindbarer Schwierigkeiten in einer stationären Einrichtung fremduntergebracht. Nach einer Phase der familiären Ruhe spitzten sich dann die Schwierigkeiten zwischen ihrem zweiten Sohn und dem neuen Partner zu.

Der Sohn wurde in Folge der Konflikte in der Schule immer auffälliger, zeigte sich aggressiv, reizbar und den Lehrern gegenüber ignorant und respektlos. Er litt unter großer Motivationslosigkeit, starker Antriebsschwäche und zeigte massive Schlafstörungen. Eine aktive Freizeitgestaltung war dem Jungen nicht mehr möglich, seine Freundschaften zerbrachen und eine zunehmende Vereinsamung stellte sich ein. Auch Zuhause zog er sich bei Anwesenheit seines Stiefvaters weitestgehend zurück.

Die familiären Kämpfe eskalierten dennoch weiter, da der Junge nicht gewillt war, sich den (neuen) Erziehungsmethoden und Umgangsformen seines Stiefvaters zu beugen. Diese belastende Situation führte die Mutter zum Jugendamt, wo dann neben der bereits angelaufenen Elternarbeit zur Entlastung des Jungen auch die Canepädagogik angeboten und installiert wurde.

Die ambulante Hilfe sollte insbesondere dazu dienen, die familiären Konflikte erfolgreich zu bearbeiten und den Jungen über die Entspannung und Verbesserung der Lebenssituation zu entlasten. Die psychische Belastung, die auch bei den Eltern spür- und sichtbar war, sollte nachhaltig reduziert werden, um ihm so weiterhin eine gute und gesunde Entwicklung zu sichern.

Die gemeinsam formulierte Zielsetzung der Hilfemaßnahme, den Lebensalltag wieder lebenswürdig zu gestalten, war innerhalb der Familie konsensfähig. Doch wie dieses Ziel erreicht werden sollte, darüber gab es sehr unterschiedliche Vorstellungen bei den Beteiligten, die wiederum aus ihren sehr unterschiedlichen verinnerlichten Wertesystemen resultierten.

Position des Vaters
Der Vater sah sich in der neuen gemeinsamen Familienstruktur entsprechend seiner Sozialisation als Oberhaupt der Familie. Gemäß seiner Erziehung und seinen persönlichen Erfahrungen hatte

er die Vorstellung, als (neuer) Vater von den Söhnen seiner Frau automatisch geachtet und respektiert zu werden. Er erwartete von den Kindern Gehorsam, Disziplin und Zuverlässigkeit. Kontroverse Ansichten oder Widerstand konnte er aufgrund seiner Herkunft und Geschichte nicht positiv oder als Zeichen persönlicher Stärke der Kinder sehen und konstruktiv bewerten. Vielmehr wurde dies von ihm als unerwünschtes Resultat einer langjährigen, vaterlosen Erziehung eingeschätzt, die es jetzt konsequent durch ihn zu korrigieren galt.
Zudem fühlte er sich durch den Widerstand und die Kritik weder in seiner Person akzeptiert noch in seiner Rolle ernst genommen. Er erlebte das ablehnende Verhalten des Jungen als persönliche Kränkung und tiefe Verletzung, die zu massiven Sanktionen wie auch zu körperlichen Übergriffen und Auseinandersetzungen führten.
Der Vater verband mit der Installierung der Canepädagogik die Hoffnung, dass seine männliche Position innerhalb der Familie gestärkt wird. Darüber, dass der Junge durch die ambulante Maßnahme lernen sollte, mehr Verantwortung zu übernehmen und sich besser an Regeln und Absprachen zu halten, herrschte bei ihm die Erwartungshaltung, dass dem Jungen vermittelt werden sollte, ihm als Vater besser zu gehorchen und sich ihm unterzuordnen.
Nach seinen Vorstellungen sollte der Machtkampf damit beendet werden, dass der Junge seine Stellung als Vater akzeptiert und ihn in seiner Person und Rolle nunmehr respektiert. Er sah diese notwendige Verhaltensänderung des Jungen als letzte Chance an, die längst angezeigte Fremdunterbringung des Jungen in einem Heim - zum Wohle „seiner" Familie - zu umgehen.

Position des Jungen
Der Junge war mit seinen vierzehn Jahren mit sehr viel Charakterstärke, einem klarem Blick und einem starken Willen ausgestattet, der es ihm ermöglichte, dem neuem Mann seiner Mutter auf Augenhöhe zu begegnen. Er konnte sich sehr gut artikulieren und war in der verbalen Auseinandersetzung mit seinen Eltern trotz seines jungen Alters keinesfalls unterlegen.
Der Junge hielt seinem Stiefvater vor, ihm aufgrund seines autoritären Auftretens, seiner herablassenden und verachtenden Umgangsformen gegenüber allen Familienmitgliedern keinerlei Re-

spekt entgegenbringen zu können und machte ihm dies im Alltag durch sein Verhalten, das durch Ignoranz und Verweigerung gekennzeichnet war, unübersehbar deutlich.
Seine Ansichten formulierte er auch in den Familiengesprächen im Beisein seiner Eltern sehr eindringlich. Er stellte klar, dass er einem Menschen, der sowohl seine Frau als auch die Kinder so respektlos und verachtend behandelt, wie er es bei seinem Vater erlebte, nicht achten könne und bestätigte damit das Gefühl des Vaters, von seinem Stiefsohn nicht anerkannt zu werden.
Der Junge versprach sich von der Canepädagogik neben der Hoffnung auf etwas Abstand auch Verständnis für seine Position und einen neutralen, unvoreingenommenen Gesprächspartner. Er sah die Chance, dass in den gemeinsamen Familiengesprächen eine Veränderung und ein Einlenken des Vaters bewirkt werden könnte, die den Alltag der Familie positiv beeinflussen könnte.

Die Position der Mutter
Die Mutter befand sich in einem schwierigen Loyalitätskonflikt. Einerseits liebte sie ihren Sohn und verstand aufgrund ihrer (bisherigen) Erziehungsarbeit seine Kritikpunkte und seinen Widerstand sehr genau.
Auch sie erlebte im Umgang mit ihrem Mann Verhaltensweisen, die sie nicht gutheißen konnte und die sich nicht mit ihren Ansichten vereinbaren ließen. Sie versuchte selbst immer wieder nachdrücklich – auch im Hinblick auf das gemeinsame Kleinkind – für eine Änderung seiner Haltung und Einstellung zu werben. Aber die Liebe zu ihrem Partner und die damit verbundene Sorge, ihn zu verletzen, die Angst ein zweites Mal alleinerziehende Mutter zu werden und die wirtschaftliche Abhängigkeit vom Einkommen ihres Mannes ließen ihre Durchsetzungskraft schwinden.
Auf der anderen Seite ärgerte sie sich ebenso über ihren Sohn und seine Verweigerungshaltung und litt unter den permanenten Kämpfen. Auch sie erlebte heftige Auseinandersetzungen mit ihrem Sohn, die die an sich starke Mutter-Sohn-Beziehung erheblich beeinträchtigten.
Die Mutter verfolgte mit der ambulanten Maßnahme das Ziel, eine Klärung des Konfliktes zwischen ihrem Mann und ihrem Sohn zu erwirken und damit ein gemeinsames Leben zu erreichen. Sie wollte sich nicht ein zweites Mal der Entscheidung ausgesetzt sehen,

sich zwischen ihrem Mann und ihrem Sohn entscheiden zu müssen.

In der Gruppe
Obwohl die große psychische Belastung und mentale Erschöpfung des Jungen nicht zu übersehen war, erschien er stets zuverlässig zur Gruppe und behandelte seinen Hund sehr liebevoll und verantwortungsbewusst. In der Gruppe selbst trat er mit seinen vierzehn Jahren sehr erwachsen auf. Kindliche Leichtigkeit oder unbefangenes Spielen mit Kindern oder Hunden waren einer eher kritischen und reflektierenden – erwachsenen – Haltung gewichen. So hinterfragte er z. B. sehr gerne Entscheidungen, generelle Regeln oder Absprachen im Gruppengeschehen. Dieses Auftreten des Jungen innerhalb der Gruppe schaffte viel Transparenz für die familiären Konflikte, da es die Reiz-Reaktions-Mechanismen zwischen Vater und Sohn aufdeckte und sowohl im Rahmen der Gruppe als auch bei den Familiengesprächen so aufgegriffen werden konnten (vgl. dazu Kap. 1.3 und 12.2.3).
In der Gruppe führte dieses Verhalten zum einen zu vermehrter Reflektion der Gruppenabläufe, zum anderen aber auch zu etlichen Reibungspunkten mit dem Jungen. Die Argumentationen mit ihm waren in der Regel stichhaltig und bestätigten seine guten intellektuellen und verbalen Fähigkeiten einmal mehr.
Eine ernsthafte Auseinandersetzung mit seinen kritischen Fragen zum Gruppenablauf, das konsequente Bestehen auf die Einhaltung auch (von ihm) unbeliebter Gruppenstrukturen oder -regeln und die wertschätzende und annehmende Haltung innerhalb der Gruppe stärkten den Jungen in dem Bewusstsein, dass es auch andere Formen der Auseinandersetzung gibt, als die zu Hause praktizierten. Allerdings wurde ihm in der Gruppe auch klar, dass es im Zusammenleben verbindliche Regeln gibt, die es zum Wohle der Gemeinschaft auch von ihm einzuhalten galt.
Die Erfahrung des Jungen in der Gruppe und der Kontakt mit ihm machten auch darüber hinaus die Kritikpunkte des Vater an seinem Stiefsohn transparenter und ermöglichten es dem Jungen, die Wirkung seines Auftretens von einer neutralen Person gespiegelt zu bekommen. Er signalisierte Bereitschaft, sein Verhalten und Auftreten zu Hause zu überdenken, um so einen ersten Schritt zur

Entspannung beizutragen, was ihm nach Rückmeldungen seiner Mutter auch durchaus spürbar gelang.
Darüber hinaus machten die Gruppenerfahrungen nachvollziehbar, welche Mechanismen beim Vater griffen, der sachliche bzw. kritische Fragen des Jungen (oder seiner Frau) eben nicht auf der inhaltlichen Ebene belassen und diskutieren konnte, sondern diese vielmehr als persönlichen Angriff empfunden hat. Diese Stärke des Jungen, seine Meinung sagen zu können und für sich – auch in sehr schwierigen Situationen – beharrlich einzustehen, konnten vom Vater aufgrund seiner eigenen Erziehung nicht positiv als „selbstbewusst" bewertet werden, sondern wurde von ihm als „anmaßendes" und „überhebliches" Verhalten grundsätzlich abgelehnt. Die damit verbundene persönliche Kränkung und Abwertung seiner Person brachten ihn immer wieder aus der Fassung und machten jeglichen konstruktiven Umgang mit diesem Auftreten des Jungen unmöglich.

Die Familienarbeit
Im Rahmen der Familiengespräche wurde das tiefe Zerwürfnis zwischen den beiden Männern der Familie besonders nachdrücklich erfahrbar.
Die vom Sohn so heftig kritisierte herablassende und demütigende Art des Vaters, sowohl im Umgang mit der Mutter als auch mit den Kindern, wurde immer wieder durch seine Ausführungen in den gemeinsamen Gesprächen bestätigt. Das Spiegeln seiner vor Ort getätigten Aussagen machte deutlich, dass der Vater sich der destruktiven Wirkung seiner Sprache nicht stellen wollte oder konnte. Seine eigenen tiefen Verletzungen und seine über Jahre angelegten persönlichen Schutzmechanismen machten es ihm unmöglich, an diesen, für das Zusammenleben seiner Familie so wichtigen, Themen zu arbeiten.
Die autoritären und patriarchalischen Erziehungsstrukturen, die er selbst als Kind und Jugendlicher kennen gelernt hatte und auf die er nun bei der Erziehung seiner Kinder selbstverständlich und ausschließlich zurückgriff, haben in seinen Umgangsformen unverkennbare Spuren hinterlassen, die sein Auftreten als Erwachsener und Erziehungsberechtigter maßgeblich bestimmen.
Die Kraft, sich diesen Einflüssen und seinen eigenen Erfahrungen aus dem Elternhaus konstruktiv zu stellen oder sich für andere

Umgangsformen und den Ansichten seiner Frau und seines Sohnes zu öffnen, war dem Vater zum damaligen Zeitpunkt und zum Wohle seines (Stief-) Sohns (noch) nicht möglich. Weder die Bereitschaft noch die Notwendigkeit, sich selber in den Mittelpunkt der Elternarbeit zu stellen, um an den eigenen – bekanntermaßen vorliegenden – Verletzungen zu arbeiten, waren bei dem Vater spürbar.

Viel klarer und einfacher konnte er den Bedarf nach jemandem formulieren, der in der Lage ist, dem Jungen entweder ambulant oder stationär die „fehlenden Manieren" beizubringen. Die Canepädagogik hatte diesem „seinen" Anspruch nicht gerecht werden können.

An diesem Beispiel soll deutlich werden, dass, je nach Erwartungshaltung und Vorstellung der Eltern, die Maßnahmen und auch ihr Erfolg allein aufgrund verschiedener Standpunkte sehr unterschiedlich wahrgenommen werden können.

Während der Vater die Hilfe durch die Canepädagogik als völlig verfehlt angesehen und sie in keiner Weise für sich als hilfreich erlebt hat, waren sowohl die Mutter als auch der Sohn mit den positiven Auswirkungen und Erfolgen der Maßnahme zufrieden. Wenngleich nicht erreicht werden konnte, dass sich die Ansichten des Vaters verändert haben, so konnten doch das eigene Verständnis des Konfliktes und die eigenen Positionen klarer gesehen werden. Die Entlastung des Jungen haben sowohl die Mutter als auch er selbst als sehr positiv im Verlauf der Hilfe herausgestellt und dadurch auch eine deutliche Annäherung in der Mutter-Sohn-Beziehung erfahren, die alleine schon für eine erhebliche Verbesserung der Alltagssituation sorgte.

Zur Beendigung des ursächlichen Konfliktes zwischen den unterschiedlichen Erziehungshaltungen und Wertvorstellungen hat Canepädagogik aber zu diesem Zeitpunkt nicht abschließend beitragen können.

11.4 Canepädagogik in Suchtfamilien

Auch bei der Arbeit mit sogenannten Suchtfamilien stößt die Canepädagogik an Grenzen.

Kinder, deren Eltern an einer Sucht erkrankt sind, sind sich darüber in der Regel nicht im Klaren. Vielmehr spüren sie nur die häusliche Unruhe wie auch die Belastung und Anspannung der Eltern und reagieren auf diese diffuse Gefühlslage in der Regel - glücklicherweise - mit auffälligem Verhalten. Erst dieses auffällige Verhalten kann dazu führen, dass Helfersysteme auf diese innerfamiliäre Notsituation der Kinder aufmerksam werden und Hilfsangebote installiert werden können.

Ein Kennzeichen der Suchterkrankten ist es, dass sie nur schwer die eigene Erkrankung – ihre Sucht – wahrnehmen können und sich selber und anderen sehr überzeugend einzureden versuchen, den Wunsch nach Alkohol, Medikamenten, Wetten etc. gut im Griff zu haben. Die Überzeugung z. B. kein Alkoholiker zu sein, da man tagsüber lediglich Bier trinkt und auf Schnaps konsequent verzichten kann, ist ein Beispiel für diesen erfolgreich praktizierten Verdrängungsmechanismus Betroffener.

Kinder erleben dabei Eltern, die extremen Gefühlsschwankungen unterworfen sind und die auf Grund dessen für sie in ihren Reaktionen und Verhaltensweisen nicht kalkulierbar sind. Mal dominiert im direkten Kontakt das schlechte Gewissen der Eltern, das den Kindern dann alle Wünsche zu erfüllen versucht, mal regieren Angst, Verzweiflung oder Ohnmachtsgefühle, die gegenüber den Kindern vermehrt zu Wutausbrüchen oder anderen Überreaktionen führen. Wann und wie auf einen Anlass adäquat zu reagieren ist, wird den Kindern von ihren Eltern nur schwerlich vermittelt. Diese soziale Unsicherheit spiegelt sich häufig so auch unmittelbar im Verhalten und den sozialen Kontexten der Kinder wieder.

Die Belastbarkeit und Leistungsfähigkeit des suchterkrankten Elternteils ist sehr eingeschränkt und führt häufig dazu, dass die Kinder vermehrt Verantwortung übernehmen müssen, sowohl für sich als auch für ihre Eltern. Diese Überforderungen und psychischen Belastungen der Kinder, die sie selber nicht alleine bewältigen können und die sich meist in den Verhaltensauffälligkeiten äußern, machen Hilfsangebote ebenso notwendig wie schwierig, weil ihr Erfolg in letzter Konsequenz elementar von dem Problembewusstsein der Eltern abhängig ist.

Im Rahmen der zurückliegenden canepädagogischen Förderung waren mehrere Kinder aus Haushalten, in denen es Suchtprobleme – vorwiegend Alkoholprobleme – in unterschiedlichen Ausprägungen gab.
Anlass für die Installierung der Canepädagogik als ambulante Jugendhilfemaßnahme im Rahmen der „Hilfe zur Erziehung" war dabei immer die Entwicklung der Kinder und ihre Verhaltensweisen. Sie stehen im Fokus jeder Maßnahme und entsprechende Ziele werden detailliert im Hilfeplan konkretisiert.
Eine vorliegende Suchtproblematik innerhalb des Familiesystems ist gerade bei der systemischen Betrachtung des familiären Kontextes als „Thema hinter dem Thema" für die weitere Familienentwicklung von besonderer Bedeutung und bei der Elternarbeit fest im Auge zu behalten. Ihre Bearbeitung, die ein wesentlicher Baustein für die weitere Entwicklung der Kinder ist und daher zwangsläufig Beachtung finden muss, hängt dabei aber in erheblichem Maße von der Mitarbeit und dem Problembewusstsein der Eltern ab. Die erkrankten Eltern, denen es bei dem Hilfsangebot häufig in erster Linie um das Wohl - oder auch eine bessere „Funktionsfähigkeit" - ihrer Kinder geht, sehen sich nur sehr ungern selber im Mittelpunkt der Hilfe. Nach dem Prinzip „Wasch mich, aber mach mich nicht nass" erhoffen sich häufig gerade Suchterkrankte Hilfe für ihre Kinder, ohne sich selber mit letzter Konsequenz an der Lösung – Bearbeitung der Abhängigkeit - beteiligen zu müssen.
Es ist häufig die Hoffnung oder auch Erwartung der Eltern spürbar, den Kindern über den Besuch der Canepädagogikgruppe zu helfen und damit allein schon das Problem der „Verhaltensauffälligkeiten" zu lösen.

Die Installierung der tiergestützten Förderung hat auch in den meisten Fällen unmittelbar zu einer erheblichen Entlastung durch die Stärkung der Kinder beigetragen und damit zu einer Verbesserung der aktuellen familiären Situation geführt. Die Auffälligkeiten gingen gerade bei den Kindern aus Suchtfamilien sehr schnell und deutlich spürbar zurück. Dieses wurde von den Familienmitgliedern immer sehr positiv bewertet und mit großer Erleichterung zur Kenntnis genommen.
Allerdings ist diese erreichte Entspannung gerade in Suchtfamilien nicht so uneingeschränkt positiv zu sehen, wie es oberflächlich

den Anschein hat. Dies liegt darin begründet, dass es der Canepädagogik durch die ganzheitliche Förderung der Kinder und den verlässlichen Rahmen zwar gerade bei diesem Klientel besonders erfolgreich gelingt, schnell zur Entlastung der Kinder und damit zum Abbau der Verhaltensauffälligkeiten beizutragen. Auf der anderen Seite wird aber damit den suchterkrankten Eltern durch die Reduzierung der Auffälligkeiten gleichzeitig der notwendige Handlungs- bzw. Leidensdruck genommen, sich ihrer eigenen Problematik engagiert zu stellen.

So trägt Canepädagogik also zunächst einmal „nur" dazu bei, die (so wichtigen) Auffälligkeiten zu reduzieren, die auf das eigentliche Thema - das (sucht-)kranke Familiensystem - hinweisen. Wenn jedoch diese Signalwirkung, die die Helfersysteme aufmerksam macht, erlischt, bevor das Thema Sucht innerhalb der Familie erfolgreiche Bearbeitung gefunden hat, läuft die Canepädagogik damit Gefahr, letztlich zur Stabilisierung eines dysfunktionalen Familiensystems beizutragen.

Allerdings ist bei dieser Betrachtung zu beachten, dass die Eltern die Architekten ihrer Familie sind und beim Jugendamt „nur" einen Antrag zur „Hilfe zur Erziehung" gestellt haben, den die Canepädagogik mit ihrem Angebot entspricht. Somit sind die Grenzen und die Zielsetzung der Canepädagogik schon systemimmanent gegeben. Sie hat nämlich nicht wie eine Suchtberatung oder eine Entzugseinrichtung den Auftrag, die Sucht mit den Klienten zu bearbeiten, sondern vor allem das Kind und der Abbau seiner Verhaltensauffälligkeiten im Fokus. Wenn dies dann erreicht ist, ist der Auftrag erfolgreich abgearbeitet, auch wenn die zugrundeliegende Suchtproblematik weiterhin im Hintergrund schwelt und erwarten lässt, dass zukünftig Rückfälle in alte Verhaltensmuster zu erwarten sind.

Bei der begleitenden Familien- oder Erziehungsberatung wird das Thema Sucht aufgegriffen, doch die Entscheidung, inwieweit es von den Eltern in den Vordergrund dieser Erziehungshilfemaßnahme gestellt wird, liegt einzig und allein in ihrer Hand und muss letztlich – auch in Akzeptanz der Eltern – respektiert werden.

In der konkreten Arbeit hat sich in allen Fällen gezeigt, dass die Bereitschaft der Eltern, sich ihrer eigenen Suchtproblematik im Rahmen der Erziehungsberatung bzw. Familiengespräche aktiv und konstruktiv zu stellen, mit Reduzierung der Verhaltensauffälligkeiten rasant gesunken und das Thema Sucht zunehmend in den Hintergrund der Beratung getreten ist.

So hat diese Entspannung innerhalb der Familien dazu beigetragen, dass - durch den Wegfall des „Stressfaktors Kind" - sich diese Familien zumindest für den Moment neu stabilisieren konnten und ein darüber hinaus führender Hilfebedarf nicht mehr gesehen wurde.

Auch wenn dies nicht das hehre Ziel der Canepädagogik erreicht, weil die zugrundeliegende Problematik nicht nachhaltig gelöst werden konnte, so hat das Kind dennoch erfahren, dass es Hilfsangebote gibt und dass es selber in der Lage war, sich Hilfe zu holen und damit erfolgreich für sich zu sorgen. Diese positive Erfahrung des Kindes, aus der bewältigten Krise gestärkt hervorgegangen zu sein, ist für den weiteren Verlauf gerade in seiner Familie von nicht zu unterschätzender Bedeutung.

Die Eltern, die sich in den Gesprächen trotz ihrer Erkrankung angenommen, akzeptiert und in ihren Entscheidungen respektiert fühlen können, sind einerseits mit dem Jugendamt vertraut und über weitere Hilfsangebote informiert. Andererseits haben auch sie über die positiven Erfahrung eines Hilfsangebotes vielleicht die Kraft, sich zur gegebenen Zeit ihrem eigentlichem Problem zu stellen.

Im Rahmen der Canepädagogik ist es allerdings wichtig, zu beachten, dass die Ziele und damit auch die Grenzen, die im Hilfeplan vereinbart sind, unbedingt zu respektieren und verbindlich einzuhalten sind.

Auch wenn es nach Meinung außenstehender Betrachter oder engagierter Helfer gerade im Hinblick auf eine gesunde Entwicklung der Kinder mit Recht wichtig erscheint, das Suchtproblem langfristig zu lösen, steht es – solange keine akute Kindeswohlgefährdung vorliegt – lediglich den Betroffenen zu, die Entscheidung über den für sie richtigen Ort, den Zeitpunkt und den passenden Rahmen zur Suchtbewältigung zu treffen. Denn in letzter Konsequenz kann jede Hilfe – auch eine tiergestützte – nur dann erfolgreich sein, wenn sie von den Betroffenen selber unbedingt gewünscht und engagiert umgesetzt wird. Die tiergestützte Begleitung der Kinder und systemische Beratung der Eltern kann die Arbeit an den eigentlichen Themen unterstützen, aber niemals ohne den vollen Einsatz der Eltern erfolgreich beenden.

Die Canepädagogik muss allerdings gerade in diesen Kontexten sehr darauf achten, dass sie sich nicht von den Eltern zum angenehmen „Beruhigungsmittel" funktionalisieren lässt und sich z. B. anstelle ihrer, nachmittags um die Förderung der Kinder kümmert. Dies ist ein großer Fallstrick.

Es ist überaus wichtig, zu beachten, an welchem Punkt es im Rahmen der ambulanten Jugendhilfe noch um die Entlastung und Unterstützung des Kindes geht und ab welchem Zeitpunkt der Hilfsmaßnahme, die Canepädagogik von den Eltern nur dazu „benutzt" werden soll, um die Kinder zu beschäftigen und damit weiter angenehm ruhig zu halten. Sollte dieser entscheidende Punkt jedoch übersehen werden und die tiergestützte Förderung damit dazu beitragen, dass sich die Eltern erfolgreich aus ihrer erzieherischen Verantwortung zurück ziehen können, wäre das für die Kinder und ihre Erziehung in erheblichen Maße kontraproduktiv und nicht mit den Zielen zu vereinen.

Das Ziel der Canepädagogik ist es eben nicht, die Eltern zu ersetzen, sondern - ganz im Gegenteil - sie durch die pädagogische Begleitung ihrer Kinder in Kombination mit der Familienberatung in die Lage zu versetzten, ihre Erziehungsaufgaben wieder besser und alleine wahrnehmen zu können. Ziel der Canepädagogik ist es auch hier, sich selber überflüssig zu machen.

Eine Entscheidung darüber, was suchtkranke Eltern tatsächlich annehmen oder selber in dem jeweiligen Moment für wichtig erachten, ist von außen nicht zu treffen.

Dies hat zur Konsequenz, dass im Rahmen der canepädagogischen Förderung Maßnahmen auch beendet werden (müssen), wenn festgestellt wird, dass die Eltern bzw. Erziehungsberechtigten ihre Verantwortung nicht wahrnehmen und z. B. die Termine der erforderlichen Elterngespräche nicht mehr für nötig erachten. Letztlich dokumentieren sie mit ihrem Verhalten, dass sie von ihrer Seite keinen weiteren Handlungsbedarf (mehr) sehen. Dies gilt es ernst zu nehmen, auch dann, wenn die Kinder weiter motiviert sind und zur Gruppe kommen.

Canepädagogik kann nur dann erfolgreich arbeiten, wenn auch die Eltern ihren Beitrag dazu leisten, die familiären Strukturen so zu verändern, dass die Auffälligkeiten der Kinder nicht weiter erforderlich sind. Wenn die Eltern dies aber – aus welchen Gründen auch immer – nicht tun wollen oder noch nicht tun können, ist es wichtig, die Eltern in ihrer Entscheidung zu respektieren, die Maßnahme zu beenden und darauf zu Vertrauen, dass die Kinder auch zukünftig die Kraft haben werden, auf ihre Bedürfnisse erfolgreich aufmerksam zu machen.
Dazu wird es in der Regel beim Fortbestand des Suchtproblems über kurz oder lang wieder kommen. Die Eltern können in diesem Fall einen neuen Anlauf nehmen, die Bewältigung ihrer Probleme in Angriff zu nehmen.
Dass dieser „Rückfall" der Kinder in alte Verhaltensmuster die Eltern nicht erfreut und dadurch auch die Beurteilung und Effektivität von Hilfsmaßnahmen im Allgemeinen und der Canepädagogik im Speziellen negativ beeinflusst, liegt in der Natur der Sache.

Zusammenfassend kann hier festgestellt werden, dass auch Canepädagogik sicherlich nicht als Allheilmittel zu sehen ist oder Wunder bewirken kann. Auch wenn die Kinder sich sehr gut durch die Hunde angesprochen fühlen und die Eltern die positiven Veränderungen im familiären Alltag schnell, dankbar und mit viel Erleichterung bemerken, wird dennoch nicht immer des „Pudels Kern" verändert werden können.
Aber auch diese kleinen, temporären Erfolge, die kleinen Stationen auf einem langen Weg ins Leben, tragen ihre Früchte und sind den Kindern wie auch den Familien nicht mehr zu nehmen. Ob und welche weiteren Schritte im Anschluss an dieses tiergestützte Fördern notwendig sind, hängt von der weiteren Entwicklung innerhalb der Familien ab und wird auch im Folgenden nochmals thematisiert werden.

12 Beurteilung der Canepädagogik durch die Eltern

Zur Beurteilung der Canepädagogik haben auch die Eltern die Möglichkeit bekommen, ihre Eindrücke und Erfahrungen mit der Canepädagogik zum Ausdruck zu bringen. Deshalb wurde im Rahmen

---

Praxis für Canepädagogik

Hilfe zur Erziehung
mit dem und *durch* den Hund

Corinna Möhrke
Dipl.-Kff., Dipl.-Heilpädagogin

«vorname» «name» - «adresse» - «plz» «ort»
Frau
Corinna Möhrke
Dorneystr. 65
44149 Dortmund

Fragebogen (Bitte ausgefüllt zurück senden!)
(Zutreffendes bitte ankreuzen!)

1. Wie gut war das Angebot der Canepädagogik geeignet, Ihr Kind in der damaligen Situation zu erreichen bzw. zur Mitarbeit zu motivieren?

   o Sehr gut o gut o befriedigend o ausreichend o mangelhaft o ungenügend

2. Wie gut konnte Canepädagogik damals helfen, Ihre Hoffnungen, Erwartungen und Ziele (siehe Hilfeplan) zu erfüllen?

   o Sehr gut o gut o befriedigend o ausreichend o mangelhaft o ungenügend

3. Wie hoch würden Sie Ihre Zufriedenheit (Zielerreichungsgrad) bei der Beendigung der Canepädagogik einschätzen?

   o Sehr gut o gut o befriedigend o ausreichend o mangelhaft o ungenügend

4. Wie sehr hat nach ihrer Wahrnehmung die hundgestützte Arbeit zur positiven Entwicklung Ihres Kindes beitragen können?

   o Sehr gut o gut o befriedigend o ausreichend o mangelhaft o ungenügend

5. Wie würden Sie für Ihre familiäre Entwicklung den Stellenwert der Elternarbeit bzw. Familiengesprächen bewerten?

   Sehr wichtig O   wichtig O   nebensächlich O   notwendiges Übel O

6. Weitere Maßnahmen waren nach der Beendigung der Canepädagogik für mein/unser Kind erst möglich. O   nicht mehr erforderlich. O   weiter notwendig. O

Für ausführlichere Rückmeldungen oder Mitteilungen von Ihnen oder Ihren Kindern finden Sie auch auf der Rückseite weiteren Platz.

Vielen Dank für Ihre Hilfe!

der Vorbereitungen und Recherche zu diesem Buch im Frühjahr 2010 eigens eine schriftliche Elternumfrage mit vorstehendem Fragebogen durchgeführt.

Dabei wurden alle Eltern mit einem persönlichen Anschreiben kontaktiert und darüber informiert, dass im Rahmen der Auswertung und zum Zwecke der Veröffentlichung eines Buches über die Canepädagogik ihre Meinung als unmittelbar Beteiligte von besonderem Interesse ist. Sie wurden gebeten, nochmals an die hundgestützte Förderung zurückzudenken, den Fragebogen auszufüllen und so ihre persönlichen Erfahrung einer breiteren Öffentlichkeit zuteil werden zu lassen.

In diesem Zusammenhang ist es wichtig, zu bedenken, dass für manche Familien das Ende der Canepädagogik etliche Jahre zurückliegt, die Kinder teilweise aus dem Haus sind und von ihnen damit noch einmal ein Rückblick in einen anstrengenden und turbulenten Lebensabschnitt erbeten wurde.

Von den 51 Kindern aus 47 unterschiedlichen Familien (vier Geschwisterkinder), die die Canepädagogik bisher besucht haben, wurden alle Eltern angeschrieben, deren Maßnahmen erfolgreich installiert und auch tatsächlich durchgeführt wurden. Die acht Maßnahmen, die nach rund drei Monaten vorzeitig – aufgrund der o. g. Gründe (vgl. Kap. 11) – eingestellt wurden und die dadurch zwangsläufig keine Aussagen zum Verlauf der Maßnahme insgesamt machen konnten, wurden dabei aufgrund der fehlenden Aussagekraft unberücksichtigt gelassen.
Von den verbleibenden 39 Familien waren vier verzogen o. ä. und die neue Anschrift auch mit Amtshilfe nicht zu ermitteln, so dass letztlich 35 Familien angeschrieben werden konnten. Nach einer Rücklaufquote von rund 59 % (23 von 35 Familien) entstand folgendes Bild, das auf der kommenden Seite zusammengefasst dargestellt wird.

In dieser Tabelle bilden die verschiedenen Spalten die unterschiedlichen Fragen der Elternumfrage ab, während die Zeilen die Bewertung der Eltern der jeweiligen Frage darstellen. Die Zahlen in der ersten Spalte nehmen auf die Kinder Bezug, die bereits im Kapitel 10.5 bei der Analyse der Termintreue aufgeführt wurden. So kann anhand der Zeilennummern der Bezug zwischen der Beurteilung der Eltern und dem Verlauf (Geschlecht, Dauer, Termintreue etc.) der Maßnahme von Seite 136/137 hergestellt werden.

Auswertung der Elternumfrage:

Kind s. S. 136/137	Frage 1 Motivation	Frage 2 Zielerfüllung	Frage 3 Zufriedenheit	Frage 4 Entwicklung	Frage 5 Elternarbeit	Frage 6 Weitere Hilfen
1	3	2	3	3	w	em
2	1	2	2	2	sw	n
3	1	2	2	2	w	n
4	2	2	2	2	sw	wn
5	1	1	1	1	sw	n
7	2	2	1	2	sw	n
8	2	2	2	2	sw	n
9	2	1	1	1	w	em
10	2	2	2	1	n	n
11	2	2	2	2	w	n
12	4	5	4	4	sw	wn
14	1	1	1	1	w	n
15	2	2	2	2	w	n
17	1	2	3	2	w	wn
18	2	3	3	3	w	wn
21	1	1	1	1	sw	n
23	1	1	1	1	sw	n
24	2	2	2	2	sw	n
25	1	1	2	2	sw	n
26	2	5	5	5	w	wn
30	2	2	2	2	sw	wn
38	1	1	1	1	sw	n
44	5	5	5	5	sw	wn
Summe	43	49	50	49		
Mittelwert	**1,9**	**2,1**	**2,2**	**2,1**	Durchschnittszensur	
Modalwert	**2,0**	**2,0**	**2,0**	**2,0**	Häufigste genannte Note	
Median	**2,0**	**2,0**	**2,0**	**2,0**	Zentralwert d. Notenreihe	
Standardabw.	**1,0**	**1,2**	**1,2**	**1,2**	Abweichung v. Mittelwert	

Um einen ersten Gesamteindruck der Elternbeurteilung zu erhalten, bietet es sich zunächst einmal an, über die Berechnung des arithmetischen Mittels die „Durchschnittszensuren" für die Fragen 1 bis 4 zu errechnen. Ohne dabei auf jede einzelne Bewertung explizit einzugehen, lässt sich damit feststellen, dass die Beurteilung des Aufforderungscharakters der Maßnahme

> **Frage 1:** *„Wie gut war das Angebot der Canepädagogik geeignet, Ihr Kind in der damaligen Situation zu erreichen bzw. zur Mitarbeit zu motivieren?"*

durch die Eltern im Schnitt einer 1,9 entspricht. Dieser Wert, der sowohl durch den Modalwert als auch durch den Median von 2,0 bestätigt wird, ist auch im Vergleich zu den anderen Werten sicherlich als ein gutes Ergebnis einzuschätzen.

Zudem steht es sehr im Einklang zu den Ergebnissen aus der Beurteilung der Termintreue, die sich rechnerisch aus den Teilnahmelisten (s. Kap. 10.5) ergeben haben. Damit wird durch die Rückmeldung der Eltern der Eindruck bestätigt, dass eine regelmäßige Teilnahme und seltenes Schwänzen unmittelbar und mit Recht auf eine gute Motivationslage der Kinder zur Mitarbeit im Rahmen der Canepädagogik schließen lassen.

Die These, dass eine gute Motivationslage bei den Kindern dazu führt, effektiv an ihren persönlichen Themen, Grenzen oder Problemen arbeiten zu können, wird durch die gute Beurteilung der Frage

> **Frage 2:** *„Wie gut konnte Canepädagogik damals helfen, Ihre Hoffnungen, Erwartungen und Ziele zu erfüllen?"*

zweifellos untermauert.

Die Ziele, die häufig von den Familien im Hilfeplangespräch für ihre Kinder im Verlauf der Maßnahme formuliert werden, wie z. B.

- Abbau von Aggressionen,
- Verbesserung der sozialen Kompetenz,
- Veränderung der Kommunikationsmuster,
- Steigerung der schulischen Leistungen u.ä.,

können nur „gut" erreicht werden, wenn die Kinder (und ihre Familien) genau daran engagiert und zielorientiert arbeiten. Dass dies im Rahmen der Canepädagogik möglich ist, wird durch die positive Resonanz der Eltern unmittelbar bestätigt. Hier ergibt der arithmetische Mittelwert eine Durchschnittszensur von 2,1, wobei sowohl der Modalwert als auch der Median durch ihre Toleranz gegenüber Ausreißerwerten jeweils mit einer 2,0 noch etwas unter diesem Wert bleiben. Insgesamt kann man also auch für die zweite Frage von einer guten Bewertung sprechen.

Die Antwort auf die

> **Frage 3:** *„Wie hoch würden Sie Ihre Zufriedenheit bei der Beendigung der Canepädagogik einschätzen?",*

die ebenfalls im Durchschnitt insgesamt mit einer 2,2 bewertet wird und so nur etwas hinter den vorherigen Ergebnissen zurückbleibt, unterstreicht den zuvor entstandenen Eindruck, dass die Eltern mit dem Ergebnis der canepädagogischen Förderung „gut" zufrieden sind. Auch hier liegen Median und Modalwert mit 2,0 etwas besser, da sie die Ausreißer nach oben und unten unberücksichtig lassen.

Insgesamt stützt dies die Einschätzung, dass die Gruppenstrukturen und -abläufe der Canepädagogik, die theoretisch fundiert und nach heilpädagogischen Grundsätzen ausgerichtet sind, tatsächlich dazu geeignet sind, Verhaltensmuster bei Kindern nachhaltig zu verändern und so langfristig zur Verbesserung der Familiensituation beitragen zu können.

Die Erwartungshaltung, die Kinder durch die Canepädagogik in ihrer Entwicklung zu unterstützen, sieht man durch die Beantwortung der

> **Frage 4:** *„Wie sehr hat nach Ihrer Wahrnehmung die hundgestützte Arbeit zur positiven Entwicklung Ihres Kindes beitragen können?"*

ebenfalls bestätigt. Durch die Beantwortung dieser Frage mit einer 2,1 im Schnitt attestieren die Eltern, dass die Entwicklung des Kindes durch den Besuch der hundgestützten Gruppenarbeit offenbar merklich, positiv und nachhaltig beeinflusst werden konnte.

Diese empirischen Ergebnisse, die sich zunächst einmal aus einer übergreifenden Betrachtung ergeben und später (vgl. Kap. 13) durch einige Fallbeispiele verifiziert werden, machen deutlich, dass die hohe Erwartungshaltung an die hundgestützte Arbeit, die sich zunächst einmal aus der theoretischen Herleitung des Konzeptes ergibt, tatsächlich - in der Praxis und durch die Praxis - weitestgehend erfüllt werden konnte.

Insgesamt werden die Fragen 1 bis 4 von den Eltern in dieser Umfrage mit „gut" bewertet, so dass hier die Rückmeldungen der Eltern im Rahmen der Auswertung der Praxistätigkeit deutlich machen, dass die Canepädagogik offenbar in der Regel in der Lage ist zu halten, was sich Eltern und Kinder von ihr versprochen haben.

Auf die Grenzen der Canepädagogik (vgl. Kap. 11), die bereits eingehend erörtert wurden, und auf die mit „mangelhaft" beurteilten Maßnahmen, die noch Beachtung finden werden, muss dennoch erneut hingewiesen werden. Auch wenn das Konzept nach der Rückmeldung der Eltern sehr überzeugend erscheint, kann auch diese positive Bewertung nicht darüber hinwegtäuschen, dass nicht jedem Kind und jeder Familie durch diese Maßnahme zu helfen ist bzw. geholfen werden konnte.

12.1 Bedeutung der Elternarbeit

Die Beantwortung der

Frage 5: *„Wie würden Sie für Ihre familiäre Entwicklung den Stellenwert der Elternarbeit bzw. Familiengespräche bewerten?"*

gibt Aufschluss über den Stellenwert der Elternarbeit im Rahmen der Canepädagogik.
Wie bereits im Rahmen der heilpädagogischen Grundlagen des Konzeptes (Teil I) deutlich hervorgehoben wurde, dreht sich Canepädagogik – entsprechend der 3. Regel von Moor – eben nicht nur um die Erziehung des Kindes an sich, sondern hat sich vielmehr auch um die „Erziehung" bzw. Gestaltung seiner Umwelt zu kümmern.
Dies macht den systemischen Ansatz der Canepädagogik und auch der Elternarbeit deutlich, der davon ausgeht, dass das verhal-

tensauffällige Kind als identifizierter Patient (IP) eines „kranken" oder dysfunktionalen Systems zu sehen ist. Durch das auffällige Verhalten des Kindes wird auf diese schädlichen Umstände innerhalb des Systems nachhaltig aufmerksam gemacht (vgl. dazu Kap. 2.2).

Folgt man diesem Ansatz, so ist es nur über die Veränderung/Gesundung dieses Familiensystems möglich, die daraus resultierenden Verhaltensweisen des Kindes erfolgreich zu verändern oder überflüssig zu machen. Nur diese Systemveränderung kann langfristig und nachhaltig dazu beitragen, dass das Kind auf diese unerwünschten Verhaltensweisen verzichten kann und wieder in die Lage versetzt wird, sich seinen Möglichkeiten entsprechend zu entwickeln.

Ohne an dieser Stelle tiefer in die Inhalte oder Wirkung der systemischen Familienberatung eingehen zu wollen, deren Literatur ganze Regale füllt, wird anhand der Umfrageergebnisse deutlich, dass die große Bedeutung der Beratung für die Entwicklung innerhalb der Familien nicht etwa nur theoretischer Natur ist, sondern auch von den Eltern selbst in der Praxis als so wichtig für die familiäre Entwicklung wahrgenommen wird.

Dabei haben von den 23 Rückmeldungen 13 Eltern (56 %) die Elternarbeit für ihre Familie als „sehr wichtig" („sw") und weitere 9 als „wichtig" („w") empfunden. Lediglich eine Familie schätzte für sich die Familiengespräche für ihre familiäre Situation als nebensächlich („n") ein.

Dies belegt, dass das theoretische Fundament des Konzeptes – der systemische Ansatz – nicht nur heilpädagogischen Grundsätzen entspricht, sondern auch in seiner Bedeutung für die Praxis von den Eltern rückblickend und ausdrücklich bestätigt wird.

Wichtig ist es, zu ergänzen, dass „Soziale Gruppenarbeit" als ein Oberbegriff der pädagogischen Förderung von Kindern in der Regel von Eltern- und/oder Familienarbeit begleitet wird, so dass hier nicht fälschlicherweise der Eindruck entstehen soll, dass dies ein völlig neu entwickelter Gedanke der Canepädagogik sei.

Dennoch ist das Ergebnis hier von großer Aussagekraft, da es zum einen diesen Ansatz in seiner Richtigkeit und Wichtigkeit durch die persönlichen Erfahrungen vieler Familien bestätigt.

Zum anderen gibt es auch Anlass zu der Behauptung, dass das gemeinsame Anbieten von pädagogischer Begleitung der Kinder und der Beratung der Eltern „aus einer Hand" einen erheblichen Vorteil bietet, da die persönlichen Eindrücke und Erfahrungen aus der tiergestützten Gruppenarbeit unmittelbar für die Familien- und Elternarbeit zur Verfügung stehen und bei Bedarf aufgegriffen werden können. Gleichfalls können auch Inhalte und Aussagen der Familienarbeit im Rahmen der Gruppenarbeit Berücksichtigung finden und entsprechend der Zielsetzung effektiv weiter verfolgt werden.

Dies spricht sehr für das enge Zusammenwirken von Gruppen- und Elternarbeit, ist Ausdruck der Moorschen Grundregeln (vgl. dazu Kap. 1.3) und stellt eine große Chance speziell für diese Förderung dar.

12.2 Chancen der Canepädagogik

Auch wenn bereits verschiedentlich deutlich geworden ist, dass Canepädagogik kein Patentrezept für alle Erziehungsschwierigkeiten darstellt, so zeigt die langjährige Praxistätigkeit der Canepädagogik und die Auswertung dieser weitere Chancen dieses tiergestützten Jugendhilfeangebotes.

Eine Chance der Canepädagogik ist, dass sie Synergieeffekte zwischen der tiergestützten Gruppenarbeit der Kinder einerseits und der systemischen Beratung der Eltern anderseits möglich macht. Die Ursache hierfür liegt in der beträchtlichen Wirkung (vgl. dazu Kap. 4) der Hunde begründet.

Überall dort, wo Kinder mit großer Freude und zuverlässiger Regelmäßigkeit teilnehmen, kann im Rahmen einer pädagogischen Förderung auf ein großes Entwicklungspotential zugegriffen und sehr ressourcenorientiert mit ihnen gearbeitet werden. Genau dies gelingt der hundgestützten Förderung nach derzeitigem Erkenntnisstand offenbar sehr überzeugend (s. o.).

Das dies aber nicht nur - wie vielleicht erwartet - für die Gruppenarbeit der Kinder und ihre individuelle Förderung von großer Bedeutung ist, sondern gleichzeitig auch für die so wichtige Eltern- bzw. Familienarbeit eine zusätzliche Chance bietet, soll an dieser Stelle verdeutlich werden.

Der Weg der Eltern zum Jugendamt ist oftmals mit erheblichen Vorbehalten verbunden und kommt vielen Eltern einem „Offenbarungseid" im Hinblick auf ihre Erziehungskompetenz gleich. Scham und Versagensängste spielen häufig eine gravierende Rolle und stellen für die Eltern im Vorfeld eine wesentliche Hürde dar. Dies führt dazu, dass in den meisten Fällen die Eltern erst dann den Weg zum Jugendamt antreten, wenn sie mit dem Rücken zur Wand stehen und die Verhaltensauffälligkeiten der Kinder oder der Druck anderer (Lehrer, Nachbarn etc.) so massiv sind, dass ihnen ihre Hilflosigkeit und die Ohnmachtgefühle trotz aller Vorbehalte keine andere Wahl (mehr) lassen.

Zudem sehen sich die Eltern häufig – gerade zu Beginn der Hilfe – nicht so sehr selbst in der Verantwortung, etwas an ihrem Leben, ihren Verhaltensweisen oder Umgangsformen zu ändern. Vielmehr kommen sie nicht selten mit der Erwartungshaltung, dass den Kindern nun - von pädagogisch qualifizierten Profis - die fehlenden „Manieren" vermittelt werden sollen, um sie wieder „funktionsfähig" und „sozial kompatibel" zu machen.

Obwohl die Mitwirkungspflicht der Eltern immer explizit hervorgehoben wird, um einen erfolgreichen Verlauf der Maßnahme zu ermöglichen, erschließt sich die große Bedeutung ihrer Mitwirkung für viele Eltern erst im Verlauf der Elternarbeit durch das tatsächliche Tun.

Insgesamt führt dies meist dazu, dass im Rahmen der Elternarbeit zu Beginn oft mit Unverständnis, Widerstand, großer Erschöpfung und viel Resignation bei den Eltern zu rechnen ist, was für einen engagierten Prozess mit der erforderlichen Tatkraft eher als hinderlich einzuschätzen ist.

Zusammengenommen macht dies die Elternarbeit für den Berater gleichermaßen schwierig wie notwendig, um die Eltern wieder in die Lage zu versetzen, ihre Erziehungsverantwortung adäquat wahrnehmen und ihren Kindern innerhalb ihrer Familien einen Rahmen zur bestmöglichen Entwicklung bieten zu können.

Dennoch gelingt es der Elternarbeit im Rahmen der Canepädagogik offensichtlich besonders gut, die Familien zu unterstützen, wie dies an den Rückmeldungen der Eltern verdeutlicht wird.

Dies hängt zum einen zweifellos von der Fachkompetenz und Erfahrung des Beraters ab. Zum anderen trägt aber auch die hundgestützte Förderung des Kindes im Rahmen des Gruppenangebotes hier entscheidend dazu bei, da diese in der Lage ist, innerhalb der Familie für ein gutes „Arbeitsklima" zu sorgen. Die Elternarbeit trifft so durch die hundgestützte Begleitung des Kindes auf ein gut bereitetes Feld, was in vielen Fällen zu Synergieeffekten führt. Wie kommt das?

Diese Chance auf Synergieeffekt hat verschiedene Ursachen, die alle gemeinsam dazu beitragen, dass Elternarbeit in diesem Kontext noch mehr Bedeutung bekommt, als dies ohnehin der Fall ist.

12.2.1 Motivation wirkt ansteckend

Ein Grund ist, dass die Begeisterung der Kinder an der Gruppe und ihre spürbaren Verhaltensänderungen häufig „ansteckend" wirken. Dies erklärt sich aus der systemischen Betrachtung des Familiensystems, wonach die Veränderung eines Familienmitglieds zwangsläufig auch Auswirkungen auf das Verhalten und den Alltag der anderen Familienmitglieder nach sich zieht.

Der Vorteil der Canepädagogik ist, dass sie bei den meisten Kindern eine Begeisterung und emotionale Bereitschaft zur Mitarbeit auslöst, die auch das Erfolgspotential innerhalb der Familien zu steigern vermag. In dem Maße, wie die Kinder ausgetobt, voller neuer Eindrücke und mit großer Begeisterung nach der Gruppe nach Hause kommen, bietet sich den Eltern eine völlig neue Situation. Es gibt eine grundsätzlich andere Stimmungslage in der Familie, andere Themen und Erlebnisse bilden ganz neue Inhalte im direkten Kontakt zwischen Eltern und Kind und schieben so automatisch die alltäglichen Schwierigkeiten - zumindest vorübergehend - in den Hintergrund.

Die Probleme werden dadurch zwar zunächst faktisch (noch) nicht kleiner, nehmen aber zu diesem Zeitpunkt erstmals weniger Raum im Alltag ein, geben so Zeit zum „Durchatmen" und lassen somit wieder mehr Platz für förderliche und angenehme Themen zwischen dem Kind und seinen Eltern zu. Die Situation entspannt sich zwar nur punktuell, trägt aber damit zur Entlastung in der Familie bei und löst somit eine positive Grundhaltung, manchmal eine Art Aufbruchstimmung bei den Eltern aus. Dies bedeutet, dass das

Gruppenerleben mit den Hunden in der Regel eine gute Grundlage für die weitere erforderliche Zusammenarbeit bildet.
Resignierte und frustrierte Eltern kommen so zu neuer Motivation, die wiederum - wie in einem Regelkreislauf - positive Auswirkungen auf ihre Tatkraft zur (Um-)Gestaltung des Familienalltages und damit unmittelbar auch auf die Kinder hat.

12.2.2 Kinder anders kennen lernen

Zudem bietet die Canepädagogik den Eltern die Möglichkeit, ihre Kinder (wieder) einmal anders kennen zu lernen.

Eltern, die häufig von allen Seiten nur negative Rückmeldungen über ihre Kinder erhalten und sich insbesondere dem Druck von außen (Nachbarn, Lehrer etc.) nicht mehr gewachsen sehen, erfahren eine große Erleichterung, wenn sie im Rahmen der tiergestützten Förderung positive Rückmeldungen über ihre Kinder bekommen.

Die Gruppenatmosphäre, die durch Achtung und Wärme, Empathie und Authentizität gekennzeichnet ist und die mit den Hunden in der Lage ist, die Kinder dort abzuholen, wo sie sich in ihrer Entwicklung gerade befinden, macht es den Kindern leicht möglich, sich in ihrem Verhalten zu verändern und sich in diese Gruppe zu integrieren.

Sie erleben sich als anerkanntes und respektiertes Gruppenmitglied und können sich so recht schnell innerhalb der Gruppe ihrer alten Verhaltensmuster entledigen. Dies trägt dazu bei, dass die Eltern hoch erfreut sind, wenn sie über ihre Kinder erfahren, dass sie sich z. B. „verantwortungsbewusst" verhalten, sich den Regeln und Pflichten fügen, mit den Hunden liebevoll umgehen und sich innerhalb der Gruppe verbal auseinandersetzen können, statt – wie vielleicht bisher üblich - „drauf zu hauen". Der Stolz der Eltern auf ihre Kinder beginnt zu wachsen und trägt so dazu bei, auch die anderen, die guten Seiten ihrer Kinder (wieder) sehen zu können.

Sobald dies gelingt, ist der Teufelskreis der stetigen Verschlechterung innerhalb der Familie unterbrochen und ein wesentlicher Schritt zur Stärkung der Eltern gemacht. Die Erkenntnis, dass innerhalb ihrer Erziehung doch etliches gut gelaufen ist, nährt die Hoffnung, den „Rest" auch noch – nun mit der Unterstützung von Außen – schaffen zu können.

12.2.3 Transparenz schaffen

Ein dritter und letzter wesentlicher Baustein, der die Synergieeffekte zwischen der Elternarbeit und der tiergestützten Gruppenarbeit erklärbar macht, ist, dass die Erfahrungen mit den Kindern im Gruppenkontext wichtige Aufschlüsse über ihre Stärken und Schwächen, ihre Außenwirkung, ihr Rollenverhalten usw. geben können, die in einem reinen Beratungssetting so nicht erfahrbar werden würden.

So können Charaktereigenschaften der Kinder erlebt, gefühlt und ihnen gespiegelt werden, welche Eltern und/oder Lehrer im Umgang mit ihnen an ihre Grenzen bringen. Diese echten, realen Erfahrungen mit den Kindern schaffen viel Transparenz und Klarheit, die in großem Maße dazu beitragen können, sowohl im Rahmen der Eltern- als auch der Gruppenarbeit zielorientiert handeln zu können. Dies schafft ein großes Maß an Verständnis und gegenseitigem „sich verstanden fühlen", was für alle Beteiligten und für den Prozess insgesamt als sehr förderlich einzuschätzen ist.

Dabei wird insbesondere der ersten Regel von Moor (vgl. dazu Kap. 1.3) Rechnung getragen und untermauert ihre große Bedeutung sowohl für das Kind als auch für den Erfolg des gesamten Entwicklungsprozesses.

Diese drei oben angeführten Aspekte sollen deutlich machen, dass das Hand-in-Hand-Gehen von hundgestützter Gruppen- und systemischer Elternarbeit mehr ist als die Addition zweier einzelner, wenn auch wichtiger Bestandteile. Vielmehr macht es Synergieeffekte möglich und kann damit einen positiven Kreislauf in Gang setzen, der die große Zufriedenheit mit der Maßnahme insgesamt erklärbar macht.

Dies ist sicherlich als eine große Chance zu bewerten und zwar sowohl für die Kinder als auch für ihre Familien und nicht zuletzt auch für die Canepädagogik als Jugendhilfemaßnahme.

12.3 Anschlussmaßnahmen

Die Beantwortung der Frage 6, ob weitere Maßnahmen zur Förderung des Kindes nach Beendigung der Canepädagogik „erst möglich", „nicht mehr erforderlich" oder „weiterhin notwendig" waren, soll darüber Aufschluss geben, wie gut und nachhaltig Canepädagogik rückblickend tatsächlich gearbeitet hat. Dabei wird zunächst eine zahlenmäßige Auswertung des Umfrageergebnisses der Eltern vorgenommen und darüber hinaus noch beleuchtet, wieso nach der Canepädagogik weitere Maßnahmen angebracht sein können.

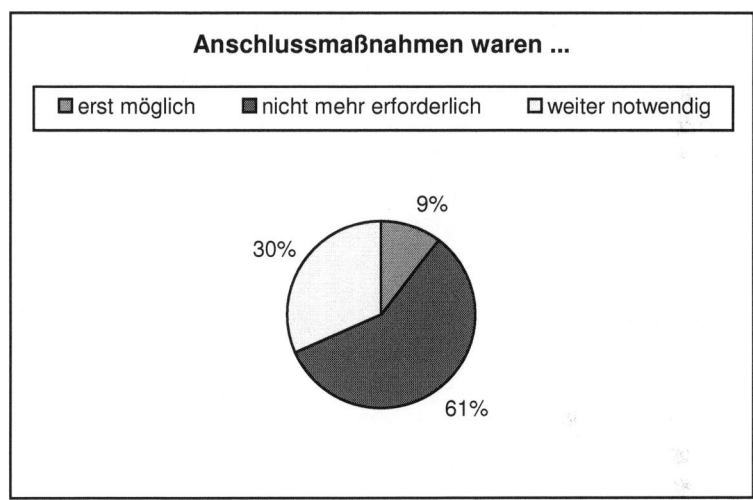

Abb. 13   Anschlussmaßnahmen

12.3.1 ... nicht mehr erforderlich

Wie an der vorstehenden Grafik deutlich wird, haben mit 61 % der Rückmeldungen also knapp zwei Drittel dieser Familien nach der Beendigung der Canepädagogik keine weitere Jugendhilfemaßnahme mehr in Anspruch nehmen müssen.
Dies ist sicherlich als ein Erfolg für die Familien zu sehen und ein wichtiger Indikator dafür, dass das Konzept von hundgestützter Gruppenarbeit in Verbindung mit systemischer Elternarbeit in vielen Fällen in der Lage war, den Familien in einer Krisensituation

die notwendige „Hilfe zur Selbsthilfe" anzubieten, die es ihnen danach ermöglicht hat, die Herausforderungen des Familienalltags erfolgreich alleine zu bewältigen. Ergänzende Fallbeispiele werden im anschließenden Kapitel „Erfolge der Canepädagogik" (Kap. 13) ausführlich dargestellt.

12.3.2 ... erst möglich

Viel interessanter erscheint jedoch die Erkenntnis, dass für zwei Kinder erst durch die Canepädagogik weitere Hilfen möglich wurden. Anhand der Aufstellung von Seite 136/137 wird deutlich, dass es sich dabei zum einen um ein dreizehnjähriges Mädchen (vgl. S. 136 Zeile 1) handelt, das aufgrund ihres mutistisch wirkenden Verhaltens sehr lange gefördert wurde und zum anderen um einen zwölfjährigen Jungen (vgl. S. 136 Zeile 9). Dass dies von den Eltern keinesfalls als negativ betrachtet, sondern vielmehr als Erfolg der hundgestützten Maßnahme eingeschätzt wird, ergibt sich allein schon aus der Beantwortung der anderen Fragen.

Anhand der Auswertung der Elternumfrage auf Seite 165 wird deutlich, dass die erziehungsberechtigte Großmutter des Mädchens (Zeile 1) die Unterstützung insgesamt als „befriedigend" einstuft und mit der Zielerfüllung „gut" zufrieden ist.

Die Mutter des Jungen (Zeile 9) beurteilt die Maßnahme für ihren Sohn und sich als vollen Erfolg. Sie bewertet dabei sowohl die Zielerfüllung, ihre Zufriedenheit wie auch die Entwicklung ihres Sohnes einheitlich mit „sehr gut".

Betrachtet man nun noch mal die Zielgruppe, auf die das Konzept der Canepädagogik ausgerichtet ist, wird deutlich, dass insbesondere auch die Kinder und Familien angesprochen werden sollen, deren Erreichbarkeit und Motivation eben nicht als „hoch" einzuschätzen ist und deren auffälliges Verhalten Hilfe gleichzeitig besonders dringend notwendig macht.

So wird sehr viel besser nachvollziehbar, warum die Erziehungsberechtigten dieser beiden Kinder die Canepädagogik für sich als vollen Erfolg werten können, obwohl Anschlussmaßnahmen für sie erforderlich sind bzw. erst durch Canepädagogik möglich werden.

Dies macht deutlich, dass das Ziel der Canepädagogik, Kinder wieder erziehbar, beziehungsfähig und integrationswillig zu machen, durchaus seine Berechtigung hat und auch in der Praxis in konkre-

ten Fällen seine Anerkennung findet. Dies soll am Beispiel des o.g. Mädchens exemplarisch dargestellt werden.
Das Mädchen (Zeile 1), welchem aufgrund ihrer extremen Kommunikationsschwierigkeiten, insbesondere nach der fachlichen Einschätzung ihrer engagierten Lehrerin, trotz ausreichender schulischer Leistungen keine Chance auf eine Ausbildungsstelle oder Arbeitsförderungsmaßnahme eingeräumt wurde, sollte im Rahmen der Canepädagogik lernen, sich in unterschiedlichen Lebenskontexten (wieder) verbal mitzuteilen und so am alltäglichen Leben „normal" teilhaben zu können.
Die erziehungsberechtigte Großmutter, bei der das Mädchen seit frühester Kindheit lebte, empfand das ruhige und zurückgezogenen Leben ihrer Enkelin als angenehm und konnte die Sorgen und Ansichten der Lehrerin bzgl. der Ausbildungs- und Arbeitsplatzprognose der Lehrerin nur bedingt teilen. Auch stellten sich die Kommunikationsprobleme des Mädchens zu Hause - nach ihren Aussagen - weniger drastisch dar, so dass der Handlungsdruck in diesem Fall weniger von Seiten der Erziehungsberechtigten als viel mehr von Seiten der Lehrerin aufgebaut wurde.
Das Jugendamt wurde eingeschaltet und bereits bei den ersten gemeinsamen Gesprächen bzw. Kontakten des Mädchens mit den Mitarbeitern des Jugendamtes wurde durch ihr (schweigsames) Auftreten unmittelbar deutlich, dass dringend Hilfe erforderlich war.
Zu Beginn der Maßnahme waren weder bei den Gruppenterminen noch im Rahmen der Familienarbeit Gespräche mit dem Mädchen möglich. Vielmehr verschanzte sie sich hinter ihrem hochgeschlagenen Kragen und reagierte auf direkte Ansprache im günstigsten Fall mit einem angedeuteten Kopfnicken.
Erst über den Umgang mit den Hunden gelang es ihr, sich sehr langsam aber stetig zu öffnen und mit ihnen nachher auch verbal zu kommunizieren. Da diese jungen und noch nicht ausgebildeten Hunde immer gerne mit ihres gleichen spielen, gab es für das Mädchen letztlich kaum eine andere Möglichkeit, als über ihre Stimme auf sich aufmerksam zu machen, wenn sie mit ihrem Hund Kontakt haben wollte. Da dies ihr großer Wunsch war, fing sie nach und nach an, die Zeichensprache abzubauen, ihre Hündin sehr leise zu rufen und zu loben. Bei größeren Entfernungen war sie dann gewissermaßen gezwungen auch mal lauter rufen zu müs-

sen, was ihr zunächst unendlich schwer fiel, sie aber aufgrund ihrer hohen intrinsischen Motivation letztlich schaffte. Diese kleinen Schritte machten allen Beteiligten Mut und waren ein deutliches Anzeichen dafür, dass die Hunde in der Lage waren, dieses Mädchen zu erreichen und sie zielorientiert zu fördern. Auch wenn es eine lange Zeit dauerte, bis sie auch im Gruppenkontext auf direkte Ansprachen verbal reagieren konnte, waren die kleinen Erfolgserlebnisse und stetigen Veränderungen spürbar, die diese langfristige Förderung immer wieder bestätigt hat.

Das Mädchen war von 166 möglichen Terminen lediglich an 6 Terminen aufgrund schulischer Veranstaltungen (Klassenfahrten, Praktika) und einer Ferienfreizeit nicht anwesend und hat keinen einzigen Termin krankheitsbedingt gefehlt oder gar geschwänzt. Ihre Freude und Beständigkeit zur Gruppe zu kommen, waren oftmals beispielhaft und brachten ihr eine wichtige Rolle in der Gruppe ein. Sie übernahm mehr und mehr die Unterstützung der jüngeren Kinder und stand diesen mit Rat und Tat zur Seite. Dieses neue Selbstverständnis und das Erleben einer neue „Rolle" verhalf auch dazu, dass dieses Mädchen bei Hilfeplangesprächen selbst antworten konnte und so auch ihre positive Entwicklung für alle Prozessbeteiligten deutlich erkennbar werden ließ.

Es war ihr mit Hilfe der langen canepädagogische Förderung möglich, ihr erforderliches Schulpraktikum – in einem Zoofachgeschäft – erfolgreich zu absolvieren und sie schaffte auch den so wichtigen Hauptschulabschluss. Zudem konnte sie sich zum Ende der Maßnahme erfolgreich in einem Sportverein integrieren und wurde dort aufgrund ihrer hohen Zuverlässigkeit und ihres Engagements zu einer Leistungsträgerin innerhalb ihrer Mannschaft.

Die angesprochenen Folgemaßnahmen, die erst durch die Canepädagogik möglich wurden, waren sowohl die Einbindung in diesen Verein als auch die Zulassung zu Fördermaßnahmen des Arbeitsamtes, deren Anforderungen sie nun aufgrund ihrer positiven Entwicklung tatsächlich erfüllen konnte.

Neben der Tatsache, dass die Installierung von Folgemaßnahmen auch als Qualitätsmerkmal für eine erfolgreiche Förderung eingestuft werden kann, soll dieses Beispiel auch deutlich machen, dass es nicht ausschließlich die Eltern oder Erziehungsberechtigten sind, die Hilfsmaßnahmen für Kinder und Jugendliche für erforderlich erachten, sondern diese Empfehlung oft auch von außen an die Eltern herangetragen wird.

Somit ist das Interesse der Eltern bzw. Erziehungsberechtigten, Beratung in Anspruch nehmen zu wollen, nicht immer gleichermaßen hoch und in diesen Fällen einiges an Motivationsarbeit für die erforderliche und eine erfolgreiche Mitarbeit notwendig. Anhand des dargestellten Falles wird ersichtlich, dass Canepädagogik dies leisten konnte.

Zudem hat die Rückmeldung der Großmutter dazu beigetragen, dass die Wichtigkeit der Elternarbeit bestätigt und die Bedeutung der Hilfe für das Mädchen im Nachhinein von ihr als richtig und notwendig beurteilt wurde.

Abschließend kann dieses Beispiel auch verdeutlichen, dass in der Regel nicht die stillen und unauffälligen Kinder eine Förderung erhalten, da sie in den seltensten Fällen den Eltern oder auch dem pädagogischen Personal auffallen. Nur durch diese aufmerksame und sehr engagierte Lehrerin war es möglich, diesem „auffällig unauffälligen" Mädchen eine Förderung zu Teil werden zu lassen, die es ihr jetzt – wie jeder anderen Jugendlichen – ermöglicht, einen Ausbildungsplatz suchen zu können.

12.3.3 ... weiter notwendig

Wie an der Grafik auf Seite 175 erkennbar ist, waren in knapp einem Drittel der Familien (30 %) auch nach Beendigung der Canepädagogik noch weitere Hilfemaßnahmen notwendig. Wie es dazu kommt und welche Aussagen dies über die Tauglichkeit der Canepädagogik macht, soll nun im Folgenden Beachtung finden.

Canepädagogik und ADHS
Unter ADS/ADHS versteht man eine Beeinträchtigung der Aufmerksamkeit, die meist mit großer Impulsivität, mangelnder Selbststeuerung, motorischer Unruhe und übermäßigem Bewegungsdrang – der Hyperaktivität – in Verbindung stehen. Durch diese Beeinträchtigung kann es für das Kind zu erheblichen Problemen in den Sozialbeziehungen wie auch in seinen schulischen Leistungen kommen. Regeln können von diesen Kindern nur bedingt akzeptiert werden, sie sind sehr schnell ablenkbar und durch ihre emotionalen Schwankungen (Wutausbrüche) oft sozial isoliert.
Zur Behandlung dieser Erkrankung nimmt fast jedes zweite Kind mit ADS oder ADHS Medikamente (z. B. Ritalin) ein, die insbesondere die Konzentrations- und Schulfähigkeit wieder herstellen sollen.
Ohne an dieser Stelle in eine Diskussion über die Vor- und Nachteile der medikamentösen Behandlung von ADHS einsteigen zu wollen, ist es in jedem Fall für die Eltern von größter Bedeutung zu lernen, wie sie neben der Medikation mit dem Verhalten ihres Kindes am besten umzugehen haben.

Daneben steht aber immer häufiger die Frage im Raum, ob jedes Kind, dass als ADS/ADHS-Kind diagnostiziert ist, auch tatsächlich ADHS hat. Betrachtet man die Entwicklung der Verschreibungsraten der entsprechenden Medikamente fällt auf, dass in den letzten Jahren eine erhebliche und kontinuierliche Zunahme an ADHS-Erkrankungen unter Kindern (vgl. z. B. www.medizinauskunft.de) zu verzeichnen ist.
Auch hier gibt es in der Fachwelt sehr unterschiedliche Ansichten darüber, wie es zu dieser Entwicklung kommt, die aber im Rahmen dieses Buches nicht abschließend dargestellt werden können.
Hinzuweisen sei hier lediglich darauf, dass die Ursachen dieses Syndroms noch immer nicht abschließend geklärt sind. Während

Mediziner ADHS als eine organische Stoffwechselstörung des Gehirns ansehen, gehen Psychologen und Pädagogen eher von einer psychischen Störung als Reaktion auf krankmachende familiäre und/oder gesellschaftliche Belastungen aus. Zudem kommen für Experten neben einer genetischen Disposition auch Umweltgifte, Nahrungsmittelallergien und übermäßiger Alkohol- und Drogenkonsum innerhalb der Schwangerschaft als Ursachen in Betracht. Relativer Konsens besteht bei den Fachleuten allerdings darüber, dass ungünstige familiäre Situationen und Strukturen die Ausprägung und den Schweregrad einer ADHS-Erkrankung erheblich beeinflussen, so dass heute neben der üblichen Medikamentengabe verschiedene zusätzliche Therapien empfohlen werden, die sich aus

- einer umfassenden Aufklärungsarbeit,
- verhaltenstherapeutischen Interventionen, sowie
- sozialen und pädagogischen Maßnahmen

zusammensetzen.

Neueste Forschungsansätze der Arbeitsgemeinschaft ADHS der Evangelischen Fachhochschule RWL beschäftigen sich sogar mit der Frage, ob durch naturnahe, erlebnispädagogische Förderung der Kinder nicht ganz auf die Einnahme von Medikamenten verzichtet werden kann, was dort plakativ unter der Überschrift „Wald statt Ritalin" zusammengefasst wird.

ADHS/ADS-typisches Verhalten tritt bei Kindern sehr häufig auf und gilt als häufigste psychische Erkrankung unter Kindern. Da sie sowohl Kinder und Eltern als auch ihr soziales Umfeld vor größte Herausforderungen stellt, ist ADHS ein häufiger Indikator für die Installierung von Jugendhilfemaßnahmen. Dies hat dazu geführt, dass bereits zahlreiche Kinder mit ADHS-Diagnose das Angebot der Canepädagogik wahrgenommen haben.

Ähnlich wie es die Wissenschaft sieht, hat auch die Praxis der Canepädagogik sowohl unterschiedliche Ausprägungen und Schweregrade, als auch unterschiedliche Ursachen für hyperaktives Verhalten feststellen können. So unterschiedlich die Familienkontexte der einzelnen Kinder sind, so unterschiedlich sind auch die Erfolge der canepädagogischen Förderung ausgefallen, die an dieser Stelle dargestellt werden sollen.

Zu diesem Zwecke soll zunächst ein zehnjähriger Junge als Beispiel dienen, der ein Jahr lang sehr zuverlässig die Gruppe der Canepädagogik besucht hat (vgl. S. 136 Zeile 26). Dieser Junge fiel durch massive Schulschwierigkeiten, Konzentrationsstörungen und überaus impulsives Verhalten auf. Dies machte es ihm unmöglich, dem Unterricht in der Schule zu folgen, seine Aufgaben zu erfüllen oder auch die Klassenkameraden nicht zu stören. Er avancierte zunehmend zum Klassenclown. Die Lehrer schlugen Alarm und nachdem auch vermehrt körperliche Auseinandersetzungen während und nach der Schule auftraten, suchte seine alleinerziehende Mutter Unterstützung für sich und ihren Jungen.
Nachdem die Mutter bereits beste Erfahrungen mit ihrem zwei Jahre älteren Sohn (s. S. 136 Zeile 11) innerhalb der Canepädagogik gemacht hatte, der aufgrund großer Zurückgezogenheit und Passivität durch die Canepädagogik erfolgreich aus seiner zunehmenden Isolation gelöst werden konnte, kam nun auch sein jüngerer Bruder zur tiergestützten Gruppe.
Beide Kinder wie auch die Mutter waren früher im Zusammenleben mit dem alkoholkranken, aber bereits verstorbenen Kindesvater Gewalterfahrungen ausgesetzt gewesen. Die Mutter räumte ein, zu dieser Zeit ebenfalls getrunken zu haben, ihren Alkoholbedarf aber nun gut im Griff zu haben. Eine tiefergehende und inhaltliche Auseinandersetzung zur Alkoholproblematik wurde von der Mutter wiederholt abgeblockt, obwohl mehrmals eine Alkoholfahne bei den Terminen zu riechen war.
Die Familie lebte aufgrund ihrer knappen finanziellen Ressourcen im sozialen Brennpunkt. Ein Umzug war aufgrund der Arbeitslosigkeit der Mutter nicht denkbar, Arbeitssuche durch die Erziehung der beiden Kinder nur schwer möglich und die zunehmenden Erziehungsschwierigkeiten trugen ihr übriges zu ihrer schwierigen Situation dabei.
Wenngleich der ältere Junge (Zeile 11) gut auf die tiergestützte Förderung angesprochen hat und für ihn keine weitere Unterstützung mehr erforderlich war (s. Beurteilung der Mutter S. 161), ist fraglich, wie es dazu kommt, dass dies bei dem jüngeren Bruder, obwohl dieser ebenfalls immer gerne und sehr motiviert zur Gruppe gekommen ist, offenbar nicht gelang.

Dies ließe sich am einfachsten durch die medizinische Sicht der ADHS-Diagnose als eine oftmals genetisch bedingte Stoffwechselerkrankung erklären, die eben nicht durch eine tiergestützte pädagogische Förderung zu „heilen" ist, sondern bestenfalls durch Medikamente entschärft werden kann. Allerdings zeigen etliche Beispiele, dass in vielen Fällen eine canepädagogische Förderung gerade auch bei ADHS-Kindern sehr gute Ergebnisse erzielen konnte. So ist davon auszugehen, dass noch weitere Faktoren eine wichtige Rolle für den Verlauf bzw. den Erfolg der Förderung spielen.

Genau dieser familiäre Kontext ist ein gutes Beispiel dafür, dass ADHS eben kein rein medizinisches oder organisches Problem ist, sondern die Ausprägung der Erkrankung bzw. der Schweregrad auch durch familiäre Rahmenbedingungen beeinflusst werden. Da die Canepädagogik - wie bereits im Kapitel „Grenzen der Canepädagogik" ausgeführt - in diesem Kontext an ihre Grenzen stößt und wichtig Faktoren für die Entwicklung des Kindes (Suchtproblematik, Wohn- und Lebensumfeld) in diesem Fall ambulant nicht nachhaltig zu ändern vermochte, war eine erfolgreiche Behandlung trotz eines immer motivierten Jungen letztlich nicht zu leisten.

In Akzeptanz dieser stagnierenden Situation wurde die Maßnahme dann in Rücksprache mit dem Jugendamt nach einem Jahr beendet, um die Mutter nicht weiter aus ihrer Verantwortung zu entlassen oder kontraproduktiv – systemstabilisierend - zu wirken.

Über die Unterbringung des Jungen in eine teilstationäre, pädagogisch-therapeutische Tageseinrichtung wurde versucht, die notwendige Veränderung der Strukturen für den Jungen zu erreichen, die es ihm leichter ermöglichen sollten, etwas zur Ruhe zu kommen. Statt an einem Nachmittag wurde der Junge so jeden Nachmittag, seinen Anforderungen entsprechend von speziell ausgebildetem Fachpersonal betreut und so zumindest tagsüber über weite Strecken von dem kritischen sozialen Umfeld gelöst.

Dass die Mutter mit diesem Ergebnis der canepädagogischen Förderung nicht zufrieden war und sich in ihren Hoffnungen enttäuscht sah, versteht sich von selbst und spiegelt sich letztlich auch in ihrer Beurteilung („mangelhaft") deutlich wieder.

Letztlich muss auch hier wieder festgestellt werden, dass canepädagogische Förderung, wie auch jede andere Art der pädagogischen oder therapeutischen Begleitung, den Familien nur Anreize und Wege zur Veränderung innerhalb der Familie geben bzw. aufzeigen kann. Die Umsetzung selbst kann jedoch nur durch die Familie selbst erfolgen.

Dass Canepädagogik im Gegensatz zu diesem Fall auch sehr erfolgreich mit ADHS-Kindern gearbeitet hat – obwohl auch danach weitere Hilfen für das Kind angezeigt waren – zeigt z. B. der dreizehnjährige Junge (vgl. S. 137 Zeile 30), der ebenfalls rund ein Jahr lang die Canepädagogik aufgesucht hat.

Auch dieser Junge nahm aufgrund seiner ADHS-Diagnose Medikamente, die aber seine Schwierigkeiten in der Schule und auch im familiären Alltag nur bedingt verbessern konnten.

In der Schule fiel er weiterhin durch mangelnden Respekt, große Fehlzeiten, fehlende Unterlagen und Hausaufgaben auf und war dadurch bei der Versetzung gefährdet. Auch seine geringe Frustrationstoleranz machte ihn immer empfänglicher für Provokationen, was ihn mehr und mehr zum Außenseiter in der Schule werden ließ.

Die negativen Rückmeldungen der Schule verschärften den familiären Druck und so eskalierte die Situation innerhalb der Familie zusehends, was auch hier den Weg zum Jugendamt nötig machte.

Die Canepädagogik sollte versuchen, den Jungen über eine Verbesserung seines Selbstkonzeptes und die Steigerung seiner Frustrationstoleranz aus seiner Außenseiterrolle zu lösen, ihn wieder erfolgreich in sein soziales Umfeld zu integrieren und ihn zu befähigen, sowohl in der Familie als auch in der Schule seinen Aufgaben und Anforderungen gerecht werden zu können.

Der Junge, der bereits deutlich pubertäres Verhalten zeigte, war von den Hunden begeistert und kam (mit zwei Ausnahmen kurz vor der Verabschiedung) über ein Jahr lang sehr zuverlässig zur Gruppe. Das große Bewegungsangebot und die gleichermaßen aktive wie abwechslungsreiche Nachmittagsgestaltung mit anderen Kindern und den Hunden in freier Natur trugen spürbar zu wachsender Ausgeglichenheit bei.

Innerhalb der Gruppe fand er schnell seinen Platz, konnte sich gut integrieren und seine Meinung angemessen vertreten. Er genoss es, die Verantwortung für seinen Hund zu übernehmen, und zeichnete sich immer wieder durch sehr vorausschauendes und verantwortungsbewusstes Verhalten im Umgang mit seinem Hund aus.

Der Umgang mit Anforderungen, Ärger und Provokationen forderte ihn auch im Rahmen der Gruppe oftmals heraus, so dass er bei den Terminen häufig genau an diesen wichtigen Grenzen mit sich und seinen Reaktionen in direkten Kontakt kam. Die annehmende Atmosphäre, wie auch die vertrauensvolle Grundstimmung in der Gruppe ermöglichten es ihm aber immer leichter, aktiv an sich zu arbeiten und sein Verhaltensrepertoire an dieser Stelle entsprechend zu erweitern.

In der Familienarbeit stellte sich heraus, dass der Junge - das jüngste Kind der Familie - sich durch seine Mutter (zu) sehr kontrolliert fühlte und dies seinem entwicklungsgemäßen Wunsch nach Abnabelung und Erwachsenwerden massiv entgegen stand.
Während die Mutter aufgrund der ADHS-Diagnose und den zunehmenden Schwierigkeiten mit ihrem Sohn immer mehr Kontrolle suchte, brach der Junge immer häufiger aus und suchte - seiner Entwicklung entsprechend - mehr Freiraum und Selbstverantwortung. Diese sich völlig widersprechenden Grundbedürfnisse führten insbesondere Mutter und Sohn im Alltag vor größte Probleme, die im Rahmen der Familienarbeit erfolgreich aufgedeckt und thematisiert werden konnten.
Es wurde zum einen deutlich, dass die Mutter sich mit dem Loslassen ihrer Kinder nur sehr schwer anfreunden konnte. Durch die abnehmende Verantwortung in ihrer Rolle als Mutter fühlte sie sich eher bedroht, da sie für sich zukünftig (noch) keine neuen Aufgaben, Ziele oder Perspektiven sehen konnte. Der Junge hingegen sah sich permanenter Kontrolle und Vorschriften seiner Eltern/Mutter ausgesetzt, die ihm beim Erwachsenwerden zunehmend behinderten.
Nach Klärung dieser unterschiedlichen Sichtweisen wurden in den Familiengesprächen zwischen den Eltern und dem Sohn Absprachen getroffen, was der Junge zukünftig in eigener Regie entscheiden und in welchen Bereichen die Mutter weiterhin ihre elterliche Kontrollfunktion ausüben sollte.
Konkret bedeutete dies z. B., dass der Junge sich nun morgens selber weckte, seine Kleidung für den Tag aussuchen und sein Frühstück machen durfte und seine Mutter liegen bleiben konnte bzw. musste. Während der Junge seine Aufgaben zuverlässig erfüllte und ihm seine neue Verantwortung sehr zusagte, führte die Mut-

ter diese Entwicklung an ihre Grenzen und zu einem Weg der Neuorientierung. Dennoch erkannten alle, dass diese neuen Absprachen, die ihrem Sohn wesentlich mehr Entscheidungsfreiheit zubilligten, neben der gewünschten Deeskalation der Morgensituation auch den allgemeinen Familienalltag merklich entspannten.

Der größere Freiraum und der Vertrauensbeweis seiner Eltern, ihm - als sogenanntes ADHS-Kind - Selbstständigkeit zuzugestehen, machten es dem Jungen auch einfacher, sich den anderen Bereichen seiner wachsenden Verantwortung bewusster zu werden und zu stellen, was insbesondere der Schulsituation zugute kam. Die Medikamente waren aufgrund seiner Erkrankung nötig und trugen, neben einer Anpassung der Arbeitsstrukturen, grundsätzlich zu einer besseren Konzentrations- und Arbeitsfähigkeit des Jungen in der Schule bei.

Doch abgesehen von dieser rein physiologischen Grundvoraussetzung als Basis einer besseren Leistungs*fähigkeit* ist es genauso wichtig, auch die Leistungs*bereitschaft* der Kinder erfolgreich zu aktivieren. Allein die physische Möglichkeit zu guten schulischen Leistungen sagt noch nichts darüber aus, ob und in welchem Maße diese Möglichkeiten auch vom Kind genutzt werden (wollen).

Der Wunsch dieses Jungen, tatsächlich konzentriert arbeiten zu wollen, seine altersgemäßen Aufgaben, wie auch seine Rechte und Pflichten seinen Möglichkeiten entsprechend verantwortungsbewusst wahrzunehmen, konnte erst im Rahmen der tiergestützten Gruppenarbeit, in enger Verbindung mit den regelmäßigen Familiengesprächen, angeregt werden. Die Erfahrungen in der Gruppe, die verbesserte Kommunikation innerhalb der Familie, die Veränderung der Alltagsabläufe und das wechselseitige Verständnis der Familienmitglieder haben letztlich dazu beigetragen, dass der Junge seine Möglichkeiten auch genutzt hat.

Die Eltern haben ihren Anteil an Verantwortung und Einfluss an der Entwicklung ihres Sohnes erkannt und sich seinen Bedürfnissen, Erwartungen und Forderungen nicht leichtfertig verschlossen, sondern waren bereit, gewohnte Alltagsroutinen kritisch zu hinterfragen und engagiert neu zu gestalten.

Die Rückmeldung der Eltern (vgl. S. 161 Kind 30) macht deutlich, dass dies in der Familie und für ihren Jungen „gut" geklappt hat. Den weiteren persönlichen Erläuterungen der Mutter zufolge hat ihr Sohn seinen Schulabschluss ohne die Wiederholung einer

Klasse erfolgreich geschafft und ist nun auf der Suche nach einem Ausbildungsplatz. Nichtsdestotrotz ist er aufgrund seiner ADHS-Diagnose weiterhin in medizinischer Behandlung.

Die Canepädagogik sieht sich bei der Arbeit mit ADS/ADHS-Kindern als „eine mögliche" dieser pädagogischen/sozialen Maßnahmen zur Unterstützung der Kinder und ihrer Eltern. Sie bietet den Kinder im Rahmen der tiergestützten Gruppenarbeit über viel Bewegung in der Natur den Raum, ihren (übermäßigen?) Bewegungsdrang zu befriedigen, sich körperlich auszutoben und so über die physische Entspannung zu einer neuen mentalen wie emotionalen Ausgeglichenheit zu kommen.

Ob dieser Bewegungsdrang tatsächlich immer übermäßig oder gar als krankhaft zu bezeichnen ist, ist allerdings nach den Erfahrungen der Canepädagogik fraglich, da die Lebensbedingungen einiger Kinder für die kindliche Entwicklung eher als ungünstig zu beurteilen sind. Dies liegt darin begründet, dass ihr Lebensraum ihnen häufig weder innerhalb noch außerhalb der Wohnung die Möglichkeit bietet, sich altersgemäß unbeschwert zu bewegen oder sich gar körperlich auslasten zu können.

Die Canepädagogik ermöglicht gerade diesen Kindern über das große Bewegungsangebot die Chance, sowohl ihre motorische Unruhe als auch ihre emotionalen Schwankungen und Impulsivität besser in den Griff zu bekommen. Die Praxis zeigt, dass gerade bei diesen Kindern die körperliche Bewegung in einem großen Maße zur psychischen Entlastung beitragen kann und es ihnen in der Gruppe dadurch leichter fällt, gelassener zu reagieren, sich in die Gruppe zu integrieren und sich zu konzentrieren.

Diese verbesserte Konzentrationsfähigkeit wird insbesondere beim gemeinsamen Kochen, Abwaschen oder auch bei der Anfertigung der Protokolle immer wieder herausgefordert, bei denen die Kinder sich z. B. trotz Anwesenheit der Hunde zu konzentrieren haben.

Die Hunde dienen dabei zum einen dazu, gerne zur Gruppe zu kommen, was aber unter Umständen die neueste Playstation auch leisten könnte. Darüber hinaus fordern sie die Kinder aber auch immer wieder auf, sich draußen mit ihnen aufzuhalten und sich viel und aktiv zu bewegen. Auch das Gefühl der Annahme und Akzeptanz, also trotz „ihres" Verhaltens von den Hunden geliebt zu werden, bilden einen wichtigen Baustein für diese Kinder, die eine canepädagogische Förderung dieses Klientels sinnvoll macht.

Neben dieser physischen Entlastung über die Steigerung der körperlichen Aktivität ist aber gerade auch die Betrachtung der Familienstrukturen von Bedeutung, die – wie an diesem Beispiel gesehen – durchaus erhebliche Veränderung für die Eltern mit sich bringen kann. Ob und inwieweit die Eltern bereit und auch in der Lage sind, sich darauf einlassen zu können, ist maßgeblich für den Erfolg der canepädagogischen Förderung von Bedeutung.
Wichtig ist dabei abschließend festzustellen, dass es an dieser Stelle nicht darum geht, Schuld über „Misserfolge" zu verteilen oder Verantwortlichkeiten zu verschieben, sondern vielmehr anzuerkennen, dass für große und weitreichende familiäre Veränderungen immer eine Vielzahl von Variablen stimmen müssen, um den gewünschten Erfolg zu erlangen. Nicht immer ist es aber möglich, alle erforderlichen Variablen gleichzeitig erfolgreich zu mobilisieren. Dies macht dann aber weder die Eltern noch die Methode „schlecht", sondern zeigt vielmehr, wie schwierig und komplex die Aufgabenstellung ist.
Diese Erkenntnis lässt so auch kleinere Erfolge der Familien in einem anderen Licht erscheinen, Annerkennung für ihr (erfolgloses?) Bemühen wachsen und macht deutlich, warum auch weitere Maßnahmen nach Beendigung der Canepädagogik erforderlich sein können.

13   Erfolge der Canepädagogik

Was kann Canepädagogik nun konkret erreichen? Wie wirkt sich eine canepädagogische Förderung aus und welche Ziele konnten im Verlaufe der bisherigen Praxistätigkeit erreicht werden? Diesen Fragen stellt sich dieses Kapitel.

Ohne bei der Einzelfallbetrachtung nun nochmals auf die Wirkung der Hunde (vgl. dazu Kap. 4) und den Ablauf der Gruppe (Kap. 5 und 6) im Detail eingehen zu wollen, sollen die kindlichen Entwicklungen und familiären Veränderungen an zwei weiteren Fallbeispielen exemplarisch dargestellt werden.

Als erstes soll dafür ein neunjähriges Mädchen (s. S. 136 Zeile 3) als Beispiel dienen, die aufgrund erheblicher Schwierigkeiten im Sozialverhalten, einer sehr geringen Frustrationstoleranz, hohem Aggressionspotential und zahlreicher körperlicher Auseinandersetzungen mit anderen Kindern auffiel. Die schulischen Leistungen waren zudem rapide gesunken und gaben Anlass zum Handeln.

Der Vater gab darüber hinaus an, dass er selbst kaum noch einen Zugang zu seiner Tochter fände und auch seine Lebensgefährtin seine Tochter nur noch selten erreiche. Beide machten sich große Sorgen um die Tochter, die nach dem Tod ihrer leiblichen, aber getrennt lebenden Mutter (neun Monate vor Beginn der Maßnahme) und einer Krebsdiagnose beim Vater mit der belastenden Situation nicht allein fertig zu werden drohte und sich immer mehr zurück zog.

Zielsetzung der Canepädagogik war es, Zugang zu dem Mädchen zu bekommen, um ihr einerseits bei der Trauer- und Angstbewältigung zu helfen und so die psychische Belastung wie auch ihre wiederkehrenden emotionalen Ausbrüche abbauen zu können. Darüber hinaus sollte wieder eine tragfähige Vater-Tochter-Beziehung aufgebaut werden, die weiterhin eine gesunde Entwicklung des Mädchens gewährleisten konnte.

Das Mädchen erlebte in der Gruppe mit den Hunden einen neuen Rahmen, der es ihr zunächst einmal ermöglichte abzuschalten, sich wieder einem abwechslungsreichen, aktiven Leben zu öffnen

und zeitweise unbeschwerte Freude mit „ihren" Hunden zu erleben. Ihre körperlichen Spannungen konnte sie über die Bewegungen und das Spiel mit den Hunden und den anderen Kindern erfolgreich abbauen. Sie liebte Hunde und erinnerte sich gerne an einen früheren Familienhund zurück.
Das Mädchen blühte zunehmend auf und erlebte in der Gruppe einen Rahmen, in dem sie auch mit den anderen Kindern über den Tod ihrer Mutter sprechen konnte. Gleichzeitig wurde ihr im Austausch mit den Kindern deutlich, dass auch andere Gruppenmitglieder bereits mit Trennung und/oder Tod Erfahrung machen mussten. Dies schaffte neben dem wechselseitigen Verständnis und Vertrauen innerhalb der Gruppe bei dem Mädchen auch die Erkenntnis, dass sich ihr Mut, sich zu öffnen zu einer Vertiefung der bestehenden Beziehungen innerhalb der Gruppe geführt hat. Genau über diesen Weg gelang es ihr schließlich auch zu Hause, diese schwierige Situation zu meistern und letztlich gestärkt aus dieser Krise - ihrer Entwicklungsaufgabe - hervorzugehen.

Dem Vater, der den Elterngesprächen im Vorfeld der Maßnahme überaus skeptisch gegenüberstand und der die Verantwortung für die erforderlichen Verhaltensänderungen zunächst vorwiegend bei seiner Tochter sah, gelang es im Verlauf des Beratungsprozesses immer besser, seine Verantwortung und seine Möglichkeiten der Einflussnahme (Empathie, Akzeptanz) zu erkennen und anzunehmen. Er lernte zunehmend besser, sich in seine Tochter einzufühlen, sich auf ihre Ängste empathischer einzulassen und mit ihr offener und altersentsprechend sowohl über den Tod der Mutter als auch über seine eigene Krebserkrankung zu sprechen.
Dies schaffte für die Tochter die Basis und das Vertrauen, sich vermehrt zu Hause mit ihrem Vater und seiner Lebensgefährtin über ihre Sorgen und Befürchtungen auszutauschen. Ihre Reizschwelle, auf Provokationen oder Sticheleinen in der Schule zu reagieren, konnte deutlich verbessert werden und auch die schulischen Leistungen stiegen zusehends. Erneute stationäre Krankenhausaufenthalte des erkrankten Vaters zur weiteren Krebsbehandlung konnte die Tochter im Verlaufe der Maßnahme nun aufgrund der stabilisierten Familienbande trotz ihrer verständlichen Sorgen zunehmend besser verkraften. Sie lernte, ihre Ängste und Sorgen

sowohl in der Gruppe als auch zu Hause offen zu formulieren und auch Tränen zuzulassen.
Die Maßnahme konnte nach 18 Monaten erfolgreich beendet werden. Die schulischen Leistungen waren sehr zufriedenstellend und sie war wieder ein beliebtes und integriertes Schulmädchen, das sich ohne Prügeleien auf dem Schulhof selbstbewusst behaupten konnte. Weitere Hilfe war nicht mehr erforderlich.

Ein weiteres Beispiel für eine erfolgreiche canepädagogische Förderung sind zwei Brüder von zehn und zwölf Jahren (s. S. 136 Zeile 21 und 23), die aufgrund einer massiven Geschwisterrivalität und erheblicher Schulschwierigkeiten auffielen. Während der Ältere vorwiegend durch Leistungsverweigerung und Unzuverlässigkeit aneckte, machte der Jüngere durch Schlägereien auf sich aufmerksam, in deren Verlauf er zunehmend mehr die Kontrolle über sich zu verlieren drohte. Dies führte zu immer mehr Druck innerhalb der Familie, dem die Eltern zunehmend hilfloser und resignierter gegenüberstanden.

Die Eltern suchten Hilfe beim zuständigen Jugendamt, um sowohl die Schulsituation als auch die Geschwisterproblematik zu verbessern und so zu mehr Ruhe und familiärer Lebensqualität zu kommen.

Im Verlaufe der Elterngespräche stellte sich heraus, dass innerhalb der Familie neben großen Geldsorgen und einer drohenden Überschuldung auch eine unterschwellige Paarproblematik herrschte. Neben ihren eigenen Sorgen stand diese Familie noch mit ihren jeweiligen Ursprungsfamilien in engem Kontakt, die ebenfalls sehr fordernd waren und – insbesondere für die stark beanspruchte Mutter – eine (zu) große Belastung darstellten.

Die Kinder, deren enge Beziehung untereinander immer zu spüren war, kamen sehr gerne und überaus zuverlässig zur Gruppe. Ihre Belastung und der familiäre Ärger, der durch die brüderlichen Auseinandersetzungen noch gesteigert wurde, war auch ihnen anzumerken. Es kam gerade zu Beginn der Maßnahme häufig zu verschiedenen Auseinandersetzungen zwischen ihnen wie auch mit anderen Kindern der Gruppe.

Die Reiz-Reaktions-Mechanismen, die zwischen den beiden Jungen abliefen, wurden innerhalb der Gruppe sehr gut deutlich. Der ältere der Jungen war zwar (noch) größer aber eher schmächtig und hatte die Fähigkeit entwickelt, seinen jüngeren, aber sehr viel kräftigeren Bruder unterschwellig so zu provozieren, dass dieser regelmäßig „ausrasten" musste. Danach fühlte sich der Ältere mächtig, weil er es wieder einmal geschafft hatte, seinen Bruder „springen" zu lassen. Der Jüngere dagegen arbeitete hart und unerbittlich daran, den großen Bruder endlich körperlich besiegen zu können.

Der Umgang mit den Hunden führt nach und nach zur Beruhigung der Situation, da die jungen Hunde allen Streitereien und insbesondere einer aggressiven Stimmung aus dem Weg gingen. Die Hunde drückten durch ihr Verhalten und ihre Körpersprache den Kindern unmissverständlich aus, dass sie in dieser Stimmungslage keinen Kontakt mit ihnen haben wollten. Die Jungen, die eine immer engere Beziehung mit ihren Bezugshunden aufbauten, sahen sich so immer wieder der Entscheidung ausgesetzt, ob sie ihre Streiterein fortführen oder sich lieber mit ihren Hunden beschäftigen wollten.

Zur zusätzlichen Entspannung dieser anfänglich noch sehr dynamischen Gruppenstunden wurden verbindliche Zeiten für sogenannte „Spaßkloppen" für die Jungen eingerichtet, in denen die Kinder sich dann

- zu einem festgelegten Zeitpunkt,
- an einem geeigneten Ort,
- nach festen Regeln und vor allem
- im Spaß und mit Freude

körperlich messen konnten. Zudem wurde die negative moralische Bewertung dieser körperlichen Wettstreite rausgenommen, so dass die Kinder ihrem natürlichen Bedürfnis des Kräftemessens einmal unbeschwert nachgehen konnten, ohne Regeln brechen zu müssen oder dafür moralisch oder sozial verurteilt werden zu können.
Die Hunde waren in dieser Zeit für sich und sicher untergebracht und ließen den Kinder so den Freiraum, sich ohne schlechtes Gewissen rangeln zu können.
Nach diesen „Spaßkloppen" konnten sich dann die Kinder uneingeschränkt den Hunden widmen und sich verantwortungsbewusst

und liebevoll um sie kümmern. Je mehr sich die Beziehung zwischen den Kindern und den Hunden festigte und sich die Brüder auch in anderen Bezügen erleben konnten, desto mehr trat die Geschwisterrivalität in den Hintergrund.

Die festen Gruppenstrukturen und klaren Regeln halfen den Kindern, sich auf den Gruppenablauf und ihre eigenen „Rechte wie auch Pflichten" einzulassen und nach und nach „bei sich" zu bleiben.

Das Übrige taten die Elterngespräche, in dessen Verlauf die Eltern sowohl eine Umschuldung durchführten, als auch ihre Familienstrukturen so änderten, dass für die Mutter eine deutliche Entlastung spürbar wurde. Auch ihren Paarproblemen stellten sich die Eheleute, die sie mit der Zeit liebevoll lösen konnten.

Nachdem sich der ältere Junge sowohl in der Schule deutlich verbessert hatte und auch die häuslichen Konflikte mit seinem Bruder merklich zurückgegangen waren, wurde die Maßnahme – mit seinem Einvernehmen - beendet. Wie auch bei vielen anderen Kindern der Canepädagogik wurde für ihn im Anschluss ein Verein gesucht, der seinen Interessen entsprach.

Die Maßnahme für den jüngeren Bruder wurde noch zur weiteren Steigerung seiner Selbstbeherrschung um ein halbes Jahr verlängert. Dies sollte darüber hinaus auch dazu beitragen, ihm noch etwas mehr Zeit zu geben, auf der gewachsenen Beziehung zu seinem Hund und aus den vielen kleinen für ihn spürbaren Erfolgen heraus eine Verbesserung seines Selbstwertgefühls zu erleben und damit seine persönlichen Verhaltensänderungen zu festigen. Sein Selbstverständnis und sein Rollenwechsel vom kleinen „Schläger" zu einem freundlichen und friedlichen Jungen waren zu diesem Zeitpunkt noch nicht gefestigt.

Nach einem weiteren halben Jahr wurde auch diese Maßnahme erfolgreich beendet. Die Eltern der beiden Kinder beurteilen sowohl den Aufforderungscharakter als auch den Zielerreichungsgrad und ihre Zufriedenheit für beide Jungen mit „sehr gut". Nach ihrer Einschätzung hat Canepädagogik „sehr gut" zur positiven Entwicklung ihrer Kinder beigetragen und weitere Hilfen sind nicht mehr erforderlich gewesen.

Diese Beispiele machen deutlich, dass Canepädagogik weit davon entfernt ist, allein die Kinder in den Fokus zu setzen, zu erziehen oder wieder funktionsfähig machen zu wollen.

Die familiären Probleme und die großen Krisen, die verhaltensauffällige Kinder oftmals fast ins Heim bringen, werden im Rahmen dieses ressourcenorientierten Ansatzes als wichtige Entwicklungsaufgaben der ganzen Familie angesehen, die es zu bewältigen gilt.

Die Auffälligkeiten der Kinder sind dabei häufig die Auslöser – selten allerdings die Ursache – für eine externe Hilfe, die zudem den erforderlichen Handlungsdruck schaffen, damit sich die Familie diesen Entwicklungsaufgaben tatsächlich auch stellen kann.

Wie weitreichend die familiären Änderungen und somit auch Anforderungen an die Eltern sind, um auffälliges Verhalten ihrer Kinder erfolgreich und langfristig abbauen zu können, wird an den verschiedenen Fallbeispielen ersichtlich.

Daher ist es für die Beurteilung der Canepädagogik sehr wichtig, sich die Komplexität dieses Arbeitsfeldes vor Augen zu führen und zu erkennen, was Eltern und Kinder im Einzelfall in Zusammenarbeit mit den Helfersystemen leisten müss(t)en, damit eine nachhaltige Veränderung ihrer Lebenssituation möglich ist.

Die besten Voraussetzungen dafür sind, dass alle Beteiligten dazu die entsprechende Motivation und das notwendige Engagement mitbringen, um ihre Probleme, diese Herausforderungen des Alltags – hier tiergestützt und in Begleitung Dritter – in den Griff zu bekommen. Genau darin liegt die große Chance der Canepädagogik.

Auch wenn eine weitere Ergänzung von Fallbeispielen noch verschiedene andere Facetten und unterschiedlichste Kontexte darstellen würde, wird auf die Ausführung dieser bewusst verzichtet, da sie den Rahmen des Buches sprengen würden, ohne dabei zu grundlegend neuen Erkenntnissen führen zu können.

Nicht verzichtet werden soll aber an dieser Stelle auf die Rückmeldung der Mitarbeiter des Jugendamtes, die im folgenden Kapitel ausführlich dargestellt wird.

14 Beurteilung der Canepädagogik durch das Jugendamt

Unabhängig von der zugrundeliegenden Indikation (Hyperaktivität, Aggressivität, Kommunikations- oder Essstörungen etc.) sehen sich Eltern in krisenhaften Situationen oft nicht (mehr) in der Lage, die damit einhergehenden Erziehungsaufgaben und -probleme alleine zu bewältigen und suchen so nach Hilfe, die ihnen nicht zuletzt durch das Jugendamt angeboten und gewährt wird.

Dem Jugendamt steht als Träger des staatlichen Wächteramtes dabei eine besondere Verantwortung zu, da es den gesetzlichen Auftrag hat, das Wohl der Kinder zu gewährleisten und in jedem Fall eine Gefährdung zu verhindern.

Doch während das bis 1990 geltende Gesetz für Jugendwohlfahrt (JWG) vornehmlich das Kind im Mittelpunkt der Unterstützung sah, legt das neue Kinder- und Jugendhilfegesetz (KJHG bzw. SGB VIII) nun den Schwerpunkt insbesondere auf die „Stärkung und Unterstützung der Familien". Dabei ist das Leitmotiv des KJHG (§ 1 Abs. 1), dass jeder junge Mensch „ein Recht auf Förderung seiner Entwicklung und auf Erziehung zu einer eigenverantwortlichen und gemeinschaftsfähigen Persönlichkeit" hat. Diese doppelte – individuelle und soziale – Zielsetzung der Kinder- und Jugendhilfe zieht sich dabei wie ein „roter Faden" durch das gesamte Gesetz und ist somit wesentliche Maßgabe für die Installierung von Hilfsangeboten.

Entsprechend der individuellen Problemlagen der Familien greift das Jugendamt dafür auf verschiedenste Hilfsangebote zurück, die von einer niederschwelligen Erziehungsberatung über unterschiedliche ambulante oder teilstationäre Hilfen verschiedener Anbieter bis zur stationären Unterbringung oder auch Inobhutnahme der Kinder reicht.

Canepädagogik ist dabei eine mögliche ambulante Jugendhilfemaßnahme, die den Familien gem. § 27 KJHG im Rahmen der „Hilfe zur Erziehung" oder gemäß § 35a KJHG als „Eingliederungshilfe für seelisch behinderte Kinder und Jugendliche" in Verbindung mit § 29 KJHG „Soziale Gruppenarbeit" angeboten werden kann.

Die Mitarbeiter des Jugendamtes sind als Prozessverantwortliche neben der Unterstützung der Familien auch für die Finanzierung verantwortlich und haben somit vor der Installierung einer Maßnahme zu prüfen, ob eine Maßnahme erforderlich und geeignet ist, um die Ziele der Familie zu verwirklichen.

Praxis für Canepädagogik

Hilfe zur Erziehung
mit dem und *durch* den Hund

Corinna Möhrke
Dipl.-Kff., Dipl.-Heilpädagogin

«vorname» «name» - «adresse» - «plz» «ort»

Frau
Corinna Möhrke
Dorneystr. 65
44149 Dortmund

Fragebogen

(Zutreffendes bitte ergänzen bzw. ankreuzen!)

1. Auf einer Skala von 1 bis 10: Wie gut ist das Angebot der Canepädagogik nach Ihrer Erfahrung geeignet, Familien zu erreichen?

   Hier _____ bitte einen Wert zwischen 1 (= gar nicht) und 10 (= sehr gut) einsetzen.

   Im Vergleich zu anderen ambulanten, nicht tiergestützten Jugendhilfemaßnahmen beurteile ich diesen Wert - soweit möglich - als

o	o	o	o	o	o
Sehr gut	gut	befriedigend	ausreichend	mangelhaft	ungenügend

2. Auf einer Skala von 1 bis 10: Wie gut konnte Canepädagogik insgesamt helfen, die im Hilfeplan festgeschriebenen Ziele zu erfüllen?

   Hier _____ bitte einen Wert zwischen 1 (= gar nicht) und 10 (= sehr gut) einsetzen.

   Im Vergleich zu anderen ambulanten, nicht tiergestützten Jugendhilfemaßnahmen beurteile ich diesen Wert - soweit möglich - als

o	o	o	o	o	o
Sehr gut	gut	befriedigend	ausreichend	mangelhaft	ungenügend

3. Auf einer Skala von 1 bis 10: Wie hoch würden Sie im Durchschnitt die Zufriedenheit der Familien bei der Beendigung der Canepädagogik einschätzen?

   Hier _____ bitte einen Wert zwischen 1 (= sehr gering) und 10 (= sehr hoch) einsetzen.

   Im Vergleich zu anderen ambulanten, nicht tiergestützten Jugendhilfemaßnahmen beurteile ich diesen Wert - soweit möglich - als

o	o	o	o	o	o
Sehr gut	gut	befriedigend	ausreichend	mangelhaft	ungenügend.

Vielen Dank für Ihre Unterstützung!

Somit ist eine Bewertung der Canepädagogik auch aus Sicht des Jugendamtes an dieser Stelle von großem Interesse.

Zudem ist das Meinungsbild der Jugendamtsmitarbeiter hier von besonderer Bedeutung für die Bewertung der Canepädagogik, da dieses aufgrund der zahlreichen und meist langjährigen Erfahrungen mit vielen anderen – in der Regel nicht tiergestützten arbeitenden – Hilfsangeboten auf umfassenden Vergleichsmöglichkeiten basiert.

Daher liegt im Rahmen dieser Auswertung – neben der Meinung der Eltern – ein weiterer Schwerpunkt auf der Auswertung der Umfrageergebnisse der Jugendamtsmitarbeiter, die im Folgenden zusammengefasst dargestellt wird.

Zu diesem Zweck wurden alle Jugendamtsmitarbeiter angeschrieben, die zur Begleitung „ihrer" Familien Canepädagogik installiert haben und gebeten, den oben dargestellten Fragebogen auszufüllen.

Zu berücksichtigen ist dabei, dass dieser Fragenbogen nicht jeweils nach Beendigung einer Maßnahme ausgegeben, sondern eigens für die Recherche zu diesem Buch entwickelt wurde. Daher hat dieser manche Mitarbeiter erst lange Zeit nach ihrer aktiven Zusammenarbeit mit der Canepädagogik erreicht. So ist es zu erklären, dass einigen Mitarbeitern die Beantwortung der Fragen nicht (mehr) möglich erschien und andere im Sinne eines seriösen Meinungsbildes auf die Beantwortung bewusst verzichtet haben.

Aufgrund des breiten Hilfsangebotes des Jugendamtes ist bei dieser Befragung insbesondere auch auf den Vergleich mit anderen, „nicht tiergestützt arbeitenden" Hilfsangeboten wert gelegt worden. Erst durch diesen Vergleich können die ermittelten Werte in Relation gebracht werden und tragen so zu einer Verbesserung der Aussagekraft über Canepädagogik bei.

Für die Familien, die in den vergangenen zehn Jahren im Auftrag des Jugendamtes durch die Canepädagogik begleitet wurden, waren insgesamt 27 Mitarbeiter verantwortlich. Dabei ist zu berücksichtigen, dass für einige Familien im Verlauf ihrer Begleitung aufgrund wechselnder Zuständigkeiten innerhalb des Amtes durchaus verschiedene Mitarbeiter zuständig gewesen sein können.

Bei einer Rücklaufquote der Mitarbeiterbefragung von gut 66 % ergibt sich hier folgendes Bild.
Ergebnis der Mitarbeiterbefragung des Jugendamtes:

Mitarbeiter	Frage 1		Frage 2		Frage 3	
	Punkte	Zensur	Punkte	Zensur	Punkte	Zensur
A	10	1	7	2	8	2
B	9	2	9	2	10	2
C	9	2	9	1	9	2
D	9	2	10	1	9	2
E	8	2	8	2	9	1
F	8	1	7	2	9	1
G	8	2	7	2	9	1
H	8	2	8	2	9	1
I	8	2	8	2	8,5	1
J	8	2	8	2	8	2
K	8	2	8	2	7	2
L	8	2	7	2	7	2
M	7	3	10	1	10	1
N	7	2	5	3	6	3
O	6	2	9	2	9	1
P	6	2	6	2	8	2
Q	6	2	4	-	5	-
R	keine Aussage (mehr) möglich!					
Summe	133	33	130	30	140,5	26
Durchschnitt	7,8	1,9	7,6	1,9	8,3	1,6
Modalwert	8	2	8	2	9	2
Median	8	2	8	2	9	2
Standardabw.	1,1	0,4	1,6	0,5	1,3	0,6
Rücklaufquote	18 von 27 = 66,7 %					

Bei der Beurteilung der

Frage 1: *„Auf einer Skala von 1 (gar nicht) bis 10 (sehr gut): Wie gut ist das Angebot der Canepädagogik nach Ihrer Erfahrung geeignet, Familien zu erreichen?"*

schwanken die Aussage der Mitarbeiter zwischen Werten von 6 bis 10. Bei der Berechnung des arithmetischen Mittels ergibt sich ein Wert von 7,8. Dieser Wert, der sich im oberen Drittel der Skala wieder findet und unter Berücksichtigung der vorgegebenen Skala als „sehr zufriedenstellend" eingeschätzt werden kann, fällt im Vergleich zum Modalwert (häufigster genannter Wert) und dem Median mit jeweils 8 nur geringfügig ab, so dass trotz dieser Spannbreite von einer eher homogenen Beantwortung der Frage ausgegangen werden kann. Dies findet auch nach der Berechnung der Standardabweichung, die für diese Frage bei 1,1 Punkten liegt, Bestätigung und macht eine relative hohe Aussagekraft des ermittelten Mittelwertes deutlich.

Welche Bedeutung diese Punktzahl im Vergleich zu anderen, nicht tiergestützt arbeitenden Angeboten hat, wird erst mit Hilfe des zweiten Teils der Frage beantwortet.

Mit einer durchschnittlichen Benotung von 1,9 wird deutlich, dass die Mitarbeiter des Jugendamtes einen Aufforderungscharakter von knapp 8 Punkten für ihr Klientel insgesamt als „gut" einschätzen.

Dieser Wert wird sowohl vom Modalwert als auch vom Median von jeweils 2 und einer Standardabweichung von nur 0,4 gestützt.

Ein sehr ähnliches Bild ergibt sich auch bei der Betrachtung der Ergebnisse zur zweiten Frage. Die Auswertung der Beantwortung der

Frage 2: *„Auf einer Skala von 1 (gar nicht) bis 10 (sehr gut): Wie gut konnte Canepädagogik insgesamt helfen, die im Hilfeplan festgeschriebenen Ziele zu erfüllen?"*

führt zu einem Durchschnittswert von 7,6. Auch dieser Wert findet sich im oberen Bereich und deutlich über dem Mittelwert der Skala wieder und ist nur unwesentlich schlechter als der Mittelwert der ersten Frage. Modalwert und Median von 8 Punkten stützen die hohe Einordnung und sind aufgrund ihrer Unabhängigkeit von „Ausreißern" bei der Ermittlung noch um 0,4 Punkte höher.

Die größere Spannweite (zwischen 10 und 4) bei der Beantwortung macht klar, dass hier ein etwas heterogeneres Meinungsbild bei der Punktevergabe unter den Mitarbeitern des Jugendamtes vorliegt. Dieser Eindruck wird auch durch die vergleichsweise höhere Standardabweichung von 1,6 Punkten untermauert.

Sehr viel einheitlicher ist erneut das Meinungsbild bei der Bewertung dieses Punktes im Vergleich zu anderen Maßnahmen.

Ebenso wie beim Vergleich im Rahmen der ersten Frage liegen hier der Durchschnittswert, wie auch der Median und der Modalwert mit 1,9 bzw. 2 sehr eng beieinander. Auch die bei 0,5 Punkten liegende Standardabweichung macht deutlich, dass die Mitarbeiter zwar in der Verteilung der Punkte unterschiedlich vorgehen, sich aber insgesamt – auch im Vergleich zu anderen Maßnahmen – einig darüber sind, dass Canepädagogik „gut" dazu beitragen kann, die gewünschten und festgeschriebenen Ziele der Familien zu erreichen.

Bei der Auswertung der

> **Frage 3:** *„Auf einer Skala von 1 (gering) bis 10 (sehr hoch): Wie hoch würden Sie im Durchschnitt die Zufriedenheit der Familien bei der Beendigung der Canepädagogik einschätzen?"*

bewegen sich die vergebenen Punkte der Mitarbeiter im Zahlenbereich zwischen 5 und 10 und ergeben einen arithmetischen Mittelwert von insgesamt 8,3. Dieser Wert, der auf die Zufriedenheit der Eltern zielt, liegt deutlich höher als die Durchschnittswerte der beiden vorherigen Fragen. Modalwert und Median von 9 Punkten liegen aufgrund ihrer Ausreißertoleranz noch etwas höher und bestärken den Eindruck, dass hier insgesamt eine hohe Zufriedenheit bei den Familien durch die Mitarbeiter des Jugendamtes wahrgenommen wurde. Der Wert, der nur noch knapp unter dem Maximalwert der vorgegebenen Skala liegt, ist sicherlich für sich allein gesehen schon bemerkenswert und Ausdruck einer hohen und offensichtlich spürbaren Akzeptanz der Familien.

Im Vergleich mit den nicht tiergestützt arbeitenden Hilfsangeboten benoten die Mitarbeiter des Jugendamtes diesen Wert im Durchschnitt mit einer 1,6, was sicherlich schon als „sehr gut" zu interpretieren ist. Der Modalwert wie auch der Median liegen hier allerdings bei 2, so dass insgesamt von einer guten bis sehr guten Zufriedenheit nach Beendigung der Maßnahme gesprochen werden kann.

Zusammengefasst kann festgestellt werden, dass es im Rahmen der Befragung (wieder) nicht nur positive Rückmeldungen von Seiten des Jugendamtes gibt, sondern dass es - wie bei der Befragung der Eltern - auch Ausreißer nach unten gibt. Diese Ausreißer machen jedoch nur ein weiteres Mal deutlich, dass auch einer tiergestützten Förderung Grenzen gesetzt sind und trotz aller dargestellter Chancen und Vorteile nicht jede Familie letztlich erfolgreich begleitet werden kann (vgl. dazu Kap. 11).
Nichtsdestotrotz befindet sich der überwiegende Teil der Antworten im oberen Drittel der vorgegebenen Skala. Dadurch wird anschaulich, dass nach den bisherigen Erfahrungen bei den Mitarbeitern des Jugendamtes, die neben der Prozess- auch die finanzielle Verantwortung für die Jugendhilfemaßnahmen tragen, ein recht einheitliches und „gutes" Bild über die Canepädagogik vorherrscht.

Vergleicht man nun die Umfrageergebnisse der Eltern mit denen der Mitarbeiter des Jugendamtes lässt sich auch hier eine sehr große Übereinstimmung erkennen, so dass ein sehr einheitliches und in sich konsistentes Bild in Bezug auf die Wahrnehmung der Canepädagogik entsteht.
Dies bestätigt den Eindruck, dass dieses Konzept mit seinen theoretischen Grundlagen und in seiner Anwendung als Jugendhilfemaßnahme gut geeignet ist, auch wenn es kein Patentrezept für alle Familien darstellt.
Auch wenn diese Auswertung der Praxistätigkeit aufgrund

- des relativ geringen Umfangs und
- einer unterstellten Subjektivität des Auswertenden

vielleicht nicht strengsten Ansprüchen einer wissenschaftlichen Evaluation genügen kann, so ist sie dennoch in der Lage, einen weiteren Nachweis über die Sinnhaftigkeit tiergestützter Pädagogik zu erbringen. Sie bestätigt zudem viele weitere Ergebnisse aus den Bereichen der tiergestützten Arbeit und macht deutlich, welcher Chancen sich die Pädagogik und Therapie beraubt, wenn aufgrund mangelnder „wissenschaftlicher Nachweise" der Einsatz von Hunden in Pädagogik und Therapie nicht ernst genommen wird.

Die gewonnenen Erkenntnisse machen klar, dass es sehr sinnvoll ist, bei der Auswahl der Hilfen für eine Familie mit dieser ganz genau zu sondieren, welche Maßnahme für ihre Bedürfnisse, Herausforderungen und Zielsetzungen die geeignete ist und die Passgenauigkeit zeitnah nach der Installierung nochmals zu überprüfen. Nur so können unnötige Kosten für das Jugendamt und weitere Enttäuschungen für die Kinder und ihre Familien vermieden werden.

Dabei bietet die Canepädagogik sowohl der Jugendhilfe als auch den Klienten die Chance, das bestehende Hilfeangebot um eine tiergestützte Maßnahme – offenbar gewinnbringend - zu erweitern und schafft damit all den Kindern und Familien eine zusätzliche Möglichkeit, erfolgreich zur Mitarbeit motiviert zu werden, die sich durch andere Angebote nicht oder nur bedingt angesprochen fühlen würden.

15 Diskussion

Wie Paul Moor, so sieht auch die Canepädagogik die Notwendigkeit, dass besondere – erschwerende – pädagogische Bedingungen besondere Methoden benötigen, um die angestrebten Ziele zu erreichen. Ausdruck dieser Anschauung ist der pädagogische Einsatz von Hunden im Praxisfeld der Förderung verhaltensauffälliger Kinder und Jugendlicher und ihrer Familien.
Kritisch zu betrachten ist, dass einige der dargestellten bzw. herangezogenen Untersuchungsergebnisse, ebenso wie die hier dargestellten und ausgewerteten Erfahrungen – jedes für sich betrachtet – nicht repräsentativ sind. Insbesondere Bergler (1986, 26) bedauert, dass viele Anschauungen nicht auf wissenschaftlich fundierten Forschungsergebnissen beruhen, sondern vielmehr Plausibilitätserklärungen sind. Aber alle zusammengenommen ergeben – wie viele Mosaiksteine – ein Bild, das einen weiteren Anstoß geben sollte, die Forschung in diesem Bereich engagiert voranzutreiben, um die Chancen der Hunde, bei einer ständig steigenden und bedenklich stimmenden Anzahl von Verhaltensauffälligkeiten bei Kindern und Jugendlichen, nutzen zu können.
Sicherlich ist zu diskutieren,

- ob man Hunde in diesem Praxisfeld als „Allheilmittel ohne Nebenwirkungen" ansehen kann?

- ob man nicht aus finanziellen Gründen besser Hunde einsetzen sollte, als teure Pädagogen (erfolglos) zu bemühen?

- ob nicht gerade Canepädagogik Ausdruck einer sehr egoistischen und völlig kreaturverachtenden menschlichen Haltung ist, die Hunde als Hilfsmittel für ihre Zwecke instrumentalisiert und ausnutzt?

- ob die Gefahren, die Hunde für Kinder und auch die – oft durch Aggressivität auffallenden – Kinder für die Hunde bergen, zu verantworten sind?

- ob man nicht im Hinblick auf die immer wiederkehrende Kampfhundproblematik und der damit verbundenen Berichterstattung von einem zunehmend gestörten Verhältnis von Kindern zu Hunden sprechen muss?

- ob die Liebe zu Hunden und die damit verbundene hohe Motivationslage bei Kindern immer auch eine effektive Förderung dieser gewährleisten kann?

Um diese möglichen Kritikpunkten aufzugreifen, ist auf Folgendes hinzuweisen:

Dieses Buch soll nicht den Eindruck erwecken, dass jedes verhaltensauffällige Kind nun einen eigenen Hund bekommen soll, der dann alle Probleme löst. Die Erziehung *mit* dem und *durch* den Hund erfordert – wie jede heil- oder sozialpädagogische Arbeit – reflektierte Begleitung durch einen Pädagogen nach einem wissenschaftlich und didaktisch/methodisch begründeten Konzept. Die „Nebenwirkungen", die – für alle Beteiligten – z. B. durch den unreflektierten Kauf oder kurzfristigen Einsatz eines Hundes entstehen können, sind im Vorfeld zu beachten. Welche Eltern hätten schon gerne, neben einem erziehungsschwierigen Kind auch noch einen unerzogenen Welpen in ihrem Haushalt oder mit den Folgen einer erneuten schmerzlichen Enttäuschung des Kindes zu kämpfen?

Der Hund soll auch nicht Eltern, Erzieher oder andere Bezugspersonen ersetzen, sondern soll diese nur dabei unterstützen, den Kindern zu einer erfolgreichen und konstruktiven Persönlichkeitsentwicklung zu verhelfen. Die „Profis" müssen schließlich gewährleisten, dass langfristig ein Transfer der Erfahrungen mit dem Hund auch in andere Bereiche des Alltagslebens (Familie, Schule) erfolgt.

Der Hund darf nicht instrumentalisiert oder gar als „Mittel zum Zweck" eingesetzt werden. Dies würde dem Anspruch nach sozialer Verantwortung nicht entsprechen können. Vielmehr sollen Kind und Hund miteinander und voneinander lernen und sich gemeinsam im Spiel weiterentwickeln. Die Bedürfnisse des Hundes sind nicht nur vom Kind, sondern und insbesondere vom betreuenden Pädagogen zu beachten. Er hat auch hier Vorbild- und Modellfunktion.

Die Gefahr, dass Hunde von Kindern (absichtlich oder unabsichtlich) nicht richtig behandelt werden, kann hier – genauso wie im normalen Familienalltag – nicht ausgeschlossen werden. Deshalb sind Kind und Hund nie alleine, sondern immer unter pädagogischer Aufsicht zu lassen.

Die Gefahr, dass Kinder von Hunden gebissen werden, ist ebenfalls nicht gänzlich auszuschließen. Dies kann aber durch eine gute Anleitung der Kinder, sorgfältig ausgewählte Hunde und eine verantwortungsvolle Aufsicht auf ein Minimum reduziert werden. Allerdings bleibt z. B. in Hinblick auf Echtheit zu diskutieren, ob eine angemessene Reaktion des Hundes auf ungeschicktes oder unangemessenes Verhalten der Kinder nicht mehr bewirkt als viele pädagogisch wertvolle Ratschläge für den Umgang mit dem Hund.

Durch die immer wiederkehrende Kampfhundproblematik und die damit verbundene Berichterstattung ist die Beziehung von Kindern zu Hunden sicherlich nicht mehr so unbelastet wie zuvor. Dies macht Canepädagogik für den Einzelfall aber nicht weniger sinnvoll, denn einen Anspruch auf universelle Anwendbarkeit kann und will sie nicht erheben.

Die gute Motivationslage der Kinder ist eine notwendige aber (leider) keine hinreichende Bedingung für den Erfolg canepädagogischer Förderung. Vielmehr hängt der Erfolg auch entscheidend davon ab, wie es gelingt, die Eltern in den Beratungs- und Entwicklungsprozess mit einzubinden. Nur wenn diese auch bereit sind, sich einzulassen und mitzuarbeiten sind pädagogische Erfolge möglich. Ohne ihr Zutun oder gar gegen ihren Widerstand ist auch Canepädagogik machtlos.

Viele wesentliche Aspekte in der Beziehung von Kindern und Hunden mögen beim Lesen der Literatur oder auch dieses Buches selbstverständlich und trivial erscheinen. Dies darf aber nicht zu dem Schluss führen, dass sie deshalb unwichtig sind. Gerade in dieser Selbstverständlichkeit und Normalität liegt die große Chance für einen erfolgreichen Umgang mit verhaltensauffälligen Kindern und Jugendlichen.

16 Zusammenfassung und Ausblick

Zusammenfassung

Das Konzept der Canepädagogik, das in diesem Buch entwickelt, dargestellt und evaluiert wird, beinhaltet ein hundgestütztes heilpädagogisches Verfahren zur Arbeit mit verhaltensauffälligen Kindern und Jugendlichen und ihrer Familien. Canepädagogik basiert auf der Erkenntnis, dass das zentrale Problem dieser Kinder ein stark defizitäres Selbstkonzept ist, das ihnen ein befriedigendes Leben in der sozialen Gemeinschaft unmöglich macht. Die förderlichen Verhaltensweisen, die zum konstruktiven Aufbau des Selbstkonzepts führen – Achtung, Wärme, einfühlendes Verstehen, Echtheit und nicht-dirigierendes Verhalten – sind von essentieller Bedeutung, aber von Eltern und „Profis" wie Lehrern, Therapeuten und Erziehern aus den genannten Gründen nur unzureichend zu leisten. Dieses Manko – das Fehlende – zu kompensieren und damit den Teufelskreis zu unterbrechen, in dem sich die Kinder befinden, ist die besondere Fähigkeit der Hunde. Für verhaltensauffällige Kinder – gerade unter Ermangelung anderer annehmbarer Beziehungen – kann der Hund der bessere Erzieher sein.

Ähnlich wie eine medikamentöse Behandlung hyperaktive Kinder erst therapierbar machen soll, kann es den Hunden – durch den dargestellten positiven Einfluss – gelingen, verhaltensauffällige Kinder wieder

- erziehbar,
- beziehungsfähig und
- integrationswillig

zu machen. Canepädagogik bildet damit den Ausgangspunkt für eine konstruktive pädagogische Förderung, systemische Familienberatung und weitere konventionelle therapeutische Maßnahmen für sonst als therapieresistent geltende Kinder und Jugendliche. Canepädagogik steht für eine *individuumszentrierte* Erziehungsgestaltung, die auf den erziehungspsychologisch geforderten *förderlichen Verhaltensweisen* basiert, die *systemisch, ganzheitlich*, *handlungs-* und *prozessorientiert* ausgerichtet ist und ein *indirektes* Erziehen verhaltensauffälliger Kinder ermöglicht.

Canepädagogik ist Ausdruck des heilpädagogischen Bemühens, auch unter den erschwerten Bedingungen im Praxisfeld der verhaltensauffälligen Kinder Mittel und Wege zu finden, um diesen zu ihrem natürlichen und gesetzlich verankerten Recht auf Förderung ihrer Entwicklung und Erziehung zu verhelfen.

Ausblick

Canepädagogik ist in der dargestellten Form ein alternativer Ansatz der pädagogischen Förderung, ein tiergestütztes heilpädagogisches Konzept. Der positive Einfluss von Haustieren, der vielfach – bewusst oder unbewusst – in Situationen des täglichen Lebens genutzt wird, soll für die Förderung einer speziellen Zielgruppe theoretisch erschlossen, didaktisch/methodisch reflektiert und umfassend evaluiert eingesetzt werden.

Wie jede andere Form der Erziehungstheorie entsteht Canepädagogik also aus der Praxis und für die Praxis. Doch bedarf sie, um wissenschaftlich anerkannt und letztlich auch von den zuständigen Stellen finanziert zu werden, der empirischen Untersuchung vieler plausibler, aber faktisch oft noch nicht belegbarer pädagogischer Effekte. Um eine solche hundgestützte heilpädagogische Förderung zu ermöglichen, ist es wünschenswert, dass genaue Studien und Untersuchungen vorgenommen werden, die die dargestellten Auswirkungen auch kritischen Dritten gegenüber eindeutig belegen können. Es müssen weitere Forschungsprojekte angestrebt werden, die den positiven Einfluss von Hunden auf die Entwicklung des Selbstkonzeptes und des Verhaltensrepertoires von verhaltensauffälligen Kindern qualitativ und quantitativ beweisen können. Nur so kann eine allgemeine Anerkennung der Canepädagogik als eine Form der pädagogischen Förderung erreicht werden, ähnlich wie es beim therapeutischen Reiten bereits der Fall ist.

Schließlich ist es auch wichtig, über einen frühzeitigeren Einsatz einer canepädagogischen Förderung nachzudenken, denn je früher Verhaltensstörungen behandelt werden, desto besser sind die langfristigen Prognosen für die Betroffenen. Die Kosten, die durch diese Förderung entstehen, sind im Vergleich zu einer späteren evtl. intensiv-pädagogischen und stationären Unterbringung als vergleichsweise gering einzuschätzen, insbesondere dann, wenn man bedenkt, welchen „Therapie-Marathon" die meisten dieser Kinder bis zu diesem Zeitpunkt schon hinter sich gebracht haben.

Literatur

Bergler, Reinhold: Mensch und Hund: Psychologie einer Beziehung, Köln 1986.

Bergler, Reinhold: Warum Kinder Tiere brauchen: Informationen, Ratschläge, Tips, Freiburg/Breisgau 1994.

Bleidick, Ulrich u. a.: Einführung in die Behindertenpädagogik, 5., völlig überarb. Aufl., Stuttgart/Berlin/Köln 1999.

Fengler, Jörg; Jansen Gerd (Hrsg.): Handbuch der Heilpädagogischen Psychologie, 3., überarb. u. erw. Aufl., Stuttgart/Berlin/Köln 1999.

Giesecke, Hermann: Die pädagogische Beziehung: Pädagogische Professionalität und die Emanzipation des Kindes, Weinheim/München 1997.

Goetze, Herbert (Hrsg.): Pädagogik bei Verhaltensstörungen: Innovationen, Bad Heilbrunn 1994.

Greiffenhagen, Silvia: Tiere als Therapie: Neue Wege in Erziehung und Heilung, München 1993.

Gröschke, Dieter: Praxiskonzepte der Heilpädagogik: Versuch einer Systematisierung und Grundlegung, München/Basel 1989.

Jank, Werner; Meyer, Hilbert: Didaktische Modelle, 3. Aufl., Berlin 1994.

Kirschner, Gerhild: Die Kinder stark machen: Aggressionsabbau durch Persönlichkeitsaufbau, 1. Aufl., Lichtenau 1997.

Kobi, Emil E.: Grundfragen der Heilpädagogik: Eine Einführung in heilpädagogisches Denken, 5., bearb. u. erg. Aufl., Bern/Stuttgart/Wien 1993.

Köck, Peter; Ott, Hanns: Wörterbuch für Erziehung und Unterricht, 5., völlig neu bearb. u. erw. Aufl., Donauwörth 1994.

Köhn, Wolfgang: Heilpädagogische Erziehungshilfe und Entwicklungsförderung (HPE): Ein Handlungskonzept, Heidelberg 1998.

Körner, Jürgen: Bruder Hund und Schwester Katze: Tierliebe – Die Sehnsucht des Menschen nach dem verlorenen Paradies, Köln 1996.

Kusztrich, Imre: Dreimal täglich streicheln: Die verblüffende Heilkraft der Tierliebe, geringfügig erw. Ausg., Frankfurt/Berlin 1992.

Martin, Ernst: Didaktik der sozialpädagogischen Arbeit: Eine Einführung in die Probleme und Möglichkeiten sozialpädagogischen Handelns, 4., überarb. Aufl., Weinheim/München 1997.

Mehringer, Andreas: Eine kleine Heilpädagogik: Vom Umgang mit schwierigen Kindern, München/Basel 1992.

Moor, Paul: Heilpädagogik: Ein pädagogisches Lehrbuch, Bern/Stuttgart/Wien 1974.

Mutzeck, Wolfgang: Verhaltensgestörtenpädagogik und Erziehungshilfe, Bad Heilbrunn 2000.

Myschker, Norbert: Verhaltensstörungen bei Kindern und Jugendlichen: Erscheinungsformen – Ursachen – Hilfreiche Maßnahmen, Stuttgart/Berlin/Köln 1993.

Myschker, Norbert: Verhaltensgestörtenpädagogik in: Bleidick, Ulrich: Einführung in die Behindertenpädagogik, 5., völlig überarb. Aufl., Stuttgart/Berlin/Köln 1999, S. 142 – 181.

Nohl, Herman: Die pädagogische Bewegung in Deutschland und ihre Theorie, 9., unveränd. Aufl., Frankfurt am Main 1982.

Nolting, Hans-Peter; Paulus, Peter: Psychologie lernen, 3., völlig neubearb. Aufl., München 1990.

Olbrich, Erhard: Tiere in der Therapie: Wie helfen sie?, Vortragsmanuskript, Psychologisches Institut der Universität Erlangen-Nürnberg, ohne Jahr. (a)

Olbrich, Erhard: Menschen brauchen Tiere – Tiere brauchen Menschen, Psychologisches Institut der Universität Erlangen, ohne Jahr. (b)

Olbrich, Erhard: Tiere in der Therapie: Zur Basis einer Beziehung und ihrer Erklärung, ohne Jahr. (c)

Rheinz, Hanna: Eine tierische Liebe: Zur Psychologie der Beziehung zwischen Mensch und Tier, München 1994.

Schilling, Johannes: Didaktik/Methodik der Sozialpädagogik, Neuwied/Kriftel/Berlin 1993.

Tausch, Reinhard; Tausch Anne-Marie: Erziehungspsychologie, 10., erg. u. überarb. Aufl., Göttingen 1991.

Vernooij, Monika A.: Verhaltensstörungen in: Borchert, Johann (Hrsg.): Handbuch für Sonderpädagogische Psychologie, Göttingen/Bern/Toronto/Seattle 2000, S. 32 - 45.

Watzlawick, Paul: Menschliche Kommunikation: Formen, Störungen, Paradoxien, 8., unveränd. Aufl., Bern/Stuttgart/Toronto 1990.